Ja-aber was, wenn alles klappt?

Berthold Gunster, Jahrgang 1959, ist Begründer und »Vater« der Ja-aber®-Philosophie. Basierend auf seinen Erfahrungen als Theaterregisseur und Bühnenautor entwickelte er das Ja-aber-Training für Unternehmen, Organisationen und Privatleute. Seine Ja-aber®-Seminare haben bereits mehr als 400 000 Menschen begeistert.

Mehr unter www.ja-aber.de.

Berthold Gunster

Ja-aber was, wenn alles klappt?

So machen Sie Ihr Problem zur Möglichkeit

Aus dem Niederländischen von Monika Götze

Campus Verlag
Frankfurt/New York

Die niederländische Originalausgabe erschien erstmals 2005 unter dem Titel »Ja-maar wat als alles lukt?« bei A.W. Bruna Uitgevers B.V., Utrecht.
Die vollständige überarbeitete und erweiterte Neuausgabe erschien 2009.

Bibliografische Information der Deutschen Nationalbibliothek:
Die Deutsche Nationalbibliothek verzeichnet diese Publikation in der Deutschen Nationalbibliografie. Detaillierte bibliografische Daten sind im Internet unter http://dnb.d-nb.de abrufbar.
ISBN 978-3-593-39373-5

Umschlaggestaltung: Guido Klütsch, Köln
Satz: Fotosatz L. Huhn, Linsengericht
Druck und Bindung: Beltz Druckpartner, Hemsbach
Gedruckt auf Papier aus zertifizierten Rohstoffen (FSC/PEFC).
Printed in Germany

Besuchen Sie uns im Internet: www.campus.de

Inhalt

Teil III
Hubschrauberlandeplatz

Teil IV
Handgepäck

Empfang: Ja-aber

Angenommen, Sie haben eine gute Idee, einen Plan oder einfach nur eine vage Vermutung. Und das Einzige, was Sie zu hören bekommen, sind Ja-abers. »Ja, das haben wir früher schon einmal versucht, aber da hat es auch nicht funktioniert«, »Ja, aber was das alles kosten wird« und »Ja, aber was passiert, wenn's nicht klappt …?!«

All diese Ja-abers vermitteln das Gefühl, jeder Erneuerungs- oder Veränderungsversuch versinke in einem Sumpf von Argumenten, gut gemeinten Warnungen und augenscheinlich verständnisvoller Kritik. Und genau das ist das Problem. Ja-aber ist eine geschlossene Lebenseinstellung, ein Denken in Beschränkungen, Ängsten und Schwarzmalerei. Ganz gleich, wie sinnvoll jedes Argument für sich genommen auch sein mag: Das Ergebnis einer solchen Denkweise ist Ausbremsen, Erstarren und Stillstand.

✶

Im Prinzip ist der Unterschied zwischen Ja-und- und Ja-aber-Verhalten ganz einfach. Betritt man mit einer Ja-und-Verhaltensweise ein Restaurant, so nimmt man vor allem das wahr, was da ist. Man sieht die Bedienung, die Einrichtung, die anderen Gäste; man weiß, es gibt einen Koch. So entsteht fast zwangsläufig ein Gefühl der Vollkommenheit: Es ist gut. Man sagt Ja zu der Welt, in der man sich gerade befindet. Mit dem Ja-und-Blick zu sehen führt zu Überraschungen: Man sieht dann auch Dinge, die man nicht erwartet hätte, die aber sehr wohl vorhanden sind. Ja-und ist die Position der Chancen und Möglichkeiten. Bei Ja-und ist das Glas halb voll.

Schaut man sich aber mit einem Ja-aber-Blick in genau demselben Restaurant um, nimmt man ganz andere Dinge wahr. Die Aussicht ist enttäuschend, die Bedienung zu träge, die Karte nicht gut, es ist zu laut. Kurzum, man sieht vor allem das, was nicht so ist, wie die Dinge hätten sein sollen. Zwangsläufig entsteht so ein Gefühl der Unvollkommenheit: Es ist nicht gut. Mit dem Ja-aber-Blick wahrzunehmen führt zu Enttäuschungen. Ja-aber ist die Position der Bedrohungen und Einschränkungen. Mit einem Ja-aber-Blick ist das Glas halb leer.

Wie aber kommt es, dass wir so oft mit einem Ja-aber-Blick wahrnehmen? Und zwar nicht nur Restaurants, sondern unsere Arbeit, unseren Partner und nicht zuletzt uns selbst: unsere Träume, Sehnsüchte, Gefühle und Gedanken. Wie kommt es, dass wir ausgerechnet das, was uns lieb und teuer ist, oft mit so viel (negativer) Kritik, Zynismus und Skepsis betrachten? Und was können wir tun (oder unterlassen), um diese Sichtweise zu ändern? Was gewinnen wir, wenn wir lernen, auf eine Ja-und-Weise zu sehen? Und, zu guter Letzt, wie schaffen wir den Übergang vom Ja-aber-Blick zum Ja-und-Blick? Das sind die grundlegenden Fragen dieses Buches. Das Schöne dabei ist: Während des Lesens werden Sie merken, dass es manchmal gar nicht darauf ankommt, ob das Glas halb voll oder halb leer ist. Eine Ja-und-Lebenshaltung beginnt nämlich nicht mit einem Urteil, sondern mit einer Frage: Wo ist der Wasserhahn?

*

Wäre dieses Buch ein Gebäude, dann könnte man dieses Kapitel als Erdgeschoss betrachten. Es enthält die Grundfesten, das Fundament des Hauses. Ist Ja-aber immer »falsch«? Darum geht es im ersten Teil dieses Buches. Sie werden merken: Ja-aber hat auch seine Funktion.

Der nächste Teil enthält die zehn »Jas« für ein Ja-aber-freies Leben. Das erste Ja handelt vom »Sein«, das letzte vom »Handeln«. Diese Kapitel ähneln den zehn Stockwerken eines Gebäudes. Man kann die einzelnen Kapitel hintereinander lesen, wie eine zusammenhängende Abhandlung, oder unabhängig, für sich stehend. Mit jedem Kapitel jedoch steigen wir weiter nach oben.

Der dritte Teil des Buches und gleichzeitig der Schlussteil ist das Dach unseres Gebäudes, sozusagen unser Hubschrauberlandeplatz. Hier stellen wir uns die Frage: »Und was, wenn alles klappt?« Wollen wir das? Wie sähe das dann aus? Hier sind Sie nun »ready for take-off«.

Der Anhang schließlich enthält das Handgepäck für unterwegs: Bücher zum Weiterlesen und Anmerkungen.

Möchten Sie wissen, inwieweit Sie ein Ja-aber- oder ein Ja-und-Typ sind? Den Ja-aber-Test können Sie auf unserer Website im Internet unter www.ja-aber.de machen. Für den Test benötigen Sie ungefähr drei Minuten. Wenn Sie möchten, machen Sie erst den Test, bevor Sie das Buch lesen, und dann nach der Lektüre noch einmal. Vielleicht können Sie ja einen Unterschied feststellen.

Noch eine Anmerkung zur deutschen Ausgabe. Ich bin sehr stolz und fühle mich sehr geehrt, dass Christiane Meyer vom Campus Verlag bereits nach einem ersten Blick auf das Cover der niederländischen Ausgabe spürte, dass dieses Buch für den deutschsprachigen Markt geeignet sei. Möglicherweise hat diese Intuition etwas mit ihrem doppelten Ja-aber-Hintergrund zu tun. Denn ihrer Meinung nach haben Deutsche von sich aus eher eine Ja-aber-Mentalität (gründlich, pünktlich, gewissenhaft), und wenn man dann auch noch als Lektorin in einem Verlag arbeitet (Kontrolle, Kontrolle und nochmals Kontrolle), dann ist man selbstverständlich Experte auf diesem Gebiet. Aber Christiane Meyer spürte scheinbar auch vom ersten Moment an, dass Ja-aber und Ja-und keine sich bekämpfenden Gegensätze sind. Eine richtige Annahme, denn das Gegenteil ist der Fall. Im Prinzip sind Kreativität und Kontrolle Verbündete; Kreativität braucht Kontrolle und umgekehrt. Genau wie Raum Begrenzung braucht und beides einander verstärken kann.

Vor etwa zehn Jahren habe ich mit der Ja-aber Show in einem kleinen Saal vor zwanzig Lehrern angefangen. Damals hätte ich nie geglaubt, dass wir bis zum Jahr 2010 mit mehr als 400 000 Menschen und 2 500 Organisationen zusammengearbeitet haben und außerdem Workshops auf Englisch in Frankreich, Deutschland, Belgien und der Türkei geben würden. Und schon gar nicht hätte ich daran gedacht, mein Programm auf Deutsch zu präsentieren.

Deutschland? Als Kind hatte ich immer gedacht, in Amerika würden Deutsche leben, denn im Fernsehen sprachen sie in der Westernserie Bonanza schließlich auch Deutsch: »Hey, Johnny, wo ist dein Colt?«

Aber genau das wird in Zukunft stattfinden. Nach einigen inspirierenden, witzigen und lehrreichen Tryouts in Deutschland – es brauchte immer eine kleine Weile, aber wenn das Eis erst einmal gebrochen war, waren die Deutschen die engagiertesten Teilnehmer, die ich kennengelernt habe – wird im Jahr 2011 zuerst im Ruhrgebiet und danach in ganz Deutschland das vollständige Ja-aber-Seminar auf Deutsch starten. Die Herausgabe dieses Buches markiert somit den Anfang einer neuen Phase. Ein Traum geht in Erfüllung. Deutschland, saddle your horses: Wir kommen …

Viel Vergnügen!

Berthold Gunster

Ja-aber-Sager vernichten nicht nur jede Idee, sie ruinieren ganze Betriebe und komplette Industriezweige.

Ja, aber so funktioniert das nicht.
Ja, aber das können wir nicht bezahlen.
Ja, aber was ist, wenn es nicht klappt?

Ja-aber-Sager haben die Antworten.
Sie finden immer ein Haar in der Suppe.

Wenn Sie in einer Gruppe sind, dann schauen Sie sich gut um, um herauszufinden, wer hier die Ja-aber-Sager, und auch, wer die Ja-und-Sager sind.

Lasst uns die Ja-und-Sager hegen und pflegen. Sie wagen zu träumen. Und zu handeln. Sie erreichen das Unerreichbare. Immer wieder.

Ja, und wie erreichen wir, dass es klappt?
Ja, und was können wir investieren?
Ja, und was, wenn alles klappt?

Ja-und-Sager stellen die Fragen.
Sie sehen das Haar und die Suppe.

Frei nach einem unbekannten Text

Teil I
Erdgeschoss

Ja-aber bereitet uns auf Rückschläge vor.
Aber wie bereiten wir uns auf Erfolge vor?

Ja-und, Nein-weil, Ja-aber

»Wenn man auf die Pointe wartet, kommt sie nicht.«
Beppie Melissen, niederländische Schauspielerin

Wenn einem etwas Unvorhergesehenes passiert, kann man auf allerlei Arten reagieren: erstaunt, erleichtert, verärgert, schockiert, froh. Es scheint, als wären tausend unterschiedliche Arten von Reaktionen möglich. Im Grunde genommen kann man aber all diese Reaktionen in drei Grundhaltungen zusammenfassen: Akzeptanz (Ja-und), Widerstand (Nein-weil) und kritisches Beobachten (Ja-aber). Ein einfaches Beispiel zur Veranschaulichung: ein Tag am Strand.

Es ist schönes Wetter, der erste Sommertag in diesem Jahr. Maarten möchte mit seiner Partnerin Monique einen Tag am Meer verbringen. In aller Frühe packen sie eine Tasche mit Handtüchern und Sonnencreme, eine große Kühlbox mit Leckereien und Getränken; sie setzen sich ins Auto, öffnen die Fenster, machen die Musik an und fahren los. Kurzum, sie fühlen sich wohl und freuen sich auf das, was kommt. Das ist ihr Tag! Aber fünf Kilometer vor der Küste zieht sich der Himmel immer mehr zu. Dunkle Wolken tauchen auf, und nach einer Weile fängt es an zu regnen. Die Scheibenwischer machen ihre Arbeit, die Temperatur sinkt um gut sechs Grad und Maarten und Monique schauen sich fragend an. Was jetzt?

Wenn sich solch ein unerwartetes und unerwünschtes (da dem ursprünglichen Plan widersprechendes) Ereignis ankündigt, kann man im Prinzip auf dreierlei Arten reagieren. Die erste Reaktion könnte man als die Ja-und-Haltung umschreiben. Es ist die Position der Akzeptanz. »Okay, Regen. Ja, dann machen wir eben eine fantastische Strandwanderung. Gleich haben wir bestimmt den Strand für uns allein – wer hätte das gedacht?« Die zweite Haltung, die Nein-weil-Reaktion, ist die des Streits und des Widerstands. »Mist. Das ist ja wirklich das Letzte, womit ich gerechnet habe. Den Wetterbericht kann man einmal wieder in der Pfeife rauchen. Nein, so wird das hier heute nichts mehr – wir fahren nach Hause.« Die dritte und letzte Haltung, die Ja-aber-Reaktion, könnte man als die Position der kritischen Beobachtung umschreiben. »Tja, Regen. Aber sie hatten doch gutes Wetter vorhergesagt. Vielleicht hört es ja gleich wieder auf. Sollen wir auf einen Parkplatz fahren und eine Weile warten?« Alle drei Reaktionen sind nachvollziehbar und logisch. Die eine Verhaltensweise ist nicht besser als die andere. Es gibt keine »falsche« Art, mit der Wirklichkeit umzugehen. Die Kunst ist jedoch, in der jeweiligen Situation auf die effektivste Weise zu reagieren.

*

Vom Standpunkt der Effektivität aus betrachtet ist Ja-und die optimale Reaktion. Wer den Regen akzeptieren kann und einen neuen Plan entwickelt (Strandwanderung im Regen), befindet sich auf der Stelle in Harmonie mit seiner Umgebung. Da die gegebenen Tatsachen dieses Moments (Regen) mit der neuen Vision (Strandwanderung im Regen) übereinstimmen, entsteht keinerlei Spannungsverhältnis zwischen Traum und Wirklichkeit. Die Ja-und-Haltung schenkt Ruhe, Handlungsspielraum und Spaß. Trotz widriger Umstände behält man die Zügel fest in der Hand. Wenn sich die Windrichtung ändert, ändert man ja auch die Stellung der Segel. Ganz einfach.

Ja-und ist eine Welt ohne Grenzen. Alles ist möglich. Egal, wie schwierig ein Umstand ist, er kann in die eigenen Pläne integriert werden. Demzufolge ist Ja-und die Haltung der inspirierten Denker, der Führungskräfte mit Weitblick und weltumspannenden Visionen und der überragenden Künstler. Mit ihrer Sichtweise erschaffen sie einen neuen Blick auf die Wirklichkeit. Obwohl ihre Grundhaltung zukunftsgerichtet ist, leben Ja-und-Menschen in fortwährender Harmonie mit dem Augenblick, dem Hier und Jetzt. Sie sind offen für das, was ist, mehr noch: Sie betrachten die augenblickliche Realität (die Wirklichkeit) als Humusboden, aus dem die zukünftige Realität (die Zukunft) wachsen kann. Selbst bei offensichtlichen Rückschlägen, sogar bei großen Einschränkungen, scheint es den Ja-und-Menschen doch zu gelingen, die Situation nach ihren Wünschen zu verändern und dadurch ein Leben zu gestalten, das ihren Bedürfnissen entspricht. Sie machen aus der Not eine Tugend. Sie setzen »ihre Segel in den Wind«. Im Grunde ist Ja-und eine Haltung des Akzeptierens und Hinzufügens. Wer eine Ja-und-Verhaltensweise annimmt, passt seine Visionen den Tatsachen an. Und das bedeutet: Ja-und-Sager setzen sich für ihr Glück ein.

Wohlgemerkt: Akzeptieren ist etwas grundlegend anderes als sich mit etwas abfinden. Akzeptieren ist eine aktive Tat der Hingabe. Wer die Wirklichkeit akzeptiert, hat keine Probleme mit ihr. Er kann seine Pläne mühelos den Tatsachen anpassen. Akzeptieren ist aktiv, sich mit etwas abfinden ist passiv. Sich mit etwas abfinden bedeutet in der Praxis, dass man etwas auf sich beruhen lässt. Sie werden merken, dass Akzeptanz oft genau das Gegenteil bewirkt. Menschen, die die Wirklichkeit akzeptieren, sind äußerst effektiv, wenn es darum geht, eine neue Wirklichkeit zu schaffen. Je besser Sie die Dinge akzeptieren, desto besser können Sie die Situation beeinflussen. Dieser auf den ersten Blick widersprüchliche Gedanke ist eine der Grundideen dieses Buches.

Die zweite Haltung, die Nein-weil-Reaktion, führt zu Streit und Widerstand. Der Tag scheint verdorben zu sein. Wer Nein-weil sagt, wird diesen Verlust nicht akzeptieren wollen. Er wird sich sträuben und versuchen, die Tatsachen trotzdem an seine Vision anzupassen. Und das erzeugt Spannungen. Denn solange das, was man will (die Vision), nicht mit dem, was ist (die Realität), übereinstimmt, wird man etwas unternehmen müssen. Zu einem Strand 100 Kilometer weiter südlich fahren, zum Beispiel. Die Qualität einer Nein-weil-Reaktion ist Selbstbestimmtheit. So wie Ja-und eine Welt ohne Grenzen ist, so ist Nein-weil eine Welt der Begrenzungen, wie beispielsweise einen Schlussstrich zu ziehen, Nein zu jemandem zu sagen, sich für sich selbst einzusetzen. Wer nicht Nein sagen kann, führt ein Leben, das von den Wünschen und Bedürfnissen anderer bestimmt wird. Menschen mit einer Nein-weil-Haltung verfügen über ein starkes Selbst, haben Rückgrat, wissen, was sie wollen. Und hängen eben nicht ihr Fähnchen in den Wind. Wer eine Nein-weil-Reaktion zeigt, passt die Tatsachen seiner Vision an. Nein-weil-Sager setzen sich für ihr Glück ein.

Die dritte und letzte Haltung, die Ja-aber-Reaktion, führt zu einem abwartenden Verhalten. »Okay, im Moment regnet es, aber vielleicht hört es gleich auf. Okay, eigentlich wollten wir am Strand in der Sonne liegen, aber wir können immerhin schwimmen gehen – trotz des Regens.« Menschen mit einer Ja-aber-Haltung sind im Grunde noch unschlüssig. Soll ich meine Vision an die Tatsachen anpassen? »Ja, wir sind an den Strand gefahren, um uns zu sonnen, aber wir können immerhin noch schwimmen.« Oder soll ich die Tatsachen an meine Vision anpassen? »Ja, im Moment regnet es, aber es könnte ebenso gut aufhören. Das weiß man nie so genau.« Das wichtigste Merkmal der Ja-aber-Haltung ist das Nicht-Handeln. Ja-aber heißt: Ich stehe daneben und sehe zu. Deswegen ist Ja-aber die Verhaltensweise der kritischen Beobachtung und wissenschaftlichen Betrachtungsweise. Alles, was gute Journalisten, Wissenschaftler und Rechtsanwälte tun, kann man als Ja-aber-Tätigkeiten bezeichnen. Kritische Reflexionen, intelligente Beurteilungen und fundierte Analysen bilden den Kern ihrer Arbeit. In manchen Fällen kann Ja-aber lebenswichtig sein. Eine falsche Berechnung bei der Konstruktion eines Flugzeugs beispielsweise kann katastrophale Folgen haben. Aus diesem Grund beträgt in einigen Produktionszweigen der maximale Fehlerquotient null Prozent. In der Praxis heißt das: Testen, testen und nochmals testen, bevor man wirklich in die Luft abheben kann.

Auf eine positive Art Ja-aber-Verhalten zu zeigen ist schwieriger, als man denkt. Wer in den Augen anderer zu lange nachdenkt, wird schnell als jemand angesehen, der den Prozess behindert. In unserer westlichen Kultur liegt die Betonung auf Aktion, etwas unternehmen, sich für etwas einsetzen. Wir glauben, dass Dinge entstehen, indem wir handeln. Gerade in unsicheren Zeiten folgen viele dem Reflex, härter zu arbeiten, noch mehr zu tun. Perioden des Zweifels und des Nicht-Wissens sind nicht vorgesehen. Ja-aber ist eine Position des Zweifels. Wer eine Ja-aber-Reaktion an den Tag legt, weiß (noch) nicht, was die beste Strategie ist: Soll ich die Tatsachen an meine Vision anpassen oder meine Vision an die Tatsachen? Oder von beidem ein bisschen? Ja-aber-Sager setzen sich (vorläufig) für nichts ein. Und das ist manchmal gar nicht so einfach auszuhalten, denn unser Umfeld hat uns gelehrt, dass bei Nichtstun nichts entsteht. Doch das ist ein Missverständnis. Manchmal ist es sehr wohl sinnvoll, sich Zeit zu lassen, abzuwarten, abzuwägen. Das Gras wächst nicht schneller, wenn man daran zieht – es steht im Gegenteil dann am höchsten, wenn man gerade aus dem Urlaub zurückkommt.

Um es noch einmal deutlich zu sagen: Gegen keine der drei Verhaltensweisen gibt es etwas einzuwenden: Jede für sich hat ihre Qualitäten. Alle drei haben aber auch ihre Tücken.

*

So ist Ja-und eine Qualität, sogar der Kern dieses Buches. Aber Ja-und kann auch zur Falle werden. Wer zu allem Ja-und sagt, wird jemand, der sein Fähnchen in den Wind hängt. Wer nur Ja sagen kann, vermag keine Prioritäten festzulegen oder eine klare Wahl zu treffen. Leute, die sich durch eine dominante Ja-und-Verhaltensweise auszeichnen, erwarten von sich selbst, immer nett zu sein, alles zu akzeptieren und jeden Rückschlag mit einem Lächeln zu quittieren. Jemand, der Ja-und zu seiner Grundhaltung gemacht hat, hat eigentlich keinen Kompass oder Kern. Er ist wie ein Weichtier ohne Rückgrat.

Auch Nein-weil kann eine Falle sein. Das ultimative Nein-weil-Beispiel zum Thema »Ein Tag am Strand« fand ich in einem Donald-Duck-Heft. Trotz schweren Regens zwingt Donald seine Neffen Tick, Trick und Track, in Badehose und mit Handtuch und Sonnenschirm bewaffnet am Strand zu liegen. Nein-weil ist der ultimative Streit gegen die Elemente. Wer jeder Situation (über)selbstsicher, übertrieben entgegentritt, wird von den anderen als feindselig erlebt, als notorischer Streithahn. Wie ein Zeitung lesender Vater: Egal, was das Kind fragt, die Antwort ist kategorisch »Nein«. Solch eine zwanghafte Grundhaltung ist nicht nur unfreundlich (Nein heißt im Klartext: Verschwinde!), sondern obendrein wenig effektiv. Wenn man alles ablehnt und überall Streit anzettelt, dann wird man auf Dauer zu einer Festung, zu der niemand mehr Zutritt hat.

So wie eine übermäßige Ja-und-Verhaltensweise zu einer Fähnchen-im-Wind-Haltung führt, so führt eine übermäßige Nein-weil-Grundhaltung in einen permanenten Kriegszustand. Die Falle von Ja-und ist Grenzenlosigkeit, die Falle von Nein-weil ist übermäßige Abgrenzung, Rückzug in sich selbst.

Bei der Ja-aber-Haltung, deren Stärke die kritische Beobachtung ist, liegt nun die negative Seite im entscheidungslosen Jammern, Nörgeln und Meckern. Nichts ist gut genug. Es gibt immer etwas auszusetzen. Vor dem Sofa-Kauf muss immer noch ein weiterer Katalog gewälzt, noch genauer getestet oder ein anderes Möbelgeschäft besucht werden, bevor man sich definitiv zum Kauf entschließt. Menschen mit Ja-aber-Grundhaltung entsprechen dem Klischee von der ewig krittelnden Schwiegermutter: »Schönes Sofa, findest du nicht?« – »Ja schon, aber ein sehr empfindlicher Bezug.«

Ja-aber-Menschen sind nie wirklich für etwas, aber auch nie wirklich dagegen. Sie sagen Ja, aber sie handeln wie Nein. So als gäben sie Gas und würden gleichzeitig bremsen. Ja-aber-Menschen stehen nicht im Leben, sie betrachten das Leben. Sie wissen nicht, sie zweifeln, sie wägen lange ab. Würde zum Beispiel eine Fusion anstehen, so hätten sie allerlei Bedenken, Zweifel und Worst-Case-Szenarien vor Augen. Aber um nun aktiv gegen eine Fusion zu sein, dafür reichen diese auch wieder nicht. Gibt es allerdings nach der Fusion Probleme (und die wird es natürlich immer geben), dann haben sie das natürlich schon längst vorhergesehen. In ihrer schlimmsten Form sind Ja-aber-Menschen Besserwisser und Rechthaber-im-Nachhinein. Es gibt immer etwas zu nörgeln. Eine Ja-aber-Haltung bedeutet, sich nie richtig für etwas einzusetzen, sehr wohl aber zu allem einen Kommentar abzugeben. Im besten Fall verfügen Sie in ausreichendem Maße über alle drei Haltungen und entscheiden sich in der jeweiligen Situation dafür, welche Haltung Sie einnehmen möchten. Manchmal ist es klug, auf eine Ja-und-Weise zu reagieren, manchmal ist ein Nein-weil-Verhalten besser und manchmal ist gerade eine Ja-aber-Reaktion angebracht. Doch in der Praxis ist das gar nicht so einfach.

*

Nehmen wir ein willkürliches Drei-Zimmer-Küche-Bad-Pärchen. Harry und Marieke. Sie haben ihre kleine Welt perfekt organisiert: Beide haben eine sichere Anstellung, einen Mittelklasse-Wagen, eine Hypothek mit einer Laufzeit von zehn Jahren und 5,9 Prozent Zinsen und eine Lebensversicherung, die im Todesfall des Partners ausgezahlt wird. Nach reiflicher Überlegung haben sie beschlossen, ein Kind zu bekommen – sie war zu diesem Zeitpunkt 38 und er 45 Jahre alt, also: jetzt oder nie – und so kam letztes Jahr Clarinde auf die Welt. Heute, ein Jahr später, hütet Oma Anke die Kleine, sodass Marieke und Harry übers Wochenende nach Amsterdam fahren können. Sie wissen genau, was sie wollen: ein gemütliches französisches Bistro am Wasser, nicht zu viele Leute, schöne Hintergrundmusik. Marieke hat sich im Internet informiert, einen Tisch reserviert (kontrolliert, ob die Reservierung auch geklappt hat) und nun freuen sie sich darauf. Am Ziel angekommen müssen sie feststellen, dass es viel voller und lauter ist, als sie erwartet hatten. Außerdem macht das Lokal einen chaotischen Eindruck. Hm, was nun? Nach längerer Beratung beschließen sie, ein anderes Lokal zu suchen. Sie annullieren ihre Reservierung, gehen nach draußen und machen sich auf die Suche. Doch das ist gar nicht so einfach. Egal, welches Lokal sie sich anschauen: zu teuer, zu durchschnittlich, zu voll, zu leer … Über das, was sie nicht wollen, sind sie sich schnell einig. Aber sich auf das zu einigen, was ihnen gefällt, ist um einiges schwieriger. Als sie um halb neun schließlich irgendwo hineingehen (»Lass uns das nehmen, sonst schließt die Küche noch und wir bekommen nichts mehr zu essen«), ist die Chance groß, dass sie sofort anfangen, ihre Situation zu bewerten. »Ganz schön klein und eng«, flüstert Marieke. »Und das für den Preis«, urteilt Harry.

Marieke und Harry stellen hohe und konkrete Erwartungen an das Leben, finden es wichtig, die beste Entscheidung zu fällen, und fassen hinterher zusammen, ob ihr Entschluss auch zu dem geführt hat, was sie sich davon versprochen haben. Abbildung 1 zeigt das Handlungsmuster (lesen Sie die Abbildung wie eine Zeile von links nach rechts): Jede Handlung fängt mit einer Erwartung an. Marieke und Harry haben hohe Erwartungen. Hierauf verwenden sie viel Zeit und Auf-

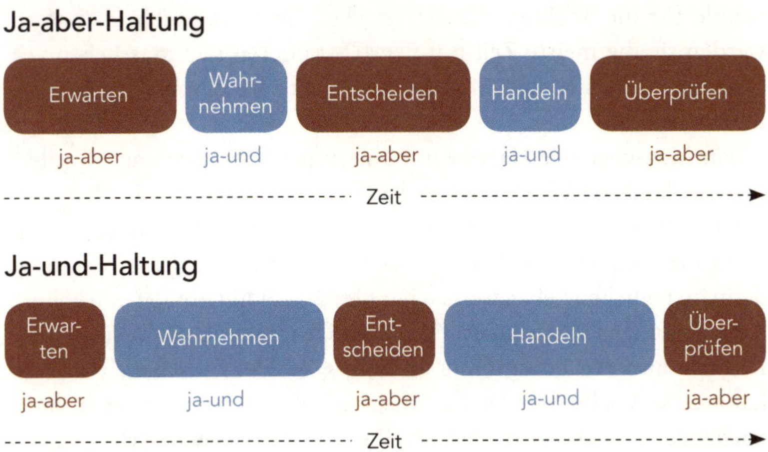

merksamkeit. Dann folgt das Wahrnehmen. Aber eigentlich ist die Wahrnehmung von Harry und Marieke eher schlecht. Denn anstatt wahrzunehmen vergleichen sie das, was sie sehen (Realität), mit ihren Erwartungen (Vorstellung). Alle mexikanischen, griechischen, indischen, thailändischen und belgischen Restaurants lassen sie links liegen. Schließlich passen sie nicht in ihr Schema »Bistro«. Die meiste Zeit verbringen sie mit Nachdenken, Zweifeln und Diskutieren. Als sie dann endlich entscheiden, wo sie essen werden, und dann auch entsprechend handeln, werden sie nicht in Ruhe essen, sondern sofort anfangen zu bewerten, ob ihre Entscheidung gut war. Und wie sollte es anders sein, die Beurteilung fällt negativ aus. Bezeichnend für Ja-aber-Dialoge sind beispielsweise: »Siehst du!«, »Ich habe doch gleich gesagt …« oder »Hätten wir doch …«.

Die Felder »Erwarten«, »Entscheiden« und »Bewerten« kann man als Ja-aber-Felder bezeichnen: Man denkt nach über die Wirklichkeit. Genau das ist der Kern von Ja-aber: Beurteilen. Die Felder »Wahrnehmen« und »Handeln« dagegen sind Ja-und-Felder: Man erfährt die Wirklichkeit. Und das ist der Kern der Ja-und-Verhaltensweise: Sich der Situation hingeben und akzeptieren (Hingabe und Akzeptanz).

Wenn man, wie Marieke und Harry, viel Zeit auf die Ja-aber-Felder verwendet, wird man zwangsläufig viel Zeit für jede Art von Entscheidung benötigen, ob es nun um die Wahl eines Restaurants geht oder den Kauf eines neuen Wagens, den Wechsel der Arbeitsstelle, das Zusammenwohnen, die Wahl der Tapete oder die Suche nach einer Schule für die Tochter. Wenn Marieke und Harry nicht aufpassen, werden sie die meiste Zeit mit dem Diskutieren *über* das Leben verbringen. Anders gesagt: Marieke und Harry leben mehr im Kopf als in der Realität.

Für Menschen wie Marieke und Harry, die eine ausgeprägte Vorliebe für die Ja-aber-Verhaltensweise haben, besteht die Herausforderung darin, weniger Zeit in das »Nachdenken über etwas« zu investieren und mehr Zeit mit dem »Erleben von« zu verbringen. Und das ist schwierig, denn im täglichen Leben werden wir permanent mit großen und kleinen Entscheidungen konfrontiert. Wer den Übergang in ein Ja-aber-freies Leben – also ein Leben ohne unnötiges Zweifeln – schaffen möchte, kann es sich selbstverständlich nicht erlauben, überhaupt nicht mehr nachzudenken. Das wäre naiv. Die Kunst besteht jedoch darin, alles zur rechten Zeit zu tun. Ein Ja-und-Leben hat dieselben Strukturen wie ein Ja-aber-Leben, doch mit einem grundlegend anderen Akzent.

Wenn man die Welt mit einem Ja-und-Blick wahrnimmt, erlebt man sie auf eine fundamental andere Weise als mit einer Ja-aber-Haltung. Wer eine Ja-aber-Brille trägt, legt den Schwerpunkt auf seine Erwartungen. Außerdem wird er permanent die Realität mit seinen Erwartungen vergleichen. Der Ja-aber-Blick nimmt hauptsächlich wahr, was nicht vorhanden ist, was fehlt, was nicht gut ist an der Realität. Ein Ja-aber-Blick führt per definitionem zu Enttäuschung, alles bleibt hinter den Erwartungen zurück. Wer dagegen die Welt mit einem Ja-und-Blick wahrnimmt, sieht besser, erwartet weniger und gelegentlich sogar gar nichts. Und das Schöne daran ist: Wer gut wahrnimmt, wird feststellen, dass die Realität mehr zu bieten hat als die eigenen Erwartungen: Sie ist nämlich größer, umfangreicher und vielfältiger. Wer mit dem Ja-und-Blick wahrnimmt, wird buchstäblich mehr Chancen und Möglichkeiten sehen als jemand, der auf der Suche nach etwas ist, was es nicht gibt.

Viele wissenschaftliche Untersuchungen bestätigen, dass eine entspannte Haltung ein wesentliches Merkmal für Menschen ist, die besser wahrnehmen, kreativer sind, mehr Sinn für Humor haben und besser imstande sind, einen Rückschlag zu verkraften und sich durchzusetzen.[1]

Zunächst genügt es festzustellen, dass Marieke und Harry derart zwanghaft auf der Suche nach einem französischen Restaurant sind, dass sie auch nur noch französische Restaurants wahrnehmen können. Sie übersehen nicht nur alle anderen Restaurants, sondern auch andere Möglichkeiten, die sich außerhalb ihres Erwartungsfeldes befinden: eine Disco vielleicht (es geht auch einmal ohne Essen), eine Kneipe oder ein Lounge-Café (wo, wie sich vielleicht herausstellen würde, man französische Küche serviert, Loungemusik mit französischem Einschlag spielt und dekorative Fotos von Paris hängen). Vielleicht kommen Marieke und Harry aber auch zufällig an dem Ort vorbei, wo sie sich kennengelernt haben, und sehen sich verliebt in die Augen. Tja, dann würde das Essen keine Rolle mehr spielen …

✶

Zusammengefasst: Wer mit einer Ja-aber-Verhaltensweise durchs Leben geht, hat eine hohe Erwartungshaltung, nimmt die Realität, erdrückt von Erwartungen, nur eingeschränkt wahr, übersieht Chancen und Möglichkeiten, tut sich mit Entscheidungen schwer und trifft dann intuitiv oft die falsche, stürzt sich sogleich in Aktionismus und geht übergangslos in die Evaluierung über. Angesichts des geringen Einsatzes wird das abschließende Urteil unvermeidlich negativ ausfallen. Um mit den Worten des deutschen Ex-Fußballprofis Jürgen Wegmann zu sprechen: »Erst hatten wir kein Glück und dann kam auch noch Pech dazu.«

Jemand, der stattdessen die Welt mit einem Ja-und-Blick wahrnimmt, hat weniger Erwartungen, ist flexibel und offen und sieht vor allem, was vorhanden ist (und was er eventuell gar nicht erwartet hätte). Er nimmt deswegen hauptsächlich Möglichkeiten und Chancen wahr, was dazu führen kann, manchmal sogar höhere Erwartungen zu stellen. Dem Ja-und-Menschen fällt es (deswegen) leicht, eine gute Entscheidung zu treffen. Ein Ja ist ein Ja. Dann setzt er sich dafür ein, ist bereit, so lange wie nötig am Ball zu bleiben, und in der Lage, Rückschläge einzustecken. Hat er sein Ziel erreicht, wird er kurz und knapp und vor allem effektiv evaluieren, ob es gutging oder nicht. Und weil der Ja-und-Mensch mit vollem Einsatz bei der Sache war, ist die Wahrscheinlichkeit groß, dass das Ergebnis der Evaluierung positiv ausfällt und schon bald wieder ein neuer Zyklus von Erwarten, Wahrnehmen, Entscheiden, Handeln, Evaluieren stattfinden kann.

Noch knapper zusammengefasst könnte man sagen: Der Unterschied zwischen einer Ja-aber-Sichtweise und einer Ja-und-Sichtweise ist, dass man bei Ja-aber wahrnimmt, was hätte sein *sollen*, was aber dennoch fehlt oder nicht gut ist. Bei Ja-und nimmt man wahr, was da ist und was man daraus *machen* könnte. Ja-aber ist demnach eine Sichtweise, die sich auf Hindernisse konzentriert, auf das, was nicht gelingt, eine Haltung der Kontrolle. Ja-und ist die Sichtweise der Möglichkeiten und Chancen, oder besser: eine Haltung der Kreativität.

Diese unterschiedlichen Grundverhaltensweisen haben auf alle Gebiete unseres Lebens Einfluss. Wer mit einer Ja-aber-Verhaltensweise durchs Leben geht, nimmt mit diesem Blick nicht nur Restaurants wahr, sondern auch seinen eigenen Körper und den der anderen, Beziehungen, Träume und Ziele, die sich daraus ergeben. Ja-aber und Ja-und sind zwei unterschiedliche Lebenseinstellungen, die mit unserem gesamten Dasein verwoben sind. Wenn Sie sich selbst in der Ja-aber-Lebenshaltung erkennen, regelmäßig Ja-aber-Verhalten an den Tag legen, fest umrissene Erwartungen haben, bei wichtigen Entscheidungen dazu neigen, lange zu zweifeln, schnell aufzugeben und sich regelmäßig voll Selbstmitleid daran erinnern, was Sie oder jemand anderes falsch gemacht hat, dann ist dies Ihr Buch.

Natürlich erwarte ich nicht von Ihnen, dass Sie ein komplett anderer Mensch werden, und das ist auch gar nicht notwendig. Ja-aber und Ja-und sind beides Qualitäten, sie brauchen keine davon über Bord zu werfen. Behalten Sie sie. Pflegen Sie beide Verhaltensweisen. Mir geht es lediglich um eine Akzentverschiebung. Sagen Sie Ja-und beim Wahrnehmen und Handeln – sagen Sie Ja-aber, wenn Sie etwas überdenken müssen. Es geht hier um eine relativ einfache und subtile Verschiebung der Aufmerksamkeit. Der Witz liegt in einer relativ kleinen, aber konsequent durchgeführten Veränderung (etwas weniger erwarten und etwas mehr wahrnehmen), die revolutionäre Auswirkungen haben kann. Denken Sie zum Beispiel an Eis. Bei einer Temperatur knapp unter null Grad ist es fest gefroren. Doch erhöht man die Temperatur nur um wenige Grad, setzt man eine komplette Metamorphose in Gang. Kleiner Unterschied – große Wirkung. Deswegen spreche ich am liebsten von einer Akzentverschiebung.

Noch einmal: Eine Ja-aber-Grundhaltung hat eine gesunde Qualität. Buchhalter, Controller, Journalisten und Rechnungsprüfer, sogenannte »Accountants«, werden sogar für ihre Ja-aber-Verhaltensweise bezahlt. Es ist die Basis ihres Berufs: kritische Kontrolle, intelligente Reflexion. Und es wäre unsinnig und naiv zu behaupten, dass Sie nach der Lektüre dieses Buches auf eine Ja-und-Weise reagieren müssten, wenn das Management mit einem neuen Plan (Outsourcing der Hälfte der Produktion) ankäme. »Hurra! Danke! Neue Chancen!« Das Gegenteil ist der Fall. Kritisch zu sein ist nicht verkehrt. Wenn es etwas gibt, was ich in den letzten Jahren gelernt habe, dann das: gerade in den Ja-aber-Momenten die Tatsache auszuhalten, dass man nicht genau weiß, was man will, noch eine Nacht darüber zu schlafen und Abstand zu gewinnen; sich die Zeit zu nehmen, eine fundierte Beurteilung der Situation zu formulieren oder einen wohlüberlegten Entschluss zu treffen. Ja-aber und Ja-und ist vergleichbar mit dem Ein- und Ausatmen. Normalerweise gibt es einen natürlichen, ständigen Wechsel zwischen beiden Verhaltensweisen. Reflexion versus Aktion. Denken versus Handeln. Leben ist

Handeln *und* Denken. Sie brauchen einander. Das alles ist vor allem eine Frage des Timings.

✶

Das vorliegende Buch handelt von Abenteuer, Kreativität und Bewegung. Davon, sich dem Strom des Lebens hinzugeben und gleichzeitig das Gefühl von Kontrolle und Selbststeuerung zu haben. Dieses Ziel erreichen wir aber nur, wenn wir der Balance von Ja-aber und Ja-und viel Aufmerksamkeit widmen. In der Praxis beobachten wir meiner Erfahrung nach in entscheidenden Situationen vor allem ein Zuviel an Ja-aber-Verhaltensweisen. Dabei haben wir in jeder Situation auf ein Neues die Möglichkeit, unsere Verhaltensweise frei zu wählen. Deswegen widmen wir uns nun der Aufgabe, wie man eine Akzentverschiebung von Ja-aber zu Ja-und realisieren kann.

Ja-aber
kontrollieren

Ja-und
kreativ sein

Ja-aber

Sich vorstellen,
wie es sein sollte,
aber nicht ist.

Ja-und

Sehen, was da ist und was man daraus machen könnte.

Angst

Was machen Erwachsene, wenn es regnet? Sie meckern.
Was machen Kinder? Sie springen in die Pfützen.

Wie kommt es, dass wir so oft dazu neigen, mit einer Ja-aber-Haltung durchs Leben zu gehen, obwohl wir es gar nicht wollen? Um diese Frage zu beantworten, ist es wichtig, erst einmal den Ursprung der Ja-aber-Verhaltensweise zu betrachten. Im Grunde ist Angst der Ursprung von Ja-aber. Genau wie Hingabe, Vertrauen und Liebe der Ursprung von Ja-und sind, und die Grundlage von Nein-weil Kontrolle, Misstrauen und Angst.[2]

Angst kann in allerlei Formen auftreten, von schwachem Besorgtsein und leichter Unruhe bis hin zu Panik und starken Angststörungen. Nicht zu vergessen zahlreiche Zwischenformen wie Angst vor dem Dunkeln, Angst vor dem Unbekannten, Angst vor der Angst. Ungeachtet der Vielzahl der Varianten kann man Angst in drei Grundängste unterteilen: Angst vor dem Tod, Angst vor der Einsamkeit und die Angst, ein bedeutungsloses Leben zu führen. The big three. Sobald man erkennt, dass diese drei Ängste den Nährboden für eine Ja-aber-Haltung bilden, erleichtert diese Erkenntnis die Realisierung der Akzentverschiebung von Ja-aber zu Ja-und, indem man sich dann und wann nicht von seiner Angst überwältigen lässt. Als aufmerksamer Ratgeber ist Angst ein treuer Verbündeter, als blinder Panikmacher ein Elefant im Porzellanladen.

✶

Das wichtigste Ja-aber erwächst aus der fundamentalsten Angst, die wir kennen: der Angst vor physischer Bedrohung und – als Steigerung davon – der Angst vor dem Tod. Heutzutage haben wir Heftpflaster, Ärzte und Krankenhäuser, aber was hat man vor 5 000 Jahren bei einem Beinbruch oder Meniskusriss gemacht? Man stelle sich das einmal ernsthaft vor. Kein Arzt, kein Krankenhaus, kein Gips, nur man selbst, auf dem Boden liegend, umringt von hilflos dreinschauenden Stammesgenossen.

Eine falsche Bewegung, eine falsche Entscheidung, das konnte fatale Folgen haben. Gefahr, Hunger, Krankheiten und Tod lagen fortwährend auf der Lauer. Und dann haben wir noch nicht einmal hungrige Fleischfresser wie den bengalischen Tiger, den schwarzen Panther oder den Grizzlybären miteinbezogen, die jede Chance nutzten, einen lahmen Zweibeiner wie uns zu erbeuten. Ein hohes Maß an Wachsamkeit muss für unsere Spezies absolut lebenswichtig gewesen sein. Unser Lebensretter war ständige Angst, quasi ein eingebauter Alarmknopf. In den zarten Anfangsjahren der Menschheit müssen wir genauso schreckhaft gewesen sein wie Hirsche, Vögel oder Hasen.

5 000 Jahre mögen uns lang erscheinen, aber in der Zeitskala der menschlichen Evolutionsgeschichte sind sie nur ein kurzer Strich. Und wie sollte es anders sein, die Überlebensprogramme, die wir damals benötigten, formen noch immer die »Hardware« unseres Daseins. Rufen Sie jemandem in einem unerwarteten Moment laut »Buh!« ins Ohr, dann sehen Sie sämtliche Angstreflexe unmittelbar in Aktion: Die Person springt auf, stößt einen Schrei aus, die Haare richten sich auf und die Arme gehen nach oben, um Kopf und Herz zu schützen.

Dieser Reflex ist von großem Nutzen, wenn es um das Überleben geht. Diese Systeme sind, evolutionär gesehen, sehr alte Systeme. Störungen derselben basieren auf allerlei Angststörungen, wie posttraumatischen Stress- und Panikstörungen. Kurz gesagt, unsere eingebauten Ängste sind unsere Verbündeten und wir tun gut daran, sie mit Respekt zu behandeln. Sie sind schnell, wachsam, aktionsorientiert und uns dadurch beim Überleben behilflich. Als Ratgeber aber benötigen wir die Angst im täglichen Leben des 21. Jahrhunderts natürlich viel weniger als früher. Dennoch kann man beobachten, dass viele Menschen ihr Leben mit Blick auf Gefahrenvermeidung einrichten und nach einer möglichst sicheren Komfortzone streben.

Obwohl dieser Alarmknopf zu unserer angeborenen Hardware gehört, muss er doch in Teilen noch justiert werden. Deswegen spricht man nicht nur von vorprogrammierter, sondern auch von angelernter Angst. Zu Recht – und verständlich. Als Kind sind wir klein, verletzlich, und die Welt ist voller Gefahren. Nehmen wir einmal an, wir sind vier Jahre alt und spielen mit einem Ball. Wenn er auf die andere Straßenseite rollt, haben wir den Impuls, ihm sofort hinterherzurennen. Normalerweise haben uns die Eltern beigebracht, bei Gefahr vorsichtig zu sein: Ja, man darf die Straße überqueren, aber erst nach links gucken, dann nach rechts und dann noch einmal nach links. Also nicht einfach nur nach dem Impuls handeln, sondern erst nachdenken.

Wenn man als Kind auf seine Eltern hört und eine Weile übt, dann wird das Nachdenken ganz von selbst ein neuer Reflex. Man weiß, dass man beim Überqueren einer Straße aufpassen muss. Auf diese Weise entsteht ein neues Programm: Impuls – Reflex – Handeln. Die Neigung, in Bewegung zu kommen, unterdrückt man mit einer Gegenbewegung, einem Reflex. Viele körperliche Reflexe sind eingebaut (schlägt man mit einem Hämmerchen gegen die Kniescheibe, zuckt das Bein von selbst nach oben), aber andere Reflexe lernen wir erst im Laufe unseres Lebens (zum Beispiel das Aufpassen am Seitenstreifen oder der rasche Tritt aufs Bremspedal, wenn die Rücklichter des Wagens vor uns plötzlich aufleuchten).

Dass unsere Eltern uns beibringen, bei Gefahr behutsam zu sein, ist notwendig. Es ist sinnvolle, angelernte Angst. Aber in einigen Familien, Gesellschaften und Kulturen wird die Angst derart stark reproduziert, dass sie unser gesamtes Handeln beeinflusst. Angst ist oft ziemlich irrational.

Manche Eltern bringen ihren Kindern bei, Angst zu haben vor Infektionen, Bakterien und Ungeziefer. Bei diesen Familien werden Joghurtpackungen am Abend vor dem Verfallsdatum weggeworfen, werden Mundwinkel und Hände in einem fort entschieden abgewischt. Angelernte Angst kann vielfältige Formen annehmen: von der Angst vor dem bösen Wolf, vor Homosexualität, Moslems, Juden, Flüchen, dem Denken entgegen der herkömmlichen Meinung, den Weißen, Kapitalisten, dem Nikolaus und dem bösen Nachbarn, bis hin zum Vater, der gleich nach Hause kommt. Wenn wir nicht aufpassen, trainieren wir uns das Nachdenken so gut an – bei Gefahr aufzupassen, bis zehn zu zählen, erst zu denken, dann zu lenken und nicht auf sieben Hochzeiten gleichzeitig zu tanzen –, dass wir überhaupt keine Zeit mehr haben, um darüber nachzudenken, was wir eigentlich wollen. »Erst wenn die Tür mit einem Sicherheitsschloss versehen ist, erst wenn ich genug Geld beisammen habe, erst wenn das Flugzeug sicher gelandet ist, erst wenn ich eine Festanstellung habe, erst wenn ich meine Rente eingezahlt habe, erst wenn, erst wenn, erst wenn, dann ...«

Wenn-dann ist im Grunde die Umkehrung von Ja-aber. Leider leben viele von uns die meiste Zeit auf diese Weise. Sie sind vom »Wenn« so in Beschlag genommen, dass keine Zeit mehr für das »Dann« bleibt. Für sie wird das Leben zu einer Art ständiger guter Vorbereitung, ein Verharren in der Warteschleife. Sie leben in einem Zustand ständiger Angst und Besorgtheit und müssen doch oftmals festellen, dass letztlich gerade das passiert, was sie am meisten fürchten. So las ich vor einiger Zeit folgenden Bericht in der Zeitung: »Ein abergläubischer Rumäne, der gestern – Freitag, der 13. –, aus Angst vor einem Unfall nicht vor die Tür wollte, starb nach einem Wespenstich in seiner Küche. Der 54-jährige Florin Carcu hatte zahlreiche Vorsichtsmaßnahmen getroffen. Er hatte sogar freigenommen, um nicht nach draußen gehen zu müssen. Bei der Wespe, die ihn stach, handelte es sich um eine seltene, äußerst giftige Art, die den Spitznamen ›Wolf‹ trägt«.[3]

Übrigens bemerkt Marinus Knoope, Autor von *Die Kreationsspirale*, in diesem Zusammenhang: »Die meisten Menschen sind enttäuscht, wenn sich ihre Sorgen bewahrheiten. Strikt logisch müsste man sich darüber wundern. Wenn Sie sich Sorgen machen und die Befürchtungen treten ein, dann hat es geklappt, der Kreationsprozess hat funktioniert.«

An die Angst vor dem Tod ist ganz allgemein die Angst vor Veränderung gekoppelt. Veränderung ist letztendlich immer unsicher. Man weiß, was man hat, aber was bekommt man dafür? Bei allen Veränderungen spielt im Hintergrund die Angst vor dem Tod eine Rolle. Veränderungen sind per definitionem gepaart mit Perioden des Zweifels. Wer eher ängstlich im Leben steht und überdurchschnittlich besorgt ist über das, was alles schiefgehen könnte, wird bei derart großen Entscheidungen in Anspannung geraten.

Wunderbar, ein Kind – aber was, wenn es nicht gesund ist? Toll, eine Beziehung – aber was, wenn sie zerbricht? Umziehen, super – aber müssen wir nicht erst unser altes Haus verkaufen? Und was, wenn wir demnächst auf Hilfe angewiesen sind?

Wer sich Sorgen über die Zukunft macht, wird den Sprung in chancenreichen Momenten nicht leicht wagen. Manchmal aber ist Mut, ein kalkulierbares Risiko, absolut notwendig. Denn ehe man sich versieht, ist das Traumhaus, das eine Weile lang zu haben war, an einen anderen verkauft worden. Oder ist die biologische Uhr abgelaufen.

Wir brauchen einander, um zu überleben. Das Schlimmste, was uns in früheren Zeiten passieren konnte, war der Ausschluss aus der Gruppe. Wenn das passierte, waren wir eigentlich dem Tod geweiht. Viele unserer Ja-abers, vom »Was sollen nur die Nachbarn denken« bis zu »So ist das hier nun einmal«, sind auf diese Angst zurückzuführen, die Angst vor der Einsamkeit. Früher war das Leben nach den bestehenden Regeln der Gruppe, ihren Erwartungen, ihren Codes und ihrer Kultur für das Überleben von großer Bedeutung. Ein soziales Auffangnetz, wie wir es haben (Sozialhilfe, Rente oder Krankengeld), gab es nicht. Es waren die Menschen, die einander halfen, und wenn man niemanden hatte, der einen versorgen würde, dann war das ein großes Problem.

Obwohl wir noch immer auf komplexe Weise miteinander verbunden sind (und dies vermutlich immer so bleiben wird), hat die Bedeutung der Gruppe, des Stammes oder der Sippe für unser Überleben erheblich abgenommen. Mehr und mehr werden wir zu Individuen, die Bestandteil einer komplexen Welt sind. Die Gruppen, denen wir angehören, können wir manchmal so schnell und einfach wechseln wie unsere Kleidung, und das machen wir dann auch häufig und gern. Innerhalb unserer Familie verhalten wir uns anders als in der Schule, auf der Arbeit oder im Supermarkt. Die Außenwelt erwartet von uns, dass wir stets flexibler mit Gruppenregeln umgehen können. Im Grunde genommen sind wir dabei, uns von einem »Wir«, einem Gruppentier, in ein »Ich«, ein Einzelwesen zu verändern, das sich fortwährend verändernden Umgebungen anzupassen weiß. Ein »Ich«, das noch immer mit anderen zu einem »Wir« verbunden ist, nur viel weniger deutlich als früher. Wir können Verbindungen aufnehmen oder abbrechen. Das ist schön. Aber der Preis, den wir dafür bezahlen, ist weniger schön: Die anderen machen das nämlich genauso.

Die Angst, den Regeln oder Ansprüchen einer Gruppe nicht zu genügen und deswegen ausgeschlossen zu werden, kann unterschiedliche Formen annehmen. Fangen wir zunächst mit einer augenscheinlich unschuldigen Form an, dem Festhalten an Vorschriften. Jede Gruppe bildet eine Reihe von Regeln, die die Gruppenmitglieder respektieren und handhaben müssen, um die Gruppe zusammenzuhalten.

Damit Gruppen effektiv funktionieren können, sind sie von Natur aus zwanghaft angelegt. Die Zehn Gebote, das Bürgerliche Gesetzbuch (BGB), die Vereinsstatuten des Schrebergartenvereins Feierabend, sie alle haben das gleiche Ziel: die Regelung des Gruppenverhaltens. Dagegen ist nichts zu sagen, wenn nicht immer wieder einmal einige Leute über das Ziel hinausschießen würden.

Ein Mitschüler unseres ältesten Sohnes saß am Tag seiner Abschlussprüfung im Fach Erdkunde im Stadtbus in Utrecht. Der Bus steckte in einem langen Stau fest und der Schüler lief Gefahr, zu spät zu seiner Prüfung zu kommen. Zum Glück hatte er die Handynummer der Schule bei sich, rief an und konnte so mit dem Lehrer sprechen. Der beauftragte den Hausmeister, so nah wie möglich mit dem Auto an den Stau heranzufahren, um den Schüler abzuholen. Dies gelang. Der Hausmeister parkte keine hundert Meter vom Stau entfernt in einer Seitenstraße. Er rief den Jungen an, gab seine Position durch und forderte ihn auf, den Bus zu verlassen. Der Junge bat den Busfahrer, die Tür zu öffnen, aber was machte der? Er weigerte sich. Warum? Er dürfe nur an einer Haltestelle die Türen öffnen. Obwohl der Bus bereits seit zwanzig Minuten an derselben Stelle stand. Direkt vor dem Bürgersteig. Außer den Vorschriften gab es also keinen Grund, die Türen nicht zu öffnen. Das Ende vom Lied? Der Junge verpasste seine Prüfung.

Das starre Festhalten an Vorschriften (Normen, Absichten, Vereinbarungen) ist ein typisches Merkmal einer Ja-aber-Verhaltensweise. Nicht Logik, gesunder Menschenverstand oder das, was funktioniert, sind der Ausgangspunkt für eine Entscheidung, sondern »So wie wir es immer machen« und »Wie es sich gehört«. Mit anderen Worten: die Vorschriften.

Eine zweite Form der Ja-aber-Verhaltensweise, die sich aus der Angst vor Gruppenausschluss entwickeln kann, ist das Ja-aber, das wir von (kleinen) Kindern kennen: angepasstes Verhalten. Nett sein. Sich einschleimen, demütig den Kopf senken und kooperatives Verhalten suggerieren. Ein Kind weiß natürlich nur zu gut, dass es eine Bitte der Eltern besser mit Ja beantworten sollte. Nein-Sagen wäre nicht klug. Wenn ein Kind schnurstracks auf einen Konflikt zusteuert, ist die Wahrscheinlichkeit zu verlieren groß. Und das Letzte, was ein Kind möchte, ist, ausgegrenzt zu werden. Deswegen verpacken Kinder ihren Widerstand in das etwas freundlichere Ja-aber.

Ja-aber suggeriert einen Dialog, wobei jeder Elternteil natürlich weiß, es ist eigentlich ein Nein. Und das äußert sich in Nörgeln und Quengeln.

Erwachsene verhalten sich bei ihrer Arbeit mitunter ähnlich: Sie sagen ebenfalls Ja-aber, wenn sie eigentlich Nein meinen. Denn auch für sie gilt, dass öffentlicher Widerstand Risiken birgt. Der soziale Ausschluss wäre in diesem Fall die Entlassung. Genörgel von Erwachsenen wird jedoch nicht akzeptiert. Von Erwachsenen wird erwartet, dass sie mit der Zielsetzung und dem Betrieb mitdenken. Deswegen muss ein Erwachsener sein Ja-aber anders verpacken. Dann stellt er etwa »kritische Fragen« oder »sucht eine Basis«. Das klingt vernünftig, ist aber oft das gleiche Genörgel und Gemecker.

Ja sagen und Nein handeln ist das wichtigste Merkmal einer Ja-aber-Kultur. Übrigens kann man auch in umgekehrter Richtung der Hierarchie, also von oben nach unten, Paradebeispiele von Ja-aber-Verhaltensweisen beobachten. Wenn Mitarbeiter konstruktive Ideen haben oder unliebsame Informationen über die Außenwelt (Kunden) äußern, dann ist es gut möglich, dass in diesem Zusammenhang wichtige Informationen mit einer Ja-aber-Reaktion von Seiten des Managements unter den Tisch gekehrt werden. »Nicht lange quatschen, ran an die Arbeit«, heißt es dann.

Eine dritte Verhaltensweise, um einen Gruppenausschluss zu verhindern, ist die gespielte Bescheidenheit. Auch »oben auf der Leiter« kann man aus dem Boot fallen. Prinzipiell sind wir alle gleich, aber zu viel Erfolg, Ruhm oder Geld bedroht den brüchigen Status quo. Bloß nicht aus der Menge herausragen. Die beste Art, mit Erfolg umzugehen, ist demnach, normal zu bleiben. Oder wenigstens so zu tun als ob.

Eine andere Strategie, um die Angst vor dem sozialen Ausschluss zu bezwingen, ist es, unantastbar oder überlegen zu sein. Als Chef fühlt man sich weniger bedroht. Macht bedeutet Schutz. Man kann auf unterschiedliche Weise eine Führungskraft werden. Indem man sich beispielsweise auf ein ganz bestimmtes, streng eingegrenztes Fachgebiet spezialisiert, ist man schnell das Alpha-Tier der Gruppe. Im Land der Blinden ist der Einäugige König. Aus dieser Position heraus erlauben sich viele eine Ja-aber-Verhaltensweise, die als herablassend oder geringschätzend erlebt wird. »Ja, aber überlassen Sie das mal uns«, »Das verstehen Sie doch nicht« oder »Sie müssen erst gar nicht versuchen, das selbst zu lösen«. Die Absicht dieser Ja-abers ist es, den anderen als inkompetent und abhängig zu degradieren. Wenn man andere als minderwertig betrachtet, braucht man keine Angst vor ihnen zu haben. Inhaber von Spezialgeschäften (vor allem wenn sie kurz vor der Rente stehen und von einer bestimmten Sache ungeheuer viel Ahnung haben), Verkäufer von Etwas-technisch-sehr-Kompliziertem und Mitarbeiter der Passausgabestelle (»Ja, aber meine Dame, so geht das natürlich nicht. Kurz vor Schalterschluss noch schnell mal den Pass abholen. Wir sind hier doch nicht bei Aldi.«) schlagen auch gerne einmal solch einen Ton an. Es ist der Ja-aber-Ton des Wer-glauben-Sie-eigentlich-wer-Sie-sind. Der Form nach ist es Überlegenheit, aber der Ursprung ist Angst, gekoppelt mit dem Unvermögen, auf gleicher Ebene zu kommunizieren.

Egal wie die Leute sich verhalten, arrogant, pseudo-bescheiden oder unflexibel: Die treibende Kraft hinter all diesen Verhaltensweisen ist die Angst vor dem Gruppenausschluss – eine Angst, die man übrigens zu Recht empfindet.

Auch heutzutage hat der soziale Ausschluss, in Fachkreisen auch »social exclusion« genannt, oft einschneidende Folgen. Schlimmer noch, die fortschreitende Individualisierung in den letzten Jahrzehnten hat immer häufiger dazu geführt, dass mehr und mehr Menschen außen vor bleiben – teils mit sehr ernsthaften Folgen.

Eine Studie des Instituts für Sozialpsychologie der Freien Universität Amsterdam hat festgestellt, dass der Ausschluss aus einer Gruppe »eine der schlimmsten Erfahrungen ist, die einem Menschen passieren kann«. Dort heißt es weiter: »Derartige soziale Ausschlüsse haben für die Opfer sowohl psychische wie wirtschaftliche Folgen. Opfer von sozialem Ausgegrenztsein haben eine geringere Selbstachtung, erleben weniger Kontrolle über ihr Leben und können dem Grundbedürfnis, irgendwo dazuzugehören, nicht mehr genügen. Auf Dauer kann dies zu Depression und Schwächung des Immunsystems führen.«[4]

Andere Folgen von sozialer Ausgrenzung sind Obdach- und Heimatlosigkeit sowie eine strukturelle Abhängigkeit von staatlicher Hilfe. Jugendliche, die Mühe haben, die Schule abzuschließen, und Obdachlose haben in ihrer Kindheit häufig problematische und gestörte Beziehungen zu ihren Eltern (beziehungsweise eines Elternteils) gehabt. Sofern die Eltern überhaupt da waren.[5] Kurz gesagt: Die Angst vor Einsamkeit ist eine äußerst reale Angst. Die Fähigkeit, zu einer Gruppe zu gehören, ist buchstäblich lebenswichtig.

*

Hiermit sind wir bei der dritten und letzten Angst angekommen: der Angst vor der Sinnlosigkeit des Daseins. Die Warum-sind-wir-auf-Erden-Frage. Religionen verdienen mit dem Versprechen, eine handfeste Antwort auf diese Frage zu geben, ihren Lebensunterhalt. Ihre Antwort ist ebenso einfach wie zielsicher: weil es den Himmel gibt. Wer im Diesseits auf gute Weise lebt, darf später in den Himmel. Natürlich weiß niemand hundertprozentig, ob man in den Himmel kommt, aber wenn man besagtem Glauben anhängt und sich nach Kräften anstrengt, die Regeln zu befolgen, nimmt die Wahrscheinlichkeit eindeutig zu.

Selbstverständlich eine reizvolle Idee, sie gibt dem Leben eine Struktur und Richtung. Aber was ist, wenn man nicht an eine solche Religion glaubt? Wie gibt man seinem Leben dann einen Sinn? Und ist das überhaupt erstrebenswert? Wenn wir uns erst gar nicht mit dieser Frage beschäftigen, ist unser Leben dann per definitionem sinnlos? Oder gibt es das gar nicht, ein sinnloses Leben? Schwierige Fragen.

Auf der Suche nach einer Antwort auf diese Fragen erschaffen sich viele Menschen ein bedeutungsvolles Leben. Sie versuchen, ihrem Leben einen Sinn zu geben, ihm Bedeutung beizumessen. An sich gibt es nichts dagegen einzuwenden. Wenn das Motiv dahinter schlicht und einfach darin besteht, dass es schön ist, ein bedeutungsvolles Leben zu führen, dann ist das prima. Oft aber spielt im Hintergrund die Angst, zu sterben und ein bedeutungsloses Leben geführt zu haben, eine alles bestimmende Rolle. Die meisten Menschen erleben es nämlich nicht als freiwillige Entscheidung, ein bedeutungsvolles Leben zu führen, sondern fühlen sich dazu gezwungen. Und dann wird es schwierig. Denn mit so einem bleischweren Auftrag im Nacken ist es schwer zu entscheiden, was gut und was nicht gut ist. Wie fällt man Tag für Tag Entscheidungen? Was im Leben hat Bedeutung und was nicht?

Ist es »sinnvoll«, heute Abend ins Kino zu gehen? Ist es von Bedeutung, wenn ich Marketingmanager in der Slipeinlagen-Industrie werde? Muss ich mich anstrengen, um alles, wirklich alles aus meinem Leben herauszuholen? Ist das das Ziel? Und wenn dem so wäre, dürfte ich dann zwischendurch auch einmal einen Tag einfach nur abhängen? Also gut, nur um auszuruhen und zu Kräften zu kommen, um danach wieder »sinnvolle« Sachen zu machen. Aber was wäre, wenn ich länger faulenzen möchte? Sagen wir eine Woche lang? Oder ein Jahr? Oder für den Rest meines Lebens? Wäre das möglich? Wäre das okay? Oder hätte ich dann ein sinnloses Leben geführt, weil ich nichts aus meinen Talenten gemacht hätte? Und wenn ja, ist das dann der Sinn des Lebens: Gebrauch zu machen von meinen Talenten? Aber warum ist das so? Und was davon ist dann wiederum der Sinn und Zweck?

Allesamt schwierige Fragen. Wer über den Tellerrand schaut, sieht sich auf einmal in einem leeren und großen Universum ohne eine feste Struktur und Sinngebung. Und wie soll ich dann entscheiden, was richtig und was falsch ist? Soll ich mein Studium abschließen und promovieren? Soll ich versuchen, viel Geld zu verdienen, um später einmal meine Rente zu genießen? Oder soll ich als Mutter Teresa den unterernährten Mitmenschen mit ausgebreiteten Armen ein Zuhause bieten? Bitter, aber wahr: Niemand hat hierauf eine Antwort. Die müssen wir selbst finden. Wir müssen unserem Leben Sinn und Richtung geben. Und das ist unglaublich kompliziert. Auch für gläubige Menschen, denn obwohl es für sie Richtlinien zu Gut und Böse gibt – wie geben sie ihrem Leben tagein, tagaus eine Richtung? Was ist sinnvoll und was nicht? Diese Frage muss jeder für sich beantworten.

Wir fangen an zu zweifeln, denn wir wollen es gut und richtig machen! Nicht etwa, weil wir Spaß daran haben – nein, weil es sinnvoll sein muss. Und so kommt es, dass wir den Eichpunkt unseres Handelns weg von unseren Impulsen, unseren Sehnsüchten und hin zu unserem Denken legen, den Dingen, die uns richtig erscheinen. Vor allem Menschen, die zu Perfektionismus neigen, werden häufig von der Überzeugung angetrieben, dass sie ihr Leben gut leben müssen. Wir erkennen diese zwanghafte Neigung zum Perfektionismus in der Art und Weise, wie Harry und Marieke ein Restaurant auswählen, wir erkennen sie in den Frauen, die (zu) lange nach dem idealen Mann Ausschau halten, in den Paaren, die jahrelang nach ihrem Traumhaus suchen, und in den Menschen, die mit ihrer jetzigen Situation strukturell unzufrieden sind, aber sich nicht trauen, etwas zu unternehmen.

Perfektion kann ein inspirierendes Hilfsmittel sein, um seine Sache gut zu machen, aber in der Praxis ist sie oft das Gegenteil. Der Hang zum Perfektionismus führt zu Frustration und schlechter Laune über all das, was nicht gut ist. Perfektionismus ist das Ja-aber des Rotstifts. So erzählte mir eine Freundin, Margreet: »Ich komme aus einer strenggläubigen Familie. Obwohl ich sehr liebe und fürsorgliche Eltern hatte, bin ich mit dem Bild groß geworden, dass der Mensch prinzipiell eher schlecht ist und sündigt. Auch galt der Grundsatz: Etwas gut machen kann nur Gott. Erst viel später habe ich gemerkt, wie sehr mein Selbstbild davon beeinflusst wurde. Zwar habe ich die Kirche später hinter mir gelassen, aber die Kirche mich nicht. Egal wie sehr ich mich anstrenge, nach meiner eigenen Einschätzung ist es nie gut genug, es ist immer Ja, aber … Die ersten Jahre, nachdem ich von zu Hause ausgezogen war, war ich meinen Eltern böse. Warum konnten sie sich nicht einfach einmal freuen oder stolz sein auf das, was ich geschafft hatte? Erst später wurde mir klar, dass sie mit demselben Problem zu kämpfen hatten. Auch sie selbst waren in ihren Augen nie gut genug.«

*

Diese drei Grundängste bilden die Ursache für übertriebenes Ja-aber-Verhalten und die Erklärung dafür, *warum* wir in manchen Momenten durch Angst und Unsicherheit wie gelähmt sind. Daneben gilt es drei Faktoren zu unterscheiden, die diese Ängste verstärken: Wir werden älter, die Welt verändert sich immer schneller und wir machen die Erfahrung, dass das Leben immer weniger zu bieten hat als früher.

Je älter wir werden, desto mehr Ja-aber-Verhalten legen wir an den Tag. Je mehr wir lernen, umso mehr wissen wir, was alles schiefgehen kann. Es kommen immer mehr angelernte Ängste hinzu. Rote Ampeln, lodernde Kaminfeuer, Wellenschliffmesser, unheimliche Hütchenspieler und Taschendiebe in der U-Bahn. Unser System scheint sich stets mehr darauf einzurichten, Gefahren zu vermeiden und aus Fehlern zu lernen (das heißt, zu vermeiden, was wir nicht wollen), anstatt zu lernen, kalkulierbare Risiken einzugehen und sich auf das einzustellen, was wir wollen. Im Laufe der Jahre versinken wir regelrecht in einem Morast von Regeln, Gewohnheiten und Überzeugungen. Wir verlieren unsere jugendliche Unbefangenheit und werden ein einziges, großes Paniksystem.

Aus jedem Fehler, den wir gemacht haben, ziehen wir etwas heraus. Das nennen wir dann Wissen, Weisheit und Erfahrung. Aber diese schönen

Begriffe können nicht verschleiern, dass unser Verhalten meistens von unbestimmten Reflexen gesteuert wird. Denn manchmal ist es durchaus vernünftig, vor einer roten Ampel keine Vollbremsung zu machen.

Sogar bei Affen kann man beobachten, dass sie im Alter vorsichtiger werden. In einem berühmten und viel zitierten Versuch wird eine Gruppe von zehn Affen in einen Käfig gebracht. An der Decke hängen Bananen herunter, und in der Mitte des Käfigs steht eine Leiter. Schon bald rennt ein Affe zur Leiter, aber sobald er diese berührt, werden alle Affen mit kaltem Wasser bespritzt. Es dauert nicht lange, und keiner der Affen will mehr die Leiter hinauf.

Wenn das erreicht ist, wird einer der Affen durch einen neuen ausgetauscht. Das Erste, was der Neue macht, ist natürlich, zur Leiter zu rennen, aber sobald er sie berühren will, geraten die anderen Affen in Panik. Sie signalisieren dem Neuen auf unmissverständliche Weise: Mach das nicht – Gefahr!

Nach und nach werden so alle Affen ausgetauscht, bis keiner der zehn Affen mehr aus der ersten Gruppe stammt. Ab jetzt befinden sich ausschließlich Affen im Käfig, die noch nie nassgespritzt worden sind. Wenn man nun einen dieser Affen wiederum durch einen neuen ersetzt, wird auch diese Gruppe dem Neuen voller Panik klarmachen, dass er nicht die Leiter hinaufklettern darf – obwohl keiner der Anwesenden aus eigener Erfahrung weiß, warum. Was hier über Affen gesagt wird, gilt auch für Menschen. Menschen mit wenig Lebenserfahrung stürmen »Leitern« hinauf, springen »Bananen« hinterher und sind sich keiner Gefahr bewusst …

»Als wir damals zum ersten Mal in die Schule gingen«, so beschreibt Mathieu Weggeman, Professor für Innovationsmanagement in Eindhoven, »stellten wir im Schnitt 65 Fragen pro Tag, wovon die meisten mit ›Warum‹ anfingen. Wenn wir 45 sind, ist die Zahl auf durchschnittlich sechs pro Tag gesunken. Im Zeitraum von vierzig Jahren haben wir uns von einem Fragezeichen zu einem Ausrufezeichen verändert.«[6] Genau wie die Affen im Experiment umklammern Menschen mit viel Lebenserfahrung die Unerfahrenen voller Panik mit dem Würgegriff des »So machen wir das hier« und »Das wirst du später noch verstehen«. Je mehr wir gelernt haben, desto vorsichtiger werden wir. Oder mit den Worten der Aktivistin und Autorin Marianne Williamson: »Mit Liebe werden wir geboren. Angst lernen wir erst später dazu.«

Wie groß hierbei die Unterschiede zwischen den Generationen sind, durfte ich aus nächster Nähe erleben. Opa hatte es auf sich genommen, das Geburtstagsgeschenk für seinen Enkel Erik zu kaufen: einen Wecker. Mithilfe der Stiftung-Warentest-Hefte führte er eine vergleichende Produktstudie durch. Nach sorgfältigem Abwägen fiel seine Wahl auf einen ganz speziellen Wecker. Opa fand heraus, wo der Wecker am günstigsten war, und kaufte ihn. Zu Hause angekommen, studierte er die mehr als 15 Seiten umfassende Bedienungsanleitung (dank moderner Technik verfügte der Wecker natürlich über die verrücktesten Sonderfunktionen). Dann wurde der Wecker samt Anleitung ordentlich zurück in den Karton gesteckt, in Geschenkpapier eingepackt und dem Enkel an seinem Geburtstag überreicht.

Erik riss das Papier herunter, schob sofort die Bedienungsanleitung zur Seite und drückte die beiden Batterien in den Wecker. Opa reagierte leicht panisch. »Schau doch erst einmal in der Bedienungsanleitung nach, wie die Batterien eingesetzt werden müssen …« Aber Erik brauchte nicht nachzulesen. Die Zahlen im Display leuchteten bereits, das war also gebongt. Dann versuchte er, mit der Kugelschreiberspitze einen Knopf einzudrücken, um die Zeit einzustellen. Der Wecker reagierte mit einem alarmierenden Signalton. Opas Panik nahm schrittweise zu. »Siehst du, ich habe dir doch gesagt, dass du erst in die Bedienungsanleitung gucken musst. Du machst ihn noch kaputt.« Noch bevor Opa seinen Satz beendet hatte, hatte Erik bereits die Batterien rausgeholt und gleich wieder eingesetzt. »Kurzer Reset«. Erneut drückte er mit dem Kugelschreiber die Knöpfe des Weckers. Diesmal klappte es. »Vielen Dank, Opa, echt klasse.«

»Möchtest du wissen, wie man die Weckfunktion einstellt?«

»Nein, nicht nötig. Das finde ich heute Abend raus, wenn ich schlafen gehe.«

✶

Außer dem Unterschied der Befangenheit gibt es noch einen anderen, vielleicht viel wichtigeren Unterschied zwischen Opa und Erik: Er demonstriert zwei Wahlstrategien aus zwei unterschiedlichen Zeitperioden. Opa stammt aus dem Monopoly-Zeitalter. Erst liest man die Spielregeln, dann fängt man an zu spielen. Erik stammt aus dem Play-

Station-Zeitalter. Und das bedeutet: Die Regeln lernt man beim Spielen. Und das muss auch so sein, denn wenn Erik zu Anfang eines Spiels erst einmal alle Charaktere, Cheats und Levels ausdrucken würde, könnte er damit ohne Probleme sein komplettes Zimmer tapezieren.

Beide Strategien sind sinnvoll, nur ist Opas Ja-aber-Strategie inzwischen vom Zeitgeist eingeholt worden. Die Tatsache, dass die Ja-aber-Verhaltensweise mehr und mehr ein Problem wird, hat damit zu tun, dass auch die Welt immer schneller wird. Früher hielt sich ein Industriesektor vom Aufkommen bis zu seinem Untergang rund 50 bis 65 Jahre – heute dauert derselbe Zyklus gerade einmal zehn Jahre. Ein Fußballspiel aus den Siebzigerjahren kommt uns heute lächerlich langsam vor. Die Zunahme an Schnelligkeit zwingt uns zu immer schnelleren Reaktionen. Ob es uns passt oder nicht, wenn wir Teil dieser Welt sein wollen, wenn wir synchron mit der Welt sein wollen, müssen wir die Geschwindigkeit, mit der wir Entscheidungen treffen, erhöhen. Wir sollten in der Lage sein, im richtigen Moment Ja-und zu Chancen und Möglichkeiten zu sagen. Wenn wir das nicht machen, ist es schnell zu spät.

Für einige Leute ist das schwierig. Es scheint, als liefe ihre innere Uhr nicht im Takt mit der Welt um sie herum. Vor allem Menschen, die etwas älter sind, und Menschen, die dazu neigen, Entscheidungen auf der Grundlage vernünftiger Überlegungen zu treffen, werden Mühe haben, Ja-und zu Chancen und Möglichkeiten zu sagen. Leider müssen wir immer wieder Entscheidungen treffen, ohne vollständige Informationen zu haben. Dafür verläuft das Leben in den meisten Fällen schlichtweg zu schnell. In solchen Momenten besteht die Kunst darin, nicht nur auf den Verstand, sondern auch auf die Intuition zu vertrauen.

✶

Vor zehn bis fünfzehn Jahren lebten wir in der Überzeugung, die Welt sei planbar – und wenn nicht sofort, dann doch in naher Zukunft. Die einzelnen Länder agierten mehr oder weniger für sich und hatten eine ehrlich gewählte, demokratische Regierung. Es gab gleiche Chancen für alle, und wenn sich jeder an die Regeln und Gesetze hielt, würden wir eine gerechte Gesellschaft aufbauen können. Wir hatten Renten, auch bei Arbeitsunfähigkeit, subventionierte Arbeitsbeschaffungsmaßnahmen und spezielle Regelungen für Beamte. Die Welt außerhalb der

Niederlande war zwar groß und komplex, aber hinter unseren sicheren Deichen und innerhalb unserer Landesgrenzen hatten wir unseren Rasen getrimmt und den Bürgersteig gefegt. Ungefähr so eine Lebensvorstellung hatten wir damals.

Aber in den letzten Jahren hat die Welt einen ordentlichen Sprung gemacht. Waren und Dienstleistungen breiten sich über die ganze Welt aus, Grenzen sind so durchlässig wie nie zuvor und jeder kann zu jedem Zeitpunkt mit anderen kommunizieren. Unter dem Einfluss der Globalisierung ist nicht mehr deutlich, wer, was, wo bestimmt, steuert oder in Gang bringt. Falls überhaupt noch gesteuert wird. Wenn in Amerika schlechte Hypotheken bewilligt werden, kann es sein, dass mein Chef in Enschede zwei Jahre später fünf Angestellte entlassen muss. Die Kreditkrise, die 2007 anfing, ist vielleicht das deutlichste Beispiel dafür, dass die Welt weniger planbar ist, als wir gerne hätten. Das gibt uns ein mulmiges Gefühl und wir können nicht gut damit umgehen. Wir haben das Gefühl, die Kontrolle zu verlieren.

Der belgische Philosoph Peter Venmans schreibt dazu: »Der moderne Mensch schätzt Effizienz. Wir möchten, dass Probleme angegangen werden, und fühlen uns für ein gutes Funktionieren der Welt verantwortlich. Wenn wir mit Ungerechtigkeit konfrontiert werden, ist es beinah unvorstellbar, dass wir nichts tun können. Unsere Kultur ist durch und durch pragmatisch: ausgerichtet auf Nützlichkeit und das Lösen von Problemen. Gleichzeitig fühlen wir uns ab und an auch unwohl mit den Nebeneffekten eines übertriebenen Nützlichkeitsdenkens. Eine vernunftbetonte Herangehensweise bei Problemen führt nicht unbedingt zu einem besseren Leben, sondern kann sogar bedrohlich sein für das, was uns am liebsten ist.«[7]

Zuallererst müssen wir lernen, uns von der Illusion zu verabschieden, unser Leben und die Welt um uns herum seien planbar. Unser Leben ist (leider) nicht planbar und die Welt in ihrer Gesamtheit erst recht nicht. Und dennoch hegen wir tief in unserem Inneren eine andere Lebenseinstellung. Wenn wir erst einmal alle Probleme und Ursachen, weswegen Fehler überhaupt entstanden sind, beseitigt haben, dann wird alles gut. Wenn wir erst einmal die Gründe der Armut beseitigt haben, dann ist die Armut vorbei. Wenn wir erst einmal wissen, wie Hungersnöte entstehen, dann können wir sie in Zukunft vermeiden. Diese Einstellung führt jedoch zu einem katastrophalen Umgang mit der Wirklichkeit, denn wir werden beim Versuch, unser Leben zu kontrollieren, zwanghaft nach Ursachen suchen, die es gar nicht gibt.

Wollen wir etwas verändern, gehen wir meist nach der traditionellen Art vor: Problem, Diagnose, Ursache und Lösung. Wir sehen uns in erster Linie an, was kaputt ist, und versuchen dann, es zu reparieren. Aber diese Denkweise ist erfolglos, wenn es um die Beseitigung von Armut, Hungersnöten oder selbst unsere Beziehungsprobleme geht. Sie funktioniert prima, wenn es um Maschinen, Uhren oder Fahrräder geht: Reifen platt – wo ist das Loch? Flicken drauf! Aber komplexe Systeme, wie die Gesellschaft, eine Beziehung oder der Bio-Rhythmus eines Meerschweinchens oder einer Hausmaus, scheinen sich an einen derart festgeschriebenen Lösungsplan nicht zu halten.

Um den Wechsel von einer Ja-aber- zu einer Ja-und-Verhaltensweise zu schaffen, ist es wichtig, die Illusion von Kontrolle und Planbarkeit loszulassen. Das Leben ist leider nicht planbar. Sogar auf der Mikroebene von Familie, Beziehung und der eigenen Persönlichkeit ist die Realität dafür zu komplex. Wie schon Voltaire sagte: »Zweifel ist unbequem, aber Sicherheit ist ein geradezu lächerlicher Umstand.« Wir müssen uns von dem Traum verabschieden, eine geordnete, ehrliche, gerechte Welt zu schaffen, mit uns als Schöpfer auf dem Thron. Dieser Traum steht im Widerspruch zu der Wesensart des Lebens.

Außerdem hat uns diese Denkweise viele Probleme beschert. Ein Wald, in dem die abgestorbenen Bäume ordentlich weggeräumt werden, beherbergt viel weniger Leben als ein unaufgeräumter, sprich naturbelassener Wald. Je hygienischer ein Wohnumfeld ist, so haben Untersuchungen ergeben, desto häufiger kommen Asthma und andere allergische Reaktionen vor. Die Anwesenheit von Hausstaubmilben, Haustieren und anderen Bakterien hervorrufenden Lebewesen scheinen erhöhte Abwehrkräfte zu bewirken.

Und wie steigert man die Konzentration von Studenten? Indem man sie während der Vorlesung im Internet surfen lässt.[8]

Kurz gesagt: Übermäßige Ordnung tötet alles – scheinbare Unordnung schafft Leben. Die Essenz des Lebens ist nicht statisch und planbar, die Essenz des Lebens ist Bewegung und Veränderung. Das Leben ist keine steinerne Festung, sondern eher eine sich öffnende Blume. Vergleichbar mit einem Fluss, der sich durchs Land schlängelt. Anstatt das Leben kontrollieren zu wollen, sollten wir es besser (mit)kreieren. Wir sind Teil eines Schaffungsprozesses und nicht der allwissende Steuermann.

*

Angst führt automatisch zu einem stärkeren Bedürfnis nach Kontrolle. Dies ist das wichtigste Merkmal der Ja-aber-Haltung: Das Bedürfnis, Gefahren und Risiken so klein wie möglich zu halten. Die Steine auf dem Weg so früh wie möglich zu erkennen und, wenn möglich, ihnen vorzeitig auszuweichen. Die Ja-und-Verhaltensweise basiert auf dem Gegenteil von Angst, nämlich Vertrauen. So wie Angst Ausgangspunkt von Kontrolle ist, so ist Vertrauen Ausgangspunkt von Hingabe. Hingabe an das, was da ist, und Vertrauen auf einen guten Ausgang. Ungeachtet der Steine auf dem Weg. Oder vielleicht sogar wegen der Steine auf dem Weg. Der Kern dieser Behauptung basiert auf dem Wort Ja, einer vollständigen Akzeptanz, ohne Wenn und Aber. Eine bedingungslose Hingabe an das Hier und Jetzt. Wohin das führen kann, davon handelt das nächste Kapitel.

Ja-aber	Ja-und
Angst	Vertrauen

Hingabe

»Ein bedeutungsvolles Leben wird im ›Ja‹ verinnerlicht. Ja ist die Antwort auf – wenn nicht gar die Antithese von – Wie? Ja unterstreicht den Wert der Teilhabe: Mitspieler der eigenen Erfahrung zu sein statt lediglich Zuschauer. Ja versichert uns der Existenz einer Bestimmung jenseits von materiellem Nutzen.«

Peter Block

Die Sonne ging unter, der Himmel wurde langsam rot, es war das Ende eines schönen Frühlingstages. Ich saß auf dem Beifahrersitz eines weißen, recht klapprigen, alten Fords. Neben mir saß Paula, die uns bei unserer *Why-Is-Johan-Homeless*-Tour geholfen hatte. Paula leitete eine Schreibgruppe für Obdachlose der Chicagoer StreetWise-Organisation. Ihre Gruppe schrieb Artikel für eine Obdachlosenzeitung, die dann in Chicago von Obdachlosen verkauft werden konnte. Zusammen mit meinen drei Kollegen, Johan – der Namensgeber des Projekts –, Theo und Jay, hatten wir von den Niederlanden aus eine Reihe Auftritte in Chicagoer Grundschulen organisiert. Die drei Männer waren schon zum Flughafen vorausgefahren, ich war mit Paula noch auf einer Benefizveranstaltung ihrer Organisation gewesen und sollte später zu Johan, Theo und Jay stoßen. Zufrieden über unser bizarres Abenteuer, in Chicago ein Theaterstück auf Englisch mit niederländischen Obdachlosen aufgeführt zu haben, resümierte ich laut vor mich hin: über die vergangenen Tage, den Rückflug und die nächsten Projekte, die in den Niederlanden auf uns warteten.

Nicht weit vom Flughafen – wir waren bereits an einigen Landebahnen vorbeigefahren – registrierte ich, dass wir in einer großen, langgezogenen Kurve fuhren. Interessant. Denn wenn man als Ausländer nach Chicago kommt, ist es eines der ersten Dinge, die einem auffallen: dass die Stadt wie ein Schachbrett aufgebaut ist. Schnurgerade Straßen, nach einem logischen Plan angeordnet. So krumm und kurvenreich, wie unsere europäischen Städte sind, so gerade und logisch sind die amerikanischen. Und hier war nun plötzlich mitten in all den geraden Linien diese Kurve. Während ich mich noch darüber wunderte, kam mir ein Gedanke. Na ja, Gedanke – ich weiß nicht genau, was es war. Es fühlte sich an, als ob mir jemand eine Filmsequenz in den Kopf gedrückt hätte. Oder, noch treffender, als ob in meinem Gehirn innerhalb von Sekundenbruchteilen eine gigantisch große Datei geöffnet würde.

Es fing an mit dem Gedanken, ich müsse noch einmal nach Chicago zurückkommen. Das fühlte sich wie eine äußerst logische Tatsache an. Diese Stadt würde ich wiedersehen. Mein logisches Denken hatte noch nicht einmal die Fragen, warum, wie und wann das sein sollte, stellen können, da bahnte sich bereits die Antwort an. Ich sah ein ganzes Projekt vor mir, von Anfang bis Ende. An und für sich war das keine neue Erfahrung. Vergleichbares hatte ich schon öfters erlebt: dass ich »gesehen« hatte, was passieren würde. Immer wenn ich vergleichbare »Eingebungen« gehabt hatte und ihnen gefolgt war, haben sie auch wirklich stattgefunden.

Diese Erfahrung aber war besonders intensiv und hatte recht große finanzielle und praktische Folgen. Mein erster kritischer Gedanke war dann auch: Oh nein, nicht schon wieder, nicht schon wieder ein Projekt. Mein Zuhause, Partner, Kinder, andere Arbeit warteten, mein kompletter Terminkalender würde zusammenbrechen. Einkünfte würden zwischenzeitlich ausfallen. Alles, was ich an gut geordnetem Leben hatte, würde über den Haufen geworfen werden. Mein zweiter Gedanke: Au ja, machen! Loslassen und der Idee folgen.

Ich schaute zur Seite, zu Paula, und versuchte einzuschätzen, wie sie reagieren würde, wenn ich ihr von meiner Idee erzählte. Positiv, schätzte ich. Außerdem – was hatte ich zu verlieren? Ich holte tief Luft und los ging's. »Paula, I have an idea«, begann ich. »How about this …« Und ich fuhr fort: »Stell dir vor: ein amerikanischer gelber Schulbus. Der Bus fährt gegen acht Uhr abends beim StreetWise-Büro vor. Leute aus Chicago und Touristen steigen in den Bus ein, die Türen schließen sich und vorne nimmt ein »Tourguide«, in unserem Fall ein Obdachloser, das Mikrofon und begrüßt die Leute. ›Guten Abend, alle zusammen, willkommen zu unserer Bustour. Wir werden Ihnen heute Chicago aus der Perspektive eines Obdachlosen vorstellen. Wir werden an Orte kommen, an denen Sie noch nie gewesen sind. Machen Sie sich keine Sorgen, die Scheiben sind aus Sicherheitsglas und wir sind gut versichert. Unterwegs werde ich Ihnen etwas über die Orte erzählen, an denen wir vorbeifahren. Ein paar Mal werden wir anhalten und den Bus verlassen. An diesen Besichtigungsorten werden wir ein Lied oder eine

Geschichte hören oder eine kurze Theatervorführung sehen über die Bedeutung dieser Orte im Leben der betreffenden Obdachlosen. Auf diese Weise werden wir eine Tour durch Chicago machen, am Ende kommen wir hierhin zurück. Are you ready? Fasten your seatbelts, here we go.‹ Danach, langsames Einblenden von Musik – ›Fifty ways to leave your lover‹ von Paul Simon, ›Hop on the bus, Gus‹ – und der Bus fährt los. Departure at twilight, arrival at midnight. Das ist«, sagte ich zu Paula, »das Projekt, das ich vor mir sehe.« Stille. Immerhin hatte sie die ganze Zeit interessiert zugehört.

Ich sah aber nicht nur das Projekt in aller Klarheit und detailliert vor mir, ich sah auch den Weg dorthin. Als ob ich das gesamte Projekt auf meiner Festplatte gespeichert hätte. Ich fragte mich, ob Paula noch mehr Input vertragen konnte, und fuhr fort: »Heute steige ich ins Flugzeug. Ich sehe vor mir, wie wir uns per E-Mail über eine erste, einfache Website verständigen, auf der wir die ersten Ideen für das Projekt präsentieren, Möglichkeiten für Spenden anzeigen, Interessierte werben und – ganz wichtig – Obdachlosen, den potenziellen Mitwirkenden, einen Eindruck vermitteln können, was wir vorhaben. Deine Schreibgruppe wird die Schauspieltruppe. Du schreibst mit ihnen die Texte für die gesamte Tour, sie sind die Schauspieler der Theatersequenzen und ich werde die Regie führen. Zusammen werden wir es unter der Fahne von StreetWise produzieren. Wie wär's?«

Paula schien sich meine Idee gründlich durch den Kopf gehen zu lassen. »Hm, sounds good …«

Wie schon erwähnt, habe ich es bei mir schon öfter erlebt, dass ich eine Vorstellung habe von dem, was ich tun muss und was geschehen soll. Die Idee der Bustour jedoch war unglaublich detailliert. Mit Anfang und Ende, Zwischenschritten und sogar einem genauen Zeitplan. Es war keine ausgesprochen emotionale Erfahrung – diese Art Zukunftsvorstellungen, so jedenfalls erlebe ich es, sind kaum emotional, vielleicht sogar gar kein Gefühl – sondern eine deutlich visuelle Erfahrung.

Paula stand dem Projekt offen gegenüber. In den folgenden Wochen machten wir – Paula von Chicago, ich von Utrecht aus – eine erste, noch recht einfache Website. Das Projekt war zunächst ein Hobby von uns beiden. Wenn Paula in Amerika mit Leuten sprach, reagierten sie interessiert, aber nicht begeistert – und sie öffneten erst recht nicht ihr Portemonnaie.

Wenige Wochen später flog ich wieder nach Chicago, um das Projekt mit der Schreibgruppe von StreetWise, zehn Männern und zwei Frauen, zu besprechen. Zuerst erzählte ich, wie ich mir das Projekt vorstellte, dann überlegten wir, welche Themen infrage kommen könnten, wie eine mögliche Route aussähe und wie wir an Geld kämen. Danach fragten wir in die Runde, wer mitmachen wollte und wer nicht. Und einer nach dem anderen aus der Runde stimmte zu. Schließlich war jeder mit von der Partie – außer David.

Er wollte nicht mitmachen, weil er keinen Sinn in dem Projekt sah: »Das klappt sowieso nicht. Die Leute verachten Obdachlose und werden das auch weiterhin tun.« David war felsenfest von seiner Meinung überzeugt. Aber er war ein prima Kerl – und schlau dazu – und ich wollte ihn gerne in der Gruppe haben.

»Dass du nicht mitmachen willst, respektiere ich natürlich«, sagte ich, »aber ich möchte dich um etwas ganz Bestimmtes bitten. Hör zu: Im Moment scheint die Idee einer Bustour total absurd zu sein. Wir haben kein Geld, keinen Bus, keine Organisation, keine professionellen Mitarbeiter – das Einzige, was wir haben, ist eine Idee. Aber wenn ich am 1. Juni zurückkomme und wir fangen mit der Arbeit an, dann wird das Projekt von Tag zu Tag wachsen. Wir werden etwas Geld bekommen, vielleicht stellt uns eine Busfirma einen Bus zur Verfügung, wir veranstalten einen »Tryout«, proben die schlechtesten Szenen noch ein paar Mal und dann, auf einmal, stehen wir am 30. Juni, zehn Minuten vor acht, im Kreis zusammen, zehn Minuten bevor der Bus vorfahren wird, um uns ›toi, toi, toi‹ zu wünschen.

Alles schön und gut, aber weißt du, was in dem Moment das Schlimmste sein wird? Wir werden in diesem Augenblick die Absurdität des Projekts vergessen haben. Am Schluss finden wir es ganz normal, dass ein Bus vorfahren wird. Aus diesem Grund möchte ich dich bitten, nur dann, in diesem Moment, beim Projekt mitzumachen. Ich würde dir dann gerne das Wort erteilen, und du sollst dann nicht zugeben, dass du ›Unrecht‹ hattest – darum geht es mir überhaupt nicht. Worum es mir geht, ist, dass du uns daran erinnern sollst, wie absurd dieses Projekt ist. Und wie fantastisch es wäre, wenn es uns dennoch gelingen würde. Was, wenn alles klappt?! Das wäre doch großartig. Würdest du das tun? Übrigens, meiner Meinung nach ist es ganz leicht, hierzu Ja zu sagen, denn das Projekt klappt ja sowieso nicht.«

Über diesen paradoxen Vorschlag musste David lachen. »I'll be there, sure. If this group is there, I'll be there.« Ende unseres Treffens. Ein paar Tage später flog ich zurück in die Niederlande.

Die nächsten Monate konzentrierte ich mich auf meine tägliche Arbeit, ab und zu gab es etwas E-Mail-Verkehr in und aus den USA, ansonsten blieb es ruhig. Kein Geld, kein Medieninteresse, ein kleiner Artikel im StreetWise-Blatt, aber das war es auch schon. Ich hatte ein Flugticket in das Projekt investiert, aber es sah nicht danach aus, als ob ich das Geld jemals wiedersehen würde. Tja, gratis Arbeit zu investieren war kein Problem, aber Geld ... Das war nicht nur mein Problem, sondern auch das meiner Partnerin und der restlichen Familie. Sollte ich ein weiteres Ticket kaufen?

Ich fing an, all meine Überlegungen zu rationalisieren: Warum eigentlich mache ich dieses absurde Projekt? Will ich etwas beweisen? Und wen wird dieses irrsinnige Projekt interessieren? Etwa ein paar Obdachlose? Vielleicht haben die das Projekt schon längst vergessen. Die haben weiß Gott was Besseres zu tun, als Theater zu spielen. Überleben, zum Beispiel. Obwohl meine Anfangsvision so klar und inspirierend war, übernahm mein logischer Verstand das Zepter. Egal wie sehr ich darüber grübelte, schlussfolgerte und versuchte, logisch nachzudenken, ich kam zu keinem Entschluss. Das Einzige, was blieb, war die ursprüngliche Eingebung in der Chicagoer Straßenkurve. Die Idee, dass ich das tun müsste. Ich zweifelte, aber meine Partnerin blieb standhaft. »Was hast du zu verlieren?«, fragte sie. »Höchstens ein zweites Flugticket und etwas Geld für den Aufenthalt. Ich komme in dieser Zeit schon allein mit den Kindern zurecht. Was sein muss, muss sein.« Gesagt, getan. Ich kaufte ein Ticket: Hinflug am 31. Mai, Rückflug am 1. Juli. »Que sera, sera – Was kommen wird, wird kommen.«

Am 31. Mai legte sich das Flugzeug über Chicago in eine weite Kurve (erneut eine Kurve); ich saß auf der Seite, die nach unten wies, und spürte, wie mein Körper gegen die Kabinenwand gedrückt wurde. Normalerweise finde ich Fliegen katastrophal (alles was in die Luft geht, fällt schließlich sofort wieder herunter), aber in diesem Moment sah ich nach unten und genoss die Aussicht. Ich war überrascht, dass ich keine Angst hatte. Wie kam es, dass ich so entspannt die Stadt dort unter mir genießen konnte, mit all ihren funkelnden Lichtern, Autos und Reklameschildern? Die Antwort war genauso einfach wie unbegreiflich: Ich wusste einfach, dass dieses Flugzeug nicht abstürzen würde – das war unmöglich. Ich musste arbeiten, ich musste dort ankommen, ich hatte eine Mission. Möglicherweise stürzten in diesem Augenblick auf der ganzen Welt Flugzeuge ab, aber dieses nicht. Das war ein vollkommen unlogischer Gedanke, jedoch eine vollkommen logische Erfahrung.

Schon ab dem ersten Tag, als ich dort war, schien es, als würde das Projekt wie ein Pilz aus dem Boden schießen. Schon nach einer Woche bekamen wir Hilfe von einem englischen Marketingstudenten, einem äußerst wortgewandten und intelligenten jungen Mann (wahrscheinlich ist er nach seinem Studienabschluss direkt als »high potential« bei Google oder Apple untergekommen). Wir unterzeichneten einen Kooperationsvertrag mit Writing Alliance, einer Organisation, die Obdachlose ihre Geschichten aufschreiben lässt oder sie aufzeichnet, und die außerdem noch 5 000 Dollar aus ihrem Budget an unser Projekt spendete. Außerdem bekamen wir einen Bus, der gratis zu unserer Verfügung stand, und – als Sahnehäubchen – rund 10 000 Dollar von privaten Spendern. Verrückt!

In Holland muss ich für ein Projekt erst einen Förderungsantrag zusammen mit einem Rechenschaftsbericht schreiben. Dieser Antrag verschwindet dann monatelang in dem ein oder anderen Stapel. Im günstigsten Fall bekomme ich schließlich einen Betrag, mit dem ich eine Kulisse bezahlen kann, die von einem Praktikanten entworfen wurde. In den Staaten aber gab es Leute, die schon nach einem Gespräch und einer Tasse Kaffee, die sie auch noch selbst bezahlen wollten, bereit waren, 2 000 bis 5 000 Dollar zu stiften. »Good luck! Love your project! Make it happen!« So schien sich die Bustour, genau wie in meiner Vision, ganz von alleine zu entwickeln – ohne Stocken oder Rückschläge. Bis einen Tag vor der Premiere der Direktor von StreetWise von dem Projekt erfuhr.

Paula hatte nicht gerade das beste Verhältnis zu ihrem Chef Anthony. In den Monaten, in denen wir das Projekt vorbereiteten, war er sowieso in New York gewesen, wo er intensiv damit beschäftigt war, eine vergleichbare Organisation wie das Chicagoer StreetWise aus dem Boden zu stampfen. Paula hatte angenommen, dass er vermutlich nichts mit dem Projekt anfangen könne. Er interessierte sich eher für die finanzielle Seite, den Zeitungsverkauf und die Organisation. Alles, was mit Kultur, Schreiben und erst recht Theater zu tun hatte, war nicht so sein Ding.

Deswegen hatte Paula ihn bewusst nicht um Erlaubnis gefragt. Ich hatte meine Bedenken gehabt, aber Paula war sich in ihrer Einschätzung so sicher, dass sie darauf bestanden hatte, anzufangen, ohne ihn über das Projekt zu informieren. Sie meinte, wenn alles erst einmal lief, würde er von selbst Interesse zeigen. Weil Paula sich so sicher war, stimmte ich zu.

In der letzten Juniwoche kam Anthony zurück und war vollkommen überrascht, was er da in »seinem« Zentrum antraf: begeisterte Menschen, große Pläne, eine Zusammenarbeit mit einer anderen Organisation, am nächsten Tag eine Premiere ... Er war wütend. Als Erstes forderte er Paula auf, in sein Büro zu kommen. »Wieso haben Sie nicht um Zustimmung gefragt?!« Paula antwortete natürlich nicht »Weil ich die nicht bekommen hätte«, sondern murmelte etwas wie »Ich dachte, dass es okay sei, und als wir dann so weit waren, konnte ich Sie nicht per E-Mail erreichen ...« Alles Ausreden natürlich, und Anthony war sofort klar, dass sie im Alleingang versucht hatte, das Projekt durchzudrücken.

An diesem Tag rief er alle Teilnehmer des Projekts zu sich – Paula und ich waren nicht eingeladen – und erklärte, dass das Projekt hiermit beendet sei. Und, so kündigte er an, sollte das Projekt unter anderem Namen fortgeführt werden, zum Beispiel bei Street Alliance, dann würde er persönlich dafür sorgen, dass jeder Straßenverkäufer, der mitmachen würde, seine Verkaufslizenz für die Zeitung verlieren würde. Mit diesem Unfug sei es aus und vorbei. Schweigend verließ die Gruppe das Büro. Unter Tränen erzählten sie uns, dass hiermit für sie das Projekt gestorben sei, denn der Zeitungsverkauf sei ihre einzige Einnahmequelle.

Am Abend überdachten Paula und ich bei Starbucks, jeder von uns mit einem Frappuccino in der Hand, die Lage. Wir grübelten und zweifelten. Hätte sie ihrem Chef doch Bescheid sagen müssen? Was könnten wir jetzt noch machen? Wir hatten keine Ahnung, wie wir diesen Rückschlag noch zum Guten wenden sollten – einen Tag vor der Premiere. Wir bestellten noch einen Venti Mocha, rührten in den Eiswürfeln und sahen schweigend aus dem Fenster. Für mich war es das erste Mal, dass ich etwas so deutlich vor mir gesehen hatte und es dann offenbar nicht realisiert werden konnte. Schade. Schlimm. Schmerzlich. Und was für eine Leere. Was nun? Tja ... zurück nach Hause.

Später am Abend telefonierte ich mit meiner Partnerin, um sie über den Stand der Dinge zu informieren. Sie hörte ruhig zu, aber dann sagte sie zu meiner Überraschung: »Ich denke, dass letztlich alles gutgehen wird. Ich weiß zwar nicht wie, aber hab Vertrauen.« Tja, dachte ich, nett von ihr, mich zu ermutigen, aber sie hat gut reden. »Wie geht es unserer Nationalelf«, versuchte ich meinen Frust loszuwerden, »sind sie eine Runde weitergekommen?« Meine Partnerin erzählte, dass »wir« im Halbfinale gegen Italien gespielt hatten. »Und«, fragte ich neugierig, »sind wir im Finale?« »Nein«, antwortete sie, »wir waren zwar das ganze Spiel über besser, haben aber trotzdem nur ein Unentschieden geschafft. Im Elfmeterschießen ging dann gar nichts, und die Italiener schossen alle rein. Wir sind draußen.«

Ich legte auf. Nichts hatte geklappt. Ich hatte die gesamte Fußball-Europameisterschaft verpasst, kein einziges Spiel gesehen, nicht einmal eine Zusammenfassung davon. Die Niederlande waren raus aus der EM und ich aus dem Projekt. Es war der 29. Juni 2000 – was für ein Tag!

Am nächsten Morgen klingelte in aller Frühe, kurz nach sieben, Paulas Telefon. Ob sie ins StreetWise-Büro kommen könne. Und ob »this Bertrand from Denmark« mitkommen wolle. Eine Stunde später meldeten wir uns in Anthonys Büro. Hände schütteln, Platz nehmen, Kaffee. Anthony sah uns direkt in die Augen, er verzog keine Miene.

Dies war sein Vorschlag: Alle Rechte von *Not Your Mama's Bustour* (so hieß unser Projekt inzwischen) seien Exklusivrechte von StreetWise. Weder ich noch sonst jemand durfte in den Staaten ein ähnliches Projekt unter gleichem Namen starten. Das würde auch gar nicht finanziert werden. Um die Finanzierung von *Not Your Mama's Bustour* zu regeln, würde ein Vertrag aufgesetzt werden, den wir unterschreiben müssten. Alle Fonds, die unter genanntem Namen geworben wurden, fielen an StreetWise. Anthony sollte der Produzent der Tour werden. So lauteten seine Forderungen.

Wir sahen uns fassungslos an. Natürlich hatten wir keine Einwände gegen seine Bedingungen. Wir brauchten den Namen nicht, wir hatten damit keine weiteren Ambitionen – insgeheim hatten wir sogar gehofft, dass StreetWise Produzent werden würde. Das Einzige, was wir wollten, war, das Projekt zu realisieren.

»Und«, so Anthony weiter, »was Writing Alliance betrifft, die können weiterhin mitmachen, aber die Endverantwortung bleibt bei uns. Sie sind lediglich Sponsor. StreetWise wird außerdem 10 000 Dollar beisteuern. Die Premiere heute Abend kann stattfinden wie geplant.« Und übrigens, meine Ausgaben würden gegen Vorlage der Quittungen auch erstattet werden. Wir waren vollkommen überrascht. Anthony verhielt sich in diesem Gespräch wie der große Chef, aber in Wirklichkeit flehte er uns auf Knien an, das Projekt zu Ende zu führen. Zehn Minuten später standen wir draußen, um 10 000 Dollar reicher und mit voller Unterstützung der Organisation. Wir konnten an die Arbeit, und das mit Vollgas – in einigen Stunden würde die Premiere sein.

Die Erfahrung dieses Morgens ist eine der eindrücklichsten meines Lebens gewesen – und das ist auch der Grund, warum ich diese Chicagoer Geschichte so ausführlich in diesem Buch beschreibe –, dass eine Idee, an der ich beteiligt war, umgesetzt wird, obwohl ich selbst alle Hoffnung verloren hatte. Offenbar können sich Kräfte zusammentun, die »mein« Projekt erfolgreich zu Ende führen, selbst wenn ich den Glauben daran verloren habe. Das verstärkte meine Überzeugung, dass *Not Your Mama's Bustour* nicht nur ein Projekt ist, das ich machen musste, sondern ein Projekt, dass durch mich und andere realisiert werden würde. Auch wenn ich die Idee hatte und die Initiative ergriffen hatte: Das Erschaffene hatte seine eigene Dynamik. Ich war nicht der Inspirator, ich war der Inspirierte. Ich fühlte mich als Teil eines größeren Ganzen, Bestandteil mysteriöser Schöpfungskräfte. Und nur indem ich mich dem hingab, indem ich hundertprozentig Ja sagte, konnte sich alles zusammenfügen und das Projekt realisiert werden.

Am Premierenabend standen wir um zehn vor acht im Arbeitsraum des StreetWise-Büros zusammen. Vom Fenster aus konnten wir die Straße sehen, auf der der gelbe Schulbus jeden Augenblick vorfahren musste. David war auch dabei, er war sogar die gesamte Zeit dabei gewesen. Zuerst hatte er Artikel über die Proben geschrieben, später hatte er schüchtern angefragt, ob er im Bus auch eine Geschichte erzählen durfte. Seine Geschichte war so beeindruckend, dass sie zu einem der prägenden Elemente des Projekts geworden war. Kurz vor dem letzten »toi, toi, toi« übergab ich David das Wort. »Also, David – du wolltest uns noch etwas sagen?« David musste erneut lachen, genau wie vor einigen Monaten. »Ja, genau«, antwortete er. »Ich möchte sagen: Let's rock this tour!« Er klatschte in die Hände und stieß einen Jubelschrei aus, der Rest der Gruppe tat es ihm nach. *Not Your Mama's Bustour* war auf der Erde angekommen, der Kreis hatte sich geschlossen. Das Bild dieses Moments – der Applaus, diese Gruppe von ausgelassenen Leuten – fiel mit dem Bild, das ich damals in der Straßenkurve gehabt hatte, zusammen. Traum und Wirklichkeit gingen ineinander über wie zwei Bilder eines View-Masters, die sich zu einem dreidimensionalen Bild übereinanderschoben.

*

Diese Erfahrung, die ich in Chicago gemacht hatte, war für mich sehr eindringlich und ungewöhnlich. Ich bin mir jedoch sicher, dass jeder dieses Gefühl kennt, zu wissen, was man zu tun hat oder was passieren müsste. Manche Leute wissen ganz genau, was für ein Haus sie kaufen wollen, und kurz darauf »läuft« es ihnen über den Weg. In der Zeitung, im Fernsehen oder rein zufällig bei einem Spaziergang. Andere kennen es von der Partnerwahl. Auf einmal wissen sie, dass sie mit diesem Menschen alt werden wollen. Und sie sehen sich als Rentner zusammen auf einer Bank sitzen und die Aussicht genießen.

In diesem Seinszustand, aufgrund dieses Wissens, scheint auf einmal alles wie von selbst zu gehen. Als ob alles, was man braucht, einem von selbst vor die Füße fällt. Die Arbeitsstelle, die man sich tief im Innern immer ausgemalt hatte, steht auf einmal in der Zeitung. Man möchte jemanden gerne sprechen, und er ruft von alleine an. Man braucht Geld, um etwas zu unternehmen, und plötzlich ist es da. Offenbar, so scheint es, können wir uns nicht nur an die Vergangenheit erinnern, sondern auch die Zukunft beeinflussen.

Wie kann man diese Erfahrung des Vor-sich-Sehens, was passieren soll, am besten umschreiben? Als Erkenntnis? Als Gedanken? Wissen? All diese Begriffe treffen es nicht. Was mich angeht, ist Offenbarung der beste Begriff, um zu beschreiben, was im Wesentlichen passiert. Nun schwingt hier etwas sehr Religiöses mit. Manche werden vielleicht aus diesem Grund Mühe haben, den Begriff zu gebrauchen, andere finden womöglich genau deswegen, dass der Begriff nur in einem religiösen Zusammenhang benutzt werden darf. Dennoch möchte ich ihn für die Umschreibung dieser Erfahrung benutzen.

Er trifft nämlich genau das, was passiert: Man macht die Erfahrung, dass sich einem »etwas« offenbart. Man bedenkt es nicht, man wird bedacht. Und ob diese Offenbarung unserem ganz persönlichen Unterbewusstsein entspringt, unserem kollektiven Unbewussten oder einer mythischen, spirituellen oder religiösen Dimension, das wage ich nicht zu entscheiden. Das Einzige, was ich sehr wohl weiß, ist, dass dieses »Kennen der Zukunft« größer und vor allem von anderer Art ist als mein Ich, mein individuelles Ego, das lediglich schlussfolgern, zweifeln und abwägen kann. Wenn man sich traut, diesem Wissen zu folgen, führt dies zu der Erfahrung, dass alles gelingt. Einem Gelingen, das von vollkommen anderer Art ist wie Reichtum, Popularität oder Ansehen. Es ist ein »Ja-aber was, wenn alles klappt?«

Geld, Macht und Bekanntheit wirken wie schwache Abziehbilder eines solchen Erfolges. Es dreht sich im Leben überhaupt nicht um Macht, Geld oder Ansehen. Geld kommt, wenn man es braucht, und man wird so viel Ansehen, Macht und Popularität erlangen, wie es notwendig oder nützlich ist. Wenn man aber seine Ziele nur auf ebensolche Gebiete festgelegt hat, fühlt es sich an, als ob man lediglich dem Schatten nachjagt, nicht aber dem Objekt. Der Kopie, nicht dem Original. Es geht nicht einmal darum, sich selbst auf die Suche nach dem Glück zu begeben. Auch Glück ist nicht mehr als ein Nebenprodukt des Lebens. Manchmal ist man glücklich, manchmal nicht. Aber im Wesentlichen geht es nicht darum.

Die Kernfrage lautet: Macht man das, was man nach seinem Gefühl tun sollte? Macht man das, wovon man intuitiv weiß, dass es zu einem passt? Kann man aus vollem Herzen Ja zu dem Leben sagen, wie es vor einem liegt? Wer es wagt, so zu leben, wird das Gefühl haben, als ob Sein und Tun ein- und dasselbe sind. Und das ist genau das, was dann auch passieren wird. Was man tut, entspricht dem, was man ist, man ist im »Flow«. Das Leben verläuft reibungslos, wie von selbst.

Teil II
Die zehn Stockwerke

Wenn man etwas wirklich will,
findet man immer einen Weg.
Wenn man etwas nicht will,
findet man immer eine Ausrede.

Constance Baker Motley

10-mal Ja

Die Person, zu der wir am häufigsten Ja-aber sagen, ist nicht unser Partner, der Nachbar, der Kollege oder unsere Eltern. Nein, es sind wir selbst. Unsere größte Herausforderung im Leben ist es, uns selbst zu akzeptieren, in jeder Hinsicht. Natürlich würden wir das gerne, es ist unser wichtigstes Streben und wir sind damit auch die ganze Zeit beschäftigt: »Wenn ich mein Studium fertig habe, dann ...«, »Wenn ich meine Doktorarbeit beendet habe, dann ...«, »Wenn ich fünf Kilo abgenommen habe, dann ...«.

Aber wenn wir unser Studium fertig haben und fünf Kilo leichter sind, dann gibt es wieder ein anderes Vorhaben. Wenn-dann ist die Umkehrung von Ja-aber, erinnern Sie sich? Und: Je größer die Anstrengung, desto größer die Enttäuschung, wenn auch am Ende des nächsten Regenbogens kein Topf mit Goldtalern steht.

Aber unser Leben würde auch nicht funktionieren, wenn wir uns überhaupt nichts vornehmen würden – das ist also ein Dilemma. Es kann doch nicht Sinn des Lebens sein, still in einer Höhle zu sitzen und nichts zu tun? Vollkommen zufrieden zu sein mit dem Augenblick. Wie würde das in der Praxis aussehen? Außerdem ist es wider die Natur, nichts im Leben zu wollen. Das ist genauso unlogisch wie ein Baum, der nicht mehr wachsen will, oder eine Wolke am Himmel, die sich nicht von der Stelle bewegt. Wir sind ein Teil der Natur, und die Essenz davon ist eben Wachstum, Bewegung und Veränderung. Im Apfel liegt der Samen verborgen, aus dem ein Baum wachsen soll.

Kurz gesagt: Anscheinend liegt die Herausforderung darin, zu akzeptieren, wo wir stehen; zu akzeptieren, dass wir uns wünschen, da zu sein, wo wir noch nicht sind, und die Spannung anzunehmen, die dadurch entsteht. Es geht nicht darum, den daraus folgenden Stress zu reduzieren, sondern die Kunst zu beherrschen, den Stress zu einer schaffenden Energie umzuwandeln. Lebenskunst oder -glück könnte man demnach definieren als die Akzeptanz dieser gleichzeitigen, sich auf den ersten Blick widersprechenden Haltungen.

Die einzige Möglichkeit, dies zu schaffen, ist das tiefgreifende Ja-und-Sagen zu den fundamentalen Aspekten unseres Lebens, von Wer-sind-wir-tief-in-uns-selbst bis zu unseren kühnsten Träumen. Davon handelt der zweite Teil dieses Buches, die zehn Regeln für ein Ja-aber-freies Leben. Wenn wir aus unserem tiefsten Innern Ja-und zu all den Aspekten unseres Daseins sagen können, sind wir in Harmonie mit unserer Natur. Dies zeigt sich in ungestümen Veränderungen, fortwährendem Wachstum und grenzenloser Lebendigkeit.

1. Sag Ja zum Sein

We are human beings.
Not human doings.
John Bradshaw

Das erste Ja, das ich mit Ihnen untersuchen möchte, ist etwas abstrakt und vielleicht auf Anhieb schwer zu verstehen. Ich möchte Sie bitten, Ja zur Tatsache zu sagen, dass Sie da sind. Das ist kein Problem, scheint es (schließlich gibt es Sie ja, nicht wahr?), aber in der Praxis sieht es oft danach aus, als ob wir uns ausgerechnet unser Dasein erst noch verdienen müssten. Wir leben, als ob wir keine Existenzberechtigung hätten. Wir glauben, wir müssten erst allerlei Dinge tun, bevor wir da sein dürfen.

Dick erinnert sich: Kurz vor der Landung in Faro wurde über Lautsprecher vor heftigen Regenschauern und Luftlöchern gewarnt. Das Flugzeug schaukelte hin und her, und manche Passagiere machten Witze darüber. Selbst als plötzlich die Lichter »We have landed« ansprangen – was offensichtlich ganz und gar nicht der Fall war –, konnten dem einige noch etwas Komisches abgewinnen. Auf einmal aber verschwanden die Stewardessen, und es wurde beängstigend still. Kurz darauf schlug das Flugzeug am Boden auf, und im gleichen Augenblick brach Feuer aus. Wir wurden zusammengedrückt wie Sardinen in der Dose. Komplette Stuhlreihen rutschten an mir vorbei. Mein erster Gedanke war: Es ist vorbei – das war's. Ich habe keine Chance, das hier zu überleben. Schade, ich hätte mich gern noch von meiner Familie verabschiedet. Merkwürdigerweise war ich vollkommen entspannt. Als ob ich mich selbst aus einer anderen Perspektive sehen konnte. Ich weiß noch, dass ich seelenruhig dachte: Solange ich fühle, lebe ich noch.

Um mich herum sah ich surrealistische Szenen: Passagiere, die wie Puppen bewegungslos in ihren Stühlen saßen. Das Flugzeug war an der Oberseite aufgerissen, der Regen prasselte herein, Menschen liefen übers Dach. Das waren Szenen aus einem Katastrophenfilm, und ich war mehr Zuschauer als Teilnehmer.

Eines ist sicher: Wenn meine Freundin nicht gewesen wäre, ich wäre einfach still sitzen geblieben. Aber sie hat mich kräftig am Arm gezogen, und dann rannten wir los. Als wir fünfzig Meter vom Flugzeug entfernt waren, gab es eine schwere Explosion. Niemand, der zu diesem Zeitpunkt noch im Flugzeug war, hat das überlebt.

Nach diesem traumatischen Erlebnis hatte ich Mühe, mein normales Leben fortzuführen. Vieles hatte keine Bedeutung mehr, oft dachte ich: Wozu? Seit Faro weiß ich, dass sich das Leben nicht nur um mich dreht. Ich erfahre das Leben seitdem viel eher als ein Geschenk. Ich kann immer wieder zu diesem Punkt zurückkehren. Egal wie schlecht ich mich fühle, ich kann mir stets diese eine Erkenntnis vor Augen führen: Das Leben selbst ist ein Geschenk. Das wusste ich natürlich schon früher, aber seit Faro habe ich es auch wirklich so erfahren.

*

Am Montag, den 21. Dezember 1992, gegen halb acht Uhr morgens, geriet eine DC-10 der holländischen Martinair kurz vor der Landung in Faro, Portugal, in einen Gewittersturm und zerschellte beim Aufsetzen auf der Landebahn. Bei dem Unglück kamen 54 Passagiere und zwei Besatzungsmitglieder ums Leben, 106 Personen wurden schwer verletzt. Mein Freund Dick, dessen Geschichte dies ist, und seine Freundin hatten Glück: Sie überlebten das Unglück ohne nennenswerte Verletzungen.

Wie wir bereits bei der Frage der Sinngebung gesehen haben, existieren allerlei Vorstellungen und Überzeugungen darüber, was wir in unserem Dasein alles tun müssen, um ihm Sinn und Inhalt zu geben. Unsere Talente nutzen, anderen helfen, Karriere machen oder uns selbst finden.

Oder, wie der Buchautor Edel Maex es umschreibt, wir können mehr mit dem Tun-Modus anfangen als mit dem Sein-Modus. Er schreibt dazu: »Tun wird von einem Ziel getrieben. Wir arbeiten auf etwas hin. Deswegen vergleichen wir ständig, wo wir stehen und wo wir hin wollen, miteinander. Wir messen, wie weit wir von unserem Ziel entfernt sind. Im Tun-Modus liegt demnach also ein anhaltender Zustand von ›Noch-nicht-da-Sein‹ vor.«[9]

Indem wir alles Mögliche tun, versuchen wir, unser Leben einigermaßen auf die Reihe zu bekommen, aber leider kann man nicht alles mit dem Tun-Modus lösen. Wenn man niedergeschlagen ist, kann man zwar versuchen, sich abzulenken, aber dies muss nicht notwendigerweise zum Verschwinden des unangenehmen Gefühls führen.

Wenn Sie sich über die Unordnung der Kinder ärgern, ergibt es wenig Sinn, wenn Sie in diesem Augenblick das Haus verlassen, um sich selbst etwas Gutes zu tun. Wenn Sie zurückkämen, wäre die Chance groß, dass in der Zwischenzeit heilloses Chaos ausgebrochen wäre. Es wäre genauso wirkungslos, das depressive Gefühl in einer Flasche Wein zu ertränken, weil man sich am nächsten Morgen wegen des Katers wieder depressiv fühlen wird. Manchmal hilft Tun eben nicht. In solchen Momenten kann es vernünftiger sein, Abstand zu nehmen.

Maex schreibt dazu: »Ein oft verwahrloster Modus ist der Sein-Modus. Es ist ein Zustand, in dem wir einfach sind, ohne etwas erreichen zu wollen, ohne Forderungen an die Wirklichkeit zu stellen. Einfach gegenwärtig sein. Es fehlt etwas im Leben, wenn wir uns nur im Tun befinden und keinen Raum schaffen, um zu sein.«

Einfach zu sein ist eine schwierige Aufgabe, denn wenn wir »Ich bin« sagen, neigen wir dazu, etwas hinzuzufügen. Ich bin Universitätsdozent. Ich bin ein integrer Mensch. Ich bin beschäftigt. Ich bin Mutter. Alles, was wir dem »Ich bin« hinzufügen, gibt uns ein Gefühl von Halt und Sicherheit. Wir erschaffen eine Identität, eine Lebensgeschichte, ein Ziel, eine Schablone von uns selbst. Das ist praktisch, denn es gibt Halt, aber egal, was wir uns ausdenken, es ist per definitionem fließend und flüchtig, verändert sich. Denn Anton aus Hintertupfingen wohnt jetzt in London. Und der Universitätsdozent hat sich selbstständig gemacht. Und die integre Frau war eines Tages unglaublich fies zur äußerst attraktiven Ex ihres Partners.

Und was ist eine Mutter, deren Kinder aus dem Haus sind? Hört sie dann etwa auf zu existieren? Nein, natürlich nicht.

Alles, was hinter »Ich bin« steht, ist per definitionem vergänglich, egal was wir hinzufügen, wir werden es eines Tages verlieren. Für die Buddhisten ist eine der Ursachen allen Leidens »Trishna«, das Haben-Wollen, Festhalten oder Klammern.[10] Wir halten an der Illusion fest, die Welt sei statisch, aber alles ist vergänglich. Das *I Tjing*, eine der ältesten Schriften der chinesischen Kultur, heißt dann auch wörtlich übersetzt *Buch der Veränderungen*.

Nichts im Leben bleibt. Ironischerweise ist ausgerechnet »Ich bin« der am wenigsten fassbare Teil unseres Lebens, der stabilste Faktor. Unser

Bestehen, unser Sein ist eine Tatsache. Um zu sein, brauchen wir nichts zu tun – wir müssen es lediglich akzeptieren. Man kann auch keinen Einfluss darauf nehmen. Man kann nicht *nicht* sein. Man *ist* einfach.

Der Körper verändert sich im Lauf der Jahre, aber auch die Meinungen, Überzeugungen, Ziele, Träume, Gefühle, Gewohnheiten, Besitztümer. Doch das am wenigsten Sichtbare, die Tatsache, dass man ist, birgt in sich zugleich das Stabilste, was man im Leben mit sich trägt. Trotzdem ist es schwierig, dies zu leben.

> Karin, die als selbstständiger Coach arbeitet, über ihre frühere Stelle: »Ich habe mich immer für die soziale Sache geopfert. Ich habe ehrenamtlich bei einer Anlaufstelle für Obdachlose gearbeitet. Menschen zu helfen war mein Ideal. Es gibt so viel Elend in der Welt, da fand ich, dass ich meinen Teil zur Verbesserung beitragen musste. Ich hätte mich unwohl gefühlt, wenn ich nichts unternommen hätte. Wenn zum Beispiel jemand ins Krankenhaus gefahren werden musste, dann hieß es: Ruf Karin an, und das gab mir dann immer ein gutes Gefühl. Ich wurde gebraucht. Wenn ich dann nach Hause kam, dachte ich, Karin, das hast du gut gemacht. Ich fühlte mich wirklich wie eine Florence Nightingale. Aber es ging auf Kosten meiner Gesundheit, denn immer mehr Leute wollten etwas von mir. Notgedrungen musste ich mich zurückziehen und mehr auf mich selbst achten. Zu Beginn fiel mir das sehr schwer. Ich dachte: Ich bin gesund, ich habe zwei Arme und Beine, ich habe genug Geld, dann ist es doch wohl das Mindeste, dass ich meinen Mitmenschen helfe! Aber in letzter Zeit habe ich mich immer öfter gefragt, warum eigentlich? Wieso darf ich mich erst gut fühlen, wenn ich anderen geholfen habe? Darf ich mich nicht auch einfach gut fühlen, aus mir heraus? Solche Fragen verwirren mich, denn was wäre, wenn niemand mehr etwas für den anderen tun würde?

Wenn Karin nichts tut, fühlt sie sich unwohl. In diesem Sinne könnte man behaupten, Helfen ist für Karin wie eine Sucht. Nur wenn sie sich regelmäßig einen Schuss Nächstenliebe setzt, geht es ihr gut. »Wenn man glaubt, Frieden und Glück sind irgendwo anders«, so schreibt der vietnamesische Zen-Meister Thich Nhat Hanh, »und man rennt ihnen hinterher, dann wird man nie ankommen. Nur wenn man erkennt, dass Frieden und Glück hier, in diesem Moment, erlebbar sind, kann man sich entspannen.«

Und Buchautor John Kalse drückt es so aus: »Wenn man rundheraus Ja sagt zu dem, was ist, was man fühlt, was man denkt, was man tut, wo man ist, dann ist man eins mit sich selbst. Und es gibt keine Probleme. Man ist.«

Alles schön und gut, werden Sie vielleicht denken, aber wie macht man das, dieses Sein? Wie erreicht man diesen glückseligen Zustand des Eins-Seins, den man normalerweise nur im Himmel, im Nirwana, dem Olam Haba, dem Al-Janna oder Walhalla erleben kann? Ironischerweise verhindert nämlich genau dieser Gedanke, der Gedanke »Ich bin«, das Erleben dieses Zustands. Das mag etwas kompliziert klingen, ist es aber nicht. Wenn man denkt »Ich bin«, dann ist man nicht, sondern man denkt lediglich »Ich bin«.[11]

✶

Genauso wenig wie man Mutter oder Anton aus Hintertupfingen ist, genauso wenig ist man, was man denkt. Denken Sie einmal an den ganz kurzen Augenblick zwischen zwei Gedanken, diese zeitliche Leere – haben Sie in diesem Moment aufgehört zu existieren? Nein, natürlich nicht. Sie sind noch immer da. Tatsächlich ist das Dasein das Einfachste und gleichzeitig das Schwierigste, was es gibt. Eckhart Tolle bemerkte dazu: »Die meisten Menschen verwechseln das Hier mit dem, was im Hier passiert. Aber das Hier ist etwas anderes, es ist viel mehr als das, was darin passiert. Es ist der Raum, in dem etwas passiert. Verwechseln Sie also den Inhalt des Moments nicht mit dem Moment selbst. Das Hier ist tiefer als jeglicher Inhalt, der darin geschieht.«[12]

Ironischerweise kann uns dieser Seinszustand, diese friedvolle Glückserfahrung – von Buddhisten auch »Sukha« genannt, die tiefe und durch nichts und niemand zu zerstörende Erfahrung der Glückseligkeit – unerwartet, einfach so überkommen. Oft und ausgerechnet dann, wenn wir kurz vor einer Panikattacke stehen, in Momenten, wo uns alles zu entgleiten droht, machen wir plötzlich die Erfahrung überwältigender Klarheit. Als ob in tiefster Nacht das Morgenlicht durchbricht.

✶

Ich war 23 Jahre alt, studierte an der Schauspielakademie und wohnte mit meiner Freundin in einer kleinen Mietswohnung. Sie war meine

Jugendliebe. Mit 17 hatten wir uns kennengelernt. Dann gestand mir meine Freundin, dass sie einen anderen Mann kennengelernt habe. Trotz ihrer beruhigenden Worte, dass sie mich liebe, dass dies nichts zu bedeuten habe und wieder vorbeiginge, geriet ich in leichte Panik. Ich fühlte, dass es eben nicht so schnell wieder vorbeigehen würde, und meine Vermutung stimmte.

Ich wurde zwischen widersprüchlichen Gefühlen hin- und hergeworfen. Mit meinem Verstand konnte ich zwar feststellen, dass sie sich für mich entschieden hatte, doch mein Gefühl sagte etwas anderes. Ich erinnere mich noch heute genau an den Kummer, der mich erschütterte, oder besser gesagt, die alles überwältigende, irrationale Angst, verlassen zu werden. Totale Erschütterung. Vollkommene Einsamkeit. Als ob ich auseinanderfiel. Doch gerade als ich dachte, jetzt werde der Stöpsel aus meinem Dasein gezogen und mein Leben flösse durch den Ausguss davon, hatte ich eine unfassbare Erkenntnis.

Es war, als gäbe es mit einem Mal zwei Ichs: Eines, das in Panik war, und eines, das dies in aller Seelenruhe beobachtete. Wie einsam ich mich auch fühlen würde, wie sehr ich auch das Gefühl hatte, in tausend Teile zu zerfallen, auf der Ebene der Selbstwahrnehmung herrschte Ruhe und Stille. Diese Erkenntnis schoss mir durch den Kopf wie ein Blitzlicht. Sie schenkte mir augenblicklich großen Frieden, es war, als ob ich über mir schwebte und nach unten sah. Gleichzeitig hörte ich mich selbst sagen: »Alles ist gut, mach dir keine Sorgen, es gibt dich – du bist.« Ich erkannte sofort, dass dies ein Wendepunkt in meinem Leben war. Ich wusste, egal was passieren würde, ich könnte jederzeit zu dieser Wahrnehmungsebene zurückkehren, zu dieser Stille in mir selbst, diesem »Immer-da-sein-Werden«. Ungeachtet, was ich fühlte, was mit meinem Körper geschehen würde, im tiefsten Innern war ich auf einer höheren Ebene. Nicht mit meinem Körper, meinen Emotionen, meinem Denken, sondern mit meinem Bewusstsein. Ich war.

An diesem Tag, und auch an den darauffolgenden, blieb diese Ruhe in mir. Ich fühlte mich wohl, klar im Kopf und anwesend. Und auch alles um mich herum war auf ähnliche Weise verändert. Es war, als ob ich die Welt früher mit einem Schwarz-Weiß-Fernseher gesehen hatte und jetzt mit einem Farbfernseher sah. Das Vertrauen darauf, dass alles im Leben gut ist, hat mich seitdem wie ein treuer Freund auf meinem Lebensweg begleitet. Seit dieser Erfahrung bin ich in Büchern, Filmen und Erzählungen anderer immer wieder auf Ähnliches gestoßen. Auch der Bericht meines Freundes Dick über das Flugzeugunglück ist eine Parallelerfahrung, eine aus Panik entstandene, alles umfassende Erfahrung des Glücks und der Ruhe.

✶

Was bedeutet das für Sie? Bringt Ihnen das etwas Neues? Nun, vielleicht nicht. Vielleicht kennen Sie diese Erfahrung, die ich zu beschreiben versucht habe, schon lange. Vielleicht sogar viel intensiver oder auf eine alltäglichere Weise; es muss nicht zwangsläufig so heftig gewesen sein. Man kann auch, wenn man auf einem zugefrorenen See Schlittschuh läuft, in der kurzen Stille, bevor man vom einen aufs andere Bein wechselt, von dem Gefühl überrascht werden, »im Moment zu sein«. Dafür muss man nicht in Panik geraten oder in einem abstürzenden Flugzeug sitzen. Andere Erfahrungen, wie ein Gespräch, in dem man aufblüht, Sex, der wie von selbst geht, oder die Sonne, die während eines Begräbnisses durchbricht, können ebenso gut einen Zugang zum Sein öffnen. Wie intensiv man diese Erfahrung gemacht hat, ist nicht so wichtig. Wichtig aber ist die Erkenntnis, dass nur das »Ich bin« allein andauert. Alles andere, was Sie anfügen, ist zeitlich begrenzt und nichts als eine Illusion, eine fahle, schwache Spiegelung dessen, was man tief im Innern ist.

Man ist, was man tut, denkt oder fühlt. Wer an dieser Vorstellung festhält, schafft anhaltendes Leiden. Denn so ist man gefangen in seiner eigenen Sinngebung, der Vorstellung von dem, was man ist. Die Kunst besteht aber gerade darin, Abstand von sich zu nehmen, ab und an über sich selbst zu schweben und einzusehen, dass wir dieses irdische Leben wie ein großes Spiel mit uns und dem Universum spielen und auch gestalten. Ein schönes, spannendes, faszinierendes Spiel, und es ist wunderbar, es todernst zu spielen – aber es ist und bleibt ein Spiel. Identifiziert man sich zu sehr mit ihm, dann wirft es einen nieder, wenn man plötzlich keinen Spielball, keinen Gegner oder kein Publikum mehr hat.

Wenn man glaubt, man ist sein Erfolg, und der lässt einen im Stich, dann ist das erschütternd für das Selbstbild. An den Ergänzungen hinter »Ich bin« festzuhalten, macht uns anfällig für jegliche Veränderung. Und diese Veränderungen werden kommen. Ganz bestimmt! Wir können unsere Kinder nicht daran hindern, zu wachsen. Oder der Erde verbieten, sich um ihre eigene Achse zu drehen. Alles kommt und geht. »Ich bin« ist der einzige stabile Faktor im Leben. Im Auge des Orkans ist es windstill.

*

Und als Zugabe noch ein Zitat von Etty Hillesum. Etty wurde am 15. Januar 1914 in Middelburg, der Provinzhauptstadt Zeelands, geboren und kam 1943 in Auschwitz ums Leben. In der Zeit vom 9. März 1941 bis zum 6. September 1943, dem Tag, an dem ihr ein Freund mitteilte, dass sie ins Zwischenlager Westerbork deportiert werden sollte, schrieb sie Tagebuch. Dort ist kurz vor ihrer Internierung zu lesen: »Wenn man von innen heraus lebt, ist es nicht mehr so wichtig, auf welcher Seite des Zaunes man steht. Ich bin schon hundert Mal in hundert Konzentrationslagern gestorben. Ich habe alles im Leben gesehen, etwas Unbekanntes macht mir keine Angst mehr. Und dennoch finde ich das Leben schön und sinnvoll. Jeden einzelnen Augenblick.«[13]

2. Sag Ja zur Wirklichkeit

Die wahre Entdeckungsreise besteht nicht darin,
dass man neue Länder sucht,
sondern dass man neue Augen hat.
Marcel Proust

Der 11. September. Es war ein ruhiger Tag. Ich war zu Hause und arbeitete, als das Telefon klingelte. Es war meine Partnerin: »Du musst sofort den Fernseher einschalten, in New York ist etwas Schreckliches passiert. Ein Flugzeug ist in das World Trade Center gekracht.« »Ja gut, mach ich«, sagte ich, legte auf, ging ins Wohnzimmer und schaltete das Gerät an. Ich sah die Bilder eines brennenden Wolkenkratzers, Rauch, Menschen, die voller Entsetzen in die Höhe starrten. Dann lief eine Wiederholung der Geschehnisse. Bilder im Zeitlupentempo, die zeigten, wie sich ein Flugzeug in das Hochhaus bohrte. Man sah eine Explosion, Feuer, Rauch, hinabstürzende Teile. Ich sah fassungslos zu. Was passierte da? Kurz darauf sah ich, wie ein zweites Flugzeug von rechts ins Bild flog, an dem unversehrten, zweiten Turm vorbei. Dann aber zog es eine scharfe Kurve und schlug in das Gebäude ein. Die Menschen schlugen vor Entsetzen die Hände vors Gesicht. Eine absurde Szene folgte der nächsten. Was war das für ein unfassbares Ereignis, dessen ich hier Zeuge wurde? Als nach einiger Zeit erst der eine und dann der andere Turm einstürzte, wurde die Szenerie noch unwirklicher. Dies konnte es nur im Film geben. Das konnte nicht wahr sein. Obwohl meine Augen alle Bilder unzensiert wahrnahmen und ich wusste, dass dies gerade wirklich geschah, weigerte sich mein Verstand mit aller Macht, es zu akzeptieren.

Dieses Kapitel handelt davon, »Ja« zur Wirklichkeit zu sagen. Doch das ist leichter gesagt als getan. Schreckliche Ereignisse, wie der Anschlag auf das World Trade Center, können uns komplett aus dem Hier und Jetzt werfen. Unser Verstand scheint mit der Wirklichkeit nicht mitzukommen. Was wir wahrnehmen, erscheint uns unlogisch oder unbegreiflich zu sein. Und wenn das, »was ist«, nicht mit dem übereinstimmt, »was hätte sein sollen«, dann bereitet uns das Stress. Leider ist das, »was ist«, immer stärker als das, »was hätte sein sollen«. Die Wirklichkeit steht immer über der Logik.

Stellen wir uns einmal vor, Sie sind ein polnischer Autofahrer und bleiben auf der Autobahn kurz vor Berlin mit Ihrem Wagen liegen. Sie haben Glück, denn ein anderer Autofahrer stoppt und bietet an, Sie abzuschleppen. Prima, werden Sie vielleicht denken, und den Eindruck vermittelt auch der Anfang des Artikels, den die niederländische Zeitung *De Telegraaf* über dieses Ereignis geschrieben hat. Zwar lautete die Überschrift »Helfende Hand«, aber die Geschichte bekommt schnell eine bizarre Wendung:

»Berlin, am Dienstag. Ein 36-jähriger Pole bekam den Schreck seines Lebens, als er auf der Autobahn von einem deutschen Autofahrer die angebotene Abschlepphilfe bis zur nächsten Tankstelle in Anspruch nahm. Als der polnische Wagen erst einmal am Abschleppseil hing, erhöhte der Deutsche die Geschwindigkeit schon nach kurzer Zeit auf 160 Stundenkilometer – der Anfang einer Höllenfahrt, die erst endete, als beide Wagen in die Leitplanke prallten. Keiner der Fahrer erlitt größere Verletzungen, der hilfsbereite Deutsche wurde jedoch von der Polizei direkt zu einem Psychiater gebracht.«

Sie sind also der polnische Autofahrer. Zuerst sehen Sie auf dem Tacho: 70, 80 Stundenkilometer – alles läuft prima. Sie denken: Ich habe zwar keine Eile, aber bei diesem flotten Tempo komme ich sogar noch rechtzeitig an. Dann Steigerung auf 90, 100 Stundenkilometer. Anscheinend haben Sie es mit einem unerschrockenen Deutschen zu tun, schnittiger Fahrstil, selbst noch beim Abschleppen. Riskant, aber effizient, was gibt es da zu meckern? Doch was geht Ihnen durch den Kopf, wenn die Geschwindigkeit noch weiter erhöht wird? 110, 120 – ähm, hallo? Wir sind hier nicht auf einer Spritztour, mein Freund, geht's auch etwas langsamer? 130, 140, 150. Sie trauen Ihren Augen nicht, das kann doch wohl nicht wahr sein. 160 Stundenkilometer? Vermutlich stehen Sie auf dem Bremspedal, ziehen die Handbremse und geben Lichthupe, natürlich alles vergebens. Das muss ein Albtraum sein.

Eine vergleichbare Situation habe ich selbst erlebt, als mir ein Hund vors Fahrrad lief und ich kopfüber stürzte. Scheinbar unverletzt rappelte ich mich wieder auf und wäre fast schon weitergefahren, da erst sah ich, dass einer meiner Finger in einem sehr unnatürlichen Winkel abstand. Der Verkehr raste vorbei, der Hundebesitzer hatte sich entschuldigt und wollte gerade gehen, aber ich stand wie betäubt da und starrte meine Hand an. War das etwa meine Hand? Meine Hand sah aber doch anders aus. Ich nahm die Realität zwar wahr, aber gleichzeitig schien sie nicht wirklich zu mir durchzudringen.

✶

Anscheinend ist es manchmal noch schwieriger, die Wirklichkeit zu erkennen, als unter normalen Umständen. Natürlich haben wir alle Augen im Kopf, und es ist nicht schwer, den Tacho abzulesen und zu sehen, dass die Geschwindigkeit auf 160 Stundenkilometer ansteigt. Doch wer in der Lage ist, hundertprozentig »Ja« zur Wirklichkeit zu sagen, der nimmt sie nicht nur wahr, sondern erfährt sie auch als wahr, bleibt im Moment. Und obwohl das so einfach klingt – man ist doch dabei, wenn's passiert?! – ist die Umsetzung sehr, sehr schwierig.

Wie also funktioniert das, »die Wirklichkeit wahrnehmen«? Denn um Ja-und zur Wirklichkeit sagen zu können, ist es praktisch, etwas mehr über die Beziehung zwischen uns und der Realität zu wissen. Wie machen wir das, wahrnehmen? Und – vielleicht noch entscheidender – wie interpretieren wir eine Wahrnehmung?

Nun, um es gleich vorwegzunehmen: Unser Wahrnehmungsvermögen ist alles andere als gut. Fangen wir einmal mit den biologischen Einschränkungen an. Schätzungsweise nehmen wir durch unsere Sinnesorgane – Augen, Ohren, Nase, Mund und Haut – 400 Milliarden Bits pro Sekunde wahr. Was davon in unser Bewusstsein dringt, sind aber nur 2000 Bits pro Sekunde. Oder anders gesagt: Zu jedem Bit, das in unser Bewusstsein dringt, empfangen wir 200 000 Bits Informationen. Man könnte auch sagen: Wenn unser Bewusstsein eine Maßeinheit von einem Meter wäre, dann wäre unser Unterbewusstsein so lang wie die Strecke von Frankfurt am Main nach Köln.[14]

Dass wir viel mehr wissen, als uns bewusst ist, wurde schon in zahlreichen Studien bewiesen. Bereits 1898 machte der ukrainische Psychologe Boris Sidis ein Experiment, bei dem er Testpersonen eine Karte mit nur einer Zahl oder einem einzigen Buchstaben zeigte. Die Testpersonen standen jedoch in so großer Entfernung zur Karte, dass sie sich beschwerten, aus diesem Abstand sei es unmöglich, die Karten zu sehen. Sidis forderte sie auf, doch einfach zu raten. Und was stellte sich heraus? Die Testpersonen rieten viel öfter richtig, als man erwartet hätte.

Ein vergleichbares Experiment wurde 1884 vom Mathematiker und Philosophen Charles Sanders Peirce gemacht. Er ließ die Testpersonen in jede Hand je ein Gewicht nehmen, die sich nur um einige Gramm unterschieden. Er fragte die Personen, welches Gewicht das schwerere sei. Auch hier beklagten sich die Teilnehmer des Experiments über die absurde Aufgabenstellung, da kein Unterschied zu spüren war, und Peirce forderte sie ebenfalls auf, zu raten. Zwischen 60 und 70 Prozent der Testpersonen schätzten daraufhin das schwerere Gewicht richtig. Anscheinend wissen wir mehr, als wir denken, und können auf diese Kenntnis auch zurückgreifen. Oft jedoch nur über den Umweg des Ratens.

So zeigten die beiden amerikanischen Psychologen W. R. Kunst-Wilson und R. B. Zajonc in einem Versuch ihren Testpersonen eine Reihe unbekannter Schriftzeichen. Danach sollten die Testpersonen aus einer neuen Reihe von Zeichen diejenigen herausfinden, die sie zuvor gesehen hatten. Doch die Testpersonen hatten keine Ahnung. Die Zeichen waren viel zu kompliziert und unsortiert gewesen, um sie behalten zu können. Wiederum wählten die Forscher einen Umweg und fragten: »Welches Zeichen hat Ihnen gefallen?« Und was war das Ergebnis? Die Testpersonen konnten sich plötzlich an Zeichen erinnern. Anscheinend gehören schön finden und vertraut sein zusammen. Unser Unterbewusstsein weiß also mehr, als wir glauben, und dieses Wissen können wir über Umwege aktivieren.[15]

Wenn wir also die Wirklichkeit gut wahrnehmen wollen, besteht die Aufgabe darin, das Wissen aus unserem Unterbewusstsein buchstäblich herauszuangeln. Und bei dieser »Angelei« geht das eine oder andere schief. Allerlei psychologische Faktoren sorgen dafür, dass wir der Wirklichkeit Gewalt antun. Wir lassen Dinge weg, wir verdrängen Informationen, konstruieren Geschichten, die das glatte Gegenteil der Realität sind, schwächen ab oder bauschen auf, füllen Lücken mühelos mit unseren eigenen Kreationen oder ziehen ganz einfach fahrlässige und übereilte Schlüsse.

Eine der häufigsten Verfälschungen der Wahrnehmung ist die Anpassung an unsere Meinung. Dieser Prozess läuft vollkommen von selbst ab. Wir brauchen dafür gar nichts zu tun. Wenn man sich eine gelbe Sonnenbrille aufsetzt, erlebt man die Welt ein paar Minuten lang gelb, aber danach erscheint uns das Bild von selbst wieder normal. Warum? Das Gehirn übersetzt das Bild in Farben, die uns bekannt sind. Erst wenn man die Sonnenbrille abnimmt, merkt man wieder den Unterschied.

Forscher setzten Testpersonen eine sogenannte Umkehrbrille auf, mit der man seine Umgebung auf den Kopf gestellt sah. Das hatte natürlich eine desorientierende Wirkung. Kaffee zu trinken, wenn man alles verkehrt herum sieht, ist nicht einfach. Nach ein paar Tagen jedoch dreht unser Gehirn das Bild um, sodass wir trotz der Brille die Umgebung wieder scheinbar normal wahrnehmen.

Das ist faszinierend. Demnach sammelt unser Unterbewusstsein ganz automatisch Informationen über die Wirklichkeit und fasst diese in Bilder, Gedanken und Überzeugungen, die die Wirklichkeit recht akkurat zusammenfassen. In unserem Innern formen wir ein Abbild der Wirklichkeit, das in groben Zügen mit unserer Außenwelt übereinstimmt. Das alles ist sehr nützlich und ein äußerst präziser und komplexer Prozess.

Probleme tauchen auf, wenn unser Verstand klar definierte Vorstellungen von der Welt hat, die nicht mit der Wirklichkeit übereinstimmen. In diesem Fall wird die widersprüchliche Information mit aller Leichtigkeit negiert oder verdreht. Und auch dieser Prozess verläuft vollkommen unbewusst. Wir sehen in solchen Momenten nicht, was wir sehen, sondern wir nehmen vor allem das wahr, was wir glauben zu wissen.

In den Achtzigerjahren steckte die amerikanische Autoindustrie in einer schweren Krise. Der Markt wurde mit preisgünstigeren Autos aus Japan überschwemmt, die außerdem qualitativ besser waren als die amerikanischen Modelle. Um herauszufinden, was die Japaner besser machten, wurden regelmäßig Studienreisen nach Japan unternommen. Ein amerikanischer Manager, der eine japanische Fabrik besichtigt hatte, war nicht gerade beeindruckt. »Sie haben uns keine echte Fabrik gezeigt«, berichtete er. Auf die Frage, woher er das so sicher wisse, erzählte er, dass die Hallen leer gewesen wären und er kaum Bestände gesehen habe. »Die haben nur wegen unseres Besuches so getan, es war alles inszeniert.«

Der Manager war von seiner Beurteilung der Situation fest überzeugt. Er wusste nicht, dass das Prinzip der »Just-in-time-delivery« eines der Merkmale des japanischen Wirtschaftssystems war. Danach ist die Anlieferungsmenge der Waren so genau wie möglich mit der Verarbeitungsmenge abzustimmen, sodass die Lager so klein wie möglich gehalten werden können. Zwar hatte der Manager die leere Halle richtig wahrgenommen, aber er hatte den Umstand, warum sie so leer war, falsch interpretiert.[16]

Unsere Annahmen darüber, wie die Welt ist, haben großen Einfluss darauf, wie wir die Welt empfinden. Diese Annahmen sind eng verknüpft mit unserem Wissen, und dieses Wissen wiederum ist eng gekoppelt an unsere Sprache. Wir denken größtenteils in Worten. Sehen wir ein Gesicht, dann neigen wir dazu, Augen, Nase und Mund zu registrieren – dafür haben wir Worte. Wir beachten einen Teil der Wange oder die Fläche zwischen dem Nasenrücken und der angrenzenden Wange viel weniger, ganz einfach deshalb, weil uns dafür die Worte fehlen. In unserer Sprache existieren diese Gesichtsflächen nicht.

Und um dem noch eins draufzusetzen: Wir nehmen vor allem die abweichenden Merkmale eines Gesichts wahr. Anscheinend haben wir irgendwo in unserem Gedächtnis eine Art Idealbild abgespeichert, das Piktogramm eines Gesichts zum Beispiel. Wenn wir dann einen Menschen ansehen, dann schauen wir nicht, wen wir da vor uns haben, sondern wir gleichen sein Gesicht mit dem Bild in unserem Kopf, also der Basisschablone, ab und beurteilen, wie das Gesicht unserer Meinung nach hätte sein sollen. Deswegen beschreiben wir andere nicht mit objektiven Begriffen, sondern mit subjektiven.

Jemand hat zum Beispiel ein langes Gesicht (im Vergleich zu einem normalen Gesicht), einen starken Nacken (im Vergleich zu einem normalen Nacken) oder kurzes Haar (im Vergleich zu normal langem Haar). All unsere Beschreibungen scheinen objektiv zu sein, sind aber in Wirklichkeit Interpretationen und Vergleiche. Bei genauerer Betrachtung merken wir, dass wir vor allem beschreiben, was jemand nicht ist. Damit werden wir der Wirklichkeit nicht gerecht. Unser Sprachzentrum verfügt über ein Wörterbuch mit einigen Tausend Begriffen, aber unsere Sinnesorgane können Milliarden Details wahrnehmen. Deswegen neigen wir dazu, nur die Spitze des Eisbergs, nur das, was wir in Worte fassen können, zu »sehen«.

Guy Claxton schreibt dazu: »Neurologen sind sich darüber einig, dass unser Bewusstsein vor allem darin geübt ist, Abweichungen vom Muster zu erkennen, kurz gesagt, die potenziellen Gefahren, das, was ›anders ist als normal‹. Darauf zielt unser Verstand als erstes. Das Bewusstsein wird auch der ›Suchscheinwerfer‹ des Verstandes genannt. Er zoomt auf die Probleme ein. Das Bewusstsein meldet also nicht, was sicher da ist, sondern das, was zweifelhaft ist. Nur indem wir uns die Zeit nehmen (ohne Hast, Probleme und Zweifel) und wirklich still stehen bei dem, was ist, können wir einen größeren Teil der Wirklichkeit wahrnehmen.«[17]

Offenbar ist unser unbewusstes Denken so aufgebaut, dass es auf eine Ja-aber-Weise ordnet und selektiert. Unser Unterbewusstsein ist in einem fort damit beschäftigt, uns eine möglichst handliche und praktische Interpretation der Wirklichkeit zu geben, sodass wir trotz eines enormen Wusts an Informationen blitzschnelle, klare Rückschlüsse ziehen können. Es ist verlockend, nur das zu sehen, was nicht stimmt, fehlende Informationen zu ergänzen und Widersprüche zu glätten, indem man sie in handlicher Form zusammenfasst.

Wahrnehmungen, die uns verwirren oder stressen, werden blitzschnell mit einem Etikett versehen. Zwei Männer mit einem Kinderwagen? Das müssen Schwule sein – mit Adoptivkind. Eine Frau, die ihre Kinder anschreit? Alleinerziehende Mutter, überfordert. Ein Typ im Hummer, der mit 200 Sachen an uns vorbeibrettert? Proll.

Dass die beiden Männer vielleicht ganz stolz ihre gerade geborene Nichte herumfahren, auf diese Idee kommen wir nicht so schnell. Und warum die Frau ihre Kinder anschreit, darüber brauchen wir uns schon gar keine Gedanken mehr zu machen, denn wir haben ja bereits eine »Erklärung« dafür. Das verschafft uns Ruhe im Kopf – was wollen wir mehr?

Sich eine Meinung zu bilden ist ein ungenauer Vorgang. Dennoch sind viele von uns mit der Überzeugung aufgewachsen, dass man eine Meinung, ein Urteils- oder Interpretationsvermögen braucht, um gut durchs Leben zu kommen. Meinungen muss man sich verdienen, und wenn man eine hat, dann ist man wer. So erzählte mir Karin, mit der ich einige Jahre zusammengearbeitet habe: »Ich gehöre einer Generation an, die die Welt fortwährend in zwei Kategorien einteilte: in gut oder schlecht. Wenn etwas nicht in diese beiden Kategorien passte, diskutierten wir so lange, bis es das eine oder das andere war. Zu allem hatten wir eine Meinung: Weißbrot? – Schlecht! Vollkornbrot? – Gut! Arbeitgeber? – Schlecht! Arbeitnehmer? – Gut! Fremde Kulturen? – Gut! Eigene Kultur? – Schlecht!

Vor ungefähr zehn Jahren merkte ich, dass ich mich damit nicht mehr wohlfühlte. Indem ich alles in Kategorien einteilte, befand ich mich in einem fortwährenden Kriegszustand mit meiner Außenwelt – und mit mir selbst. Ich glaubte, ich müsste zu allem und jedem eine Meinung haben. Doch dann stellte ich fest, dass sich die Welt auch dann noch drehte, wenn ich mir zugestand, keine Meinung zu haben. Eine Meinung zu haben war offenbar gar nicht so wichtig. Inzwischen schätze ich es, die Dinge einfach nur wahrzunehmen. Meinungen sind meistens nur im Weg. Man sieht nichts mehr – man urteilt bloß noch.«

Einzelpersonen, Gruppen und Organisationen sind auf diese Weise in der Lage, der Wirklichkeit Etiketten aufzudrücken, die, in welcher Weise auch immer, nicht mit den Tatsachen übereinstimmen. So haben zum Beispiel vier von zehn Briten falsche Erinnerungen an die Bombenanschläge in Londons Innenstadt am 7. Juli 2005. Sie sind überzeugt davon, Bilder von einer Busexplosion am Tavistock Square gesehen zu haben. Tatsächlich ist dort ein Bus explodiert, nur gibt es davon keine Aufnahmen. Stattdessen fantasieren die Menschen sich diese Bilder einfach zu ihren »Erinnerungen« dazu. Ein Befragter erklärte sogar: »Der Bus hielt vor einer Ampel, dann sah man ein weißes Licht, ein lauter Knall, und das Dach des Busses wurde weggerissen.«[18]

Wir verändern, erfinden dazu oder lassen etwas aus. Manchmal ergibt das die schönsten Geschichten (»Wir sind ein toller Betrieb«), manchmal negative (»Hier geht immer etwas schief«). Aber ob sie nun positiv oder negativ sind – es bleiben Geschichten. Und eine Geschichte ist per definitionem anders als die Wirklichkeit. Sie ist eine Interpretation der Wirklichkeit, eine eingeschränkte Version, eine Zusammenfassung. Oder, im schlimmsten Fall, eine Lüge. Schon 260 vor Christus behauptete der griechische Astrologe Aristarchus von Samos, dass sich die Erde um die Sonne dreht. Doch noch lange Zeit nach ihm glaubte man (und musste man auch denken), dass die Erde der Mittelpunkt des Universums war.

Regierungen, Anführer und Gurus sind sehr gut darin, sich Geschichten auszudenken. Und das ist sehr schön: So halten sie das Ganze zusammen und geben uns Sinn und Richtung. Wir lieben Geschichten.

Wir stürzen uns auf sie. Mit einer guten Geschichte wird das Leben logisch und sinnvoll. Eigentlich sind wir eher für Geschichten als für Tatsachen geschaffen. Aber Geschichten versperren uns die Sicht auf die Wirklichkeit.

✶

Mein Appell lautet dann auch: Egal was Sie denken, seien Sie offen für das Gegenteil. Wer weiß, vielleicht ist der Fahrer des Hummers ja auf dem Weg zu seiner Mutter, die mit ihrem roten Fiat Panda Baujahr 1983 an einem eiskalten Wintersonntag auf einer einsamen Landstraße im Siegerland liegen geblieben ist. Das wäre alles möglich, aber unser Denken interessiert sich nicht für Möglichkeiten. Es ist primär auf das Einordnen von Gefahren ausgerichtet. Das Denken benutzt eine Beurteilung wie eine Schachtel, die es über einen Teil der Wirklichkeit stülpt, um ihn einzugrenzen. Dieser Teil wird dann mit einem Etikett, Namen oder Aufkleber versehen. Auf diese Weise schafft das Unbewusste Ruhe im Chaos. Der Vorteil? Man kann weitermachen. Der Nachteil? Die Schachtel behindert die Sicht auf den Inhalt. Ob dann auf dem Etikett etwas Positives oder Negatives steht, ist egal: Wo die Beurteilung anfängt, hört die Wahrnehmung auf. Davon ist niemand frei; so funktioniert unser Denken nun einmal. Sehen Sie sich die nächsten zwei Zeilen an. Was stimmt da nicht? (Die Antwort gebe ich weiter unten im Text.)

Es besteht kein Zweifel. Marieke ist die
die Frau meiner heimlichen Sehnsüchte.

Trotz der Tatsache, dass unsere Wahrnehmung nun einmal sehr fehlerhaft ist, können wir dennoch das falsche Interpretieren der Wirklichkeit stark beeinflussen. Unter bestimmten Bedingungen ist unsere Wahrnehmung besser als unter anderen. 1973 führten zwei Psychologen in Princeton, John Darley und C. Daniel Batson, eine bemerkenswerte Studie über die Beziehung zwischen Religion und Mitmenschlichkeit durch.

Zu Beginn eines Experiments wurden einige Priesterschüler gebeten, einen Gottesdienst über den barmherzigen Samariter vorzubereiten. Für diejenigen, die nicht bibelfest sind: Diese Bibelgeschichte handelt von einem Mann, der bestohlen und misshandelt und von niemandem beachtet wird, bis der barmherzige Samariter ihm hilft. Die Parabel appelliert an unsere Mitmenschlichkeit.

Die Priesterschüler wurden ermutigt, über diese Geschichte einen mitreißenden Gottesdienst abzuhalten. Was die Schüler nicht wussten: Man hatte einen Schauspieler engagiert, der im Gang zwischen dem Vorbereitungsraum und dem Raum, in dem der Gottesdienst abgehalten wurde, auf dem Boden saß und einen hilfsbedürftigen Obdachlosen mimte. Mit dem Schauspieler war vereinbart worden, dass er immer dann, wenn ein Priesterschüler vorbeikam, einen tiefen, schmerzvollen Laut von sich geben und mindestens zwei Mal husten sollte. Die Ergebnisse waren verblüffend. Mehr als die Hälfte der Schüler bemerkten den Obdachlosen überhaupt nicht. Einige gingen sogar im wahrsten Sinne des Wortes über ihn hinweg.

In einem weiterführenden Experiment wurde der Faktor Zeitdruck hinzugenommen: Den Studenten wurde plötzlich mitgeteilt, dass sie die Predigt in einem anderen Raum und so schnell wie möglich abhalten sollten. Das Resultat war noch katastrophaler: Ironischerweise bemerkten weniger als zehn Prozent den Obdachlosen.[19] Je mehr sich die Priesterschüler auf die Predigt über Barmherzigkeit konzentrierten, desto weniger verhielten sie sich selbst so.

Richard Wiseman hat ausführlich zu den Unterschieden zwischen Menschen, die sich für Pechvögel oder Glückspilze halten, geforscht. Er forderte Menschen auf, sich dem Satz »Ich habe immer Glück« oder »Ich habe immer Pech« zuzuordnen. Zuerst aber untersuchte er (zur Sicherheit), ob es überhaupt so etwas gibt – Menschen, die statistisch gesehen mehr Glück oder Pech haben als andere. Das schien, wie zu erwarten, nicht der Fall zu sein.

Danach untersuchte er, wie sich die Mitglieder der beiden Gruppen verhielten. Die Unterschiede waren beachtlich. Pechvögel schienen sich strukturell so wie Marieke und Harry zu verhalten. Sie hatten hohe Erwartungen gehabt, das Leben war nicht so verlaufen, wie sie gehofft hatten, und sie neigten dazu, vor allem zurück in die Vergangenheit zu blicken, auf ihr Scheitern und ihre Tragödien. Sie konnten ihr Glück buchstäblich nicht sehen, selbst wenn es vor ihrer Nase lag.

In einem bekannten Experiment bittet Wiseman die Testpersonen, eine Zeitung durchzulesen und die abgebildeten Fotos zu zählen. Auf Seite zwei der Zeitung ließ er jedoch in einer fetten Überschrift drucken: »Sie können aufhören zu zählen – in dieser Zeitung sind 43 Fotos abgebildet«. In die Mitte der Zeitung ließ er eine zweite Nachricht drucken: »Hören Sie auf zu zählen. Sagen Sie dem Testleiter, dass Sie dies gelesen haben, dann gewinnen Sie 100 englische Pfund.« Eine Testperson nach der anderen überlas die beiden Überschriften.[20]

Die Teilnehmer waren derart fixiert auf den Auftrag, geladen mit Erwartungen, genau wie Marieke und Harry, dass sie weniger offen für die Wirklichkeit waren. Dieses »Geladensein mit Erwartungen« scheint ein typisches Merkmal für Menschen zu sein, die sich selbst als Pechvögel sehen. Wiseman schließt daraus: »Glückspilze besitzen die Begabung, Gelegenheiten zu erkennen, die sich ganz von allein ergeben. (…) Der Witz an der Sache ist: Je unverkrampfter sie nach etwas Ausschau halten, desto mehr sehen sie.« Genau das Gegenteil also von Marieke und Harry, die bei ihrem zwanghaften Versuch, das beste Restaurant zu finden, alles Mögliche nicht gesehen haben.

Die Geschichte von Marieke und Harry zeigt auf einfache Weise den Unterschied zwischen Suchen und Finden: Je mehr man sucht, desto weniger findet man. Der japanische Zenmeister Shunryu Suzuki Roshi sagt darüber: »In Japan haben wir den Begriff Shoshin, was soviel heißt wie ›Geist des Anfängers‹. Ziel der Übungen ist es, sich diesen Geist eines Anfängers zu bewahren. Ist der Geist leer, ist er allzeit zur Aufnahme bereit; er ist für alles offen. Im Geist eines Anfängers liegen noch viele Möglichkeiten, im Geist eines Experten nur wenige.«[21]

Suzanne C. Segerstrom kam hinsichtlich unterschiedlicher Lebenshaltungen zum gleichen Ergebnis: »Im Allgemeinen steht Optimismus im Zusammenhang mit den folgenden emotionsgerichteten Coping-Strategien: Versuche zu akzeptieren, was passiert ist, bemühe dich, auf eine andere Weise darüber nachzudenken, sprich über die Gefühle, die ausgelöst werden. Und nicht mit folgenden Verhaltensweisen: Tun, als ob es die Situation nicht gibt, etwas machen, um nicht an die Situation denken zu müssen (schlafen, trinken, fernsehen), wünschen, dass die Situation anders ist.«[22]

Der Wirklichkeit Gewalt anzutun ist eines der tiefgreifendsten Merkmale übertriebener Ja-aber-Verhaltensweise. Menschen, die eine derartige Lebenshaltung haben, erlauben sich fortwährend einen Scherz mit der Wirklichkeit. Ja-aber-Verhalten variiert vom unschuldigen »Ja, aber die Ampel war rot«, bis zum berühmtesten Ja-aber der Geschichte: »Ja, aber das habe ich nicht gewusst«. Menschen, die diese Verhaltensweise an den

Tag legen, werden dazu neigen, die Verantwortung für ihr Verhalten weit von sich zu weisen, ähnlich wie der Mörder, der seine Tat damit erklärte, dass »das Messer von allein hineinglitt« (das ist wirklich passiert!).[23]

Dies sind natürlich extreme Beispiele, aber es ist wichtig, sich klarzumachen, dass wir uns anstrengen müssen, um exakt wahrzunehmen. Wir »sehen« viel mehr als wir »sehen«. Oder hatten Sie etwa bemerkt, dass in dem Satz von Seite 85, in welchem die Sehnsüchte nach Marieke beschrieben werden, 2-mal »die« steht? Pfiffig gemacht von unserem Unterbewusstsein – wir können den Satz nämlich trotzdem in einem Rutsch lesen. Aber auch ganz schön nachlässig.

✶

Die Basis einer Ja-und-Verhaltensweise ist, Ja zur Wirklichkeit zu sagen. Die Wirklichkeit zu akzeptieren, so wie sie ist. Und das ist eine wahre Kunst. Die Dinge zu akzeptieren, wie sie sind, ist eine der größten und schwierigsten Herausforderungen des Lebens. Und mit akzeptieren meine ich wahr-nehmen. Die Realität des Moments als Tatsache akzeptieren. Manche Leute bleiben lieber in ihrem geistigen Gefängnis, im Traum von einer Welt, wie sie ihrer Meinung nach sein sollte, als sich der Wirklichkeit zu stellen. Es ist natürlich nicht verkehrt zu träumen, aber wenn man wider besseres Wissen an einem Traum festhält, dann ergibt das wenig Sinn.

Ich kannte einen jungen Mann, der sich als Sänger bezeichnete. Aber er sang furchtbar schief und krächzte wie eine Krähe. Weil er von sich selbst überzeugt war, dazu sympathisch und sehr unterhaltend, schaffte er es immer wieder, zur Kirmes, bei sämtlichen Straßenfesten und den Hochzeiten seines großen Bekanntenkreises zu singen (natürlich nur ein, maximal zwei Lieder – es war wirklich schauerlich). Zugaben brauchte er nie zu geben und das Programm der Veranstalter war immer so voll, dass »wirklich nicht mehr Platz für seine Kunst« war. Aber niemand traute sich, ihm offen zu sagen, dass er nicht singen konnte. Bis er eines Tage ein offizielles Vorsingen hatte. Man sagte ihm unumwunden, dass sein Gesang nichts tauge. Seinem Gefühl nach wurde er erniedrigt, dem Boden gleichgemacht, aber dieses Gefühl war die Folge seiner Illusion, nicht der Tatsachen. Eines der wichtigsten Dinge, die wir im Leben entwickeln sollten, ist Realitätssinn. Ein Traum ist prima, eine Illusion nicht.

Sich der Wirklichkeit zu widersetzen ist sinnlos. Warum? Weil man immer verliert. Was ist, das ist, auch wenn ich es mir anders wünsche. Dies ist die Grundlage der Ja-und-Verhaltensweise. Ich kann mir zwar wünschen, ein Mann von 25 Jahren zu sein, aber es ist nicht so. Ich kann zwar wollen, dass die Sonne scheint, aber wenn es regnet, dann regnet es. Und wenn ich meine Hand anschaue und ein Finger steht im rechten Winkel ab, dann kann ich zwar wollen, dass meine Hand wieder die ist, die sie war, aber das ist sie nicht. Wenn man gegen die Realität ankämpft, dann gibt das unweigerlich Spannungen. Wenn wir die Realität akzeptieren, so wie sie ist, dann befinden wir uns im Einklang mit unserer Umwelt.

Ein guter Blick auf die Wirklichkeit ist die Grundlage unserer Existenz und absolut notwendig, um effizient mit der Wirklichkeit umzugehen.

Die Abteilung eines Betriebes nahm an einem »Dropping« in Luxemburg teil. Die Mitarbeiter hatten zwar eine Landkarte und wussten, wo ihr Ziel lag, aber sie hatten keine Ahnung, wo genau man sie ausgesetzt (»gedroppt«) hatte. So standen sie erst einmal mitten im Wald und schauten sich ratlos um. Die Karte der Umgebung nützte ihnen nichts. Denn selbst wenn man weiß, wo man hin muss: Ohne ein klares Bild der aktuellen Realität kommt man dennoch keinen Schritt weiter.

Der Trainer und Berater Robert Fritz, der mehrere Bücher über den Prozess der Kreativität geschrieben hat, hält sogar eine schlechte Wahrnehmung der Realität für das größte Hindernis der Kreativität.

✶

Wie können wir dann die Wirklichkeit auf andere, bessere Weise wahrnehmen? Nun, einige Antworten haben wir bereits genannt. Je mehr wir erwarten, desto weniger nehmen wir wahr. Dann gilt umgekehrt: Wenn wir unsere Erwartungen nicht mehr ins Zentrum stellen, dann nehmen wir besser wahr, können wir Möglichkeiten sehen, die wir zuerst nicht gesehen haben. Untersuchungen haben ergeben, dass wir ebenfalls schlechter wahrnehmen, wenn wir emotional beteiligt sind. Je emotionaler wir sind, desto schlechter nehmen wir wahr (fassen Sie nie einen Entschluss, wenn Sie wütend sind). Eine entspannte Lebenshaltung ist eine gute Basis für eine exakte Wahrnehmung.

Außerdem können wir uns vornehmen, weniger schnell eine Meinung zu fällen, offen zu sein für das Gegenteil und einzusehen, dass wir die Wirklichkeit nicht immer begreifen müssen. Wir neigen dazu, fehlende Informationen hinzuzufügen. Doch wenn man nur Punkte sieht, ist es nicht ratsam, diese sogleich zu einer Linie zu verbinden.

Eine gute Methode, um ein genaues Bild der Wirklichkeit zu bekommen, ist es, um Feedback zu bitten. »Was habe ich übersehen? Denken andere auch so? Schaffe ich ein Problem oder ist da wirklich eines? Was denkt, fühlt, sieht ein anderer?« Vielleicht finden Sie es in manchen Fällen auch angenehm, gar keine Meinung zu haben. Der niederländische Kabarettist Toon Hermans sagt dazu: »Ich finde Nicht-Wissen immer noch wichtiger als Sehr-wohl-Wissen. Wenn man etwas nicht weiß, gibt das viel mehr Raum. Wenn man etwas weiß, ist das das Ende des Satzes, das Ende des Verstehens. Aber es gibt nichts zu verstehen. Man kann nichts verstehen. Das Leben ist ein Wunder, ein Spiel, aber verstehen tue ich es nicht. Und ich gebe mich dem Nicht-Verstehen hin.« Dem habe ich nichts hinzuzufügen.

Ja-aber
Was fehlt

Ja-und
Was ist

3. Sag Ja zu diesem Leben

In der Vergangenheit passiert nichts mehr.
Eckhart Tolle

Ich
Apeldoorn
Gelderland
Niederlande
Europa
Erde
Milchstraße
Weltall

Eine Liste wie diese habe ich als Kind gemacht. Und meine Kinder habe ich in einem bestimmten Alter dasselbe machen sehen. Aber warum tun wir das? Anscheinend gehören diese Auflistungen zu einer bestimmten Altersstufe, einer Entwicklungsphase, in der wir begreifen, was unser Platz im großen Ganzen ist, wo die Grenzen des Lebens sind.

Unser Leben und unser Körper sind untrennbar miteinander verbunden. Wir sind durch unseren Körper auf diese Erde gekommen. Wenn wir sterben, dann kann es sein, dass unser Bewusstsein vielleicht noch bleibt (wer weiß schon, was nach dem Tode ist), aber unser irdisches Leben wäre auf jeden Fall zu Ende. Unser Körper und unser Leben sind eins. Der eine kann nicht ohne den anderen. Was bedeutet das für uns? Und: Ist das nicht eine absurde Frage? Als ob wir eine Wahl hätten …

✶

»Ja« sagen zu diesem Leben hat möglicherweise eine Reihe angenehmer Seiten, aber fangen wir zunächst mit einer traurigen Mitteilung an.

Leben ist tödlich. Das klingt absurd, ist aber wahr. Natürlich ist das nichts Neues, aber dieser Gedanke widersetzt sich trotzdem ziemlich heftig unserem logischen Denken, demzufolge gilt: Je mehr ich mein Bestes gebe, desto größer die Chance auf ein Happy End. Paradoxerweise gilt aber leider oft: Je länger ich mein Bestes gebe, desto größer die Chance, dass es bald vorbei ist. Das Leben hat, gemessen an unserer Logik, etwas Absurdes. Es hat immer ein trauriges Ende, egal wie sehr man sich anstrengt.

Natürlich wissen wir alle, dass wir eines Tages sterben werden. Dennoch hat das Bewusstsein dieser Tatsache enorme Konsequenzen. Denn das Leben unterliegt Einschränkungen. Es ist ein begrenztes Projekt mit einem Anfang und einem Ende und einer relativ vorhersehbaren, zeitlichen Dauer. Ja sagen zum Leben bedeutet, die natürliche Dynamik des Lebens zu akzeptieren: Man wird geboren, lernt laufen, sprechen und denken, geht Beziehungen ein, hat vielleicht Kinder; wenn man Glück hat, kann man noch den Lebensabend genießen, und das war es dann. Egal, wie sehr wir uns darauf einstellen: Am Ende wartet definitiv der Tod. So war es abgemacht.

Ja-und sagen zu diesem Leben heißt auch, ein Leben auf dem Planeten Erde genau jetzt zu akzeptieren. Es bedeutet zu akzeptieren, dass man da geboren ist, wo man geboren ist, dass man erzogen wurde, von wem man erzogen wurde und dass die Sprache sowie das persönliche Denken zu einem großen Teil von der Kultur beeinflusst wurden, in der man als Kind aufgewachsen ist. All diese Dinge kann man nicht rückgängig machen, beeinflussen oder ungeschehen machen. Das ist es – nicht mehr und nicht weniger.

Dieses Leben zu akzeptieren fühlt sich möglicherweise an wie ein absurder Auftrag. Wo und von wem man geboren wurde, ist einer der ausschlaggebendsten Faktoren unseres Lebens. Und ausgerechnet auf diese Faktoren hat man keinen Einfluss. Einige Leute wurden mit einem sprichwörtlichen silbernen Löffel im Mund geboren, andere dagegen erleben ihre Anfangsjahre als Fehlstart, der zu einem nicht wieder einzuholenden Rückstand wird. Es ist nicht ganz unerheblich, ob man in einem »Wohlstands-Dorf« geboren wird, südlich von München, als einziger Sohn eines Arzt-Ehepaares, oder aber als viertes Kind im Zeytoun-Viertel, südlich von Gaza-Stadt, mit einer Mutter und drei älteren Schwester, die für einen sorgen.

In den ersten so entscheidenden Jahren finden alle Ereignisse ohne Zutun des eigenen Willens statt. Alles wird von anderen entschieden. Welchem Glauben die Eltern anhängen, welchen Beruf sie haben, ob es überhaupt Arbeit gibt, wie viele Geschwister man hat, ob die Familie während der eigenen Kindheit zusammenbleibt, ob man lernen darf und ob das überhaupt bezahlbar ist, wie die Regeln und Möglichkeiten der Gesellschaft sind, in die man hineingeboren wurde. Kurz gesagt, so gerne wir auch unser Leben in die eigene Hand nehmen wollen, in den ersten Jahren wird alles über unseren Kopf hinweg entschieden. Ist das fair? Nein. Das Leben ist per definitionem ungerecht. Sich hiergegen zu widersetzen ist sinnlos. Energieverschwendung. »What you see is what you get.« Nicht mehr und nicht weniger.[24]

Wäre Ihnen, um ganz und gar »Ja« zum Leben sagen zu können, mit der Vorstellung, dass im Leben alles gerecht verteilt ist, wirklich geholfen? Natürlich ist es eine verständliche Vorstellung, die auf dem Wunsch basiert, dass alles gerecht und ehrlich für jedermann zugehe. Aber ist es ein realistischer Wunsch? Oder anders gefragt: Bereitet Ihnen dieser Wunsch Stress oder aber beruhigt er Sie? Ist es ein schöpferischer, ein kreativer Wunsch? »Das ist ungerecht«, sagen Kinder ihren Eltern, wenn der eine einen Keks bekommt und der andere nicht. Aber im wirklichen Leben geht es nicht darum, Kekse zu bekommen. Der eine bekommt nun einmal mehr Kekse als der andere. Manche bekommen sogar gar nichts. Nämlich überhaupt kein Essen, während andere viel zu viel bekommen.

Mag sein, dass tatsächlich, wie einige behaupten, sich unsere Seele bewusst für dieses Leben entschieden hat, für diesen Planeten und dieses Zeitalter, mit dem Auftrag, etwas Bestimmtes zu lernen. Mag sein, es gibt ein Leben nach dem Tod. Oder vor dem Leben. Vielleicht sogar ein Leben innerhalb dieses Lebens und vielleicht, wer weiß, schweben wir alle nachts auf einer energetischen Ebene und sehen uns lachend selbst zu, wie wir versuchen, hier unten was draus zu machen. Mag sein, es gibt neben, unter oder in all dem hier einen Sinn, einen Zweck, eine Logik, eine Struktur. Mag sein, es gibt dies alles nicht. Wenn man mit einer Ja-und-Haltung das Leben betrachtet, von den Dingen ausgeht, die man sicher weiß, wenn man im Hier und Jetzt steht, hat es wenig Sinn, darüber zu hadern, was genau die Bedeutung, der Sinn, der Nutzen und die Notwendigkeit des Lebens ist. Wir werden es nie mit

Bestimmtheit sagen können. Das Leben ist, was es ist. Nicht mehr und nicht weniger.

Aber stellen Sie sich vor, dass sich Ihnen Gott eines Tages offenbart und folgende Worte an Sie richtet: »Wir haben dein Leben von hier oben so ab und an beobachtet und festgestellt, dass du es erheblich besser geführt hast als erwartet. Nach unseren Schätzungen haben wir damit gerechnet, dass du so ungefähr neunzig Jahre brauchen würdest, aber nun, nachdem du etwas über der Hälfte bist, hast du bereits all deine Ziele erreicht. Normalerweise würden wir dich jetzt zu uns holen, aber wir dachten: Warum überlegen wir das nicht mit dir gemeinsam? Außerdem schätzen wir es sehr, wenn unsere Beschlüsse auf einer guten Grundlage basieren. Deswegen darfst du selbst entscheiden. Möchtest du mit uns mitkommen oder bleibst du noch ein paar Jahre da? Beide Optionen sind in Ordnung, nur müsstest du berücksichtigen, dass, wenn du dableibst, dies nichts mehr mit Sinngebung zu tun hat. Du müsstest dir dann halt selbst ausdenken, was du zu tun gedenkst.«

Während eines Trainings habe ich Elena, einer Frau in mittlerem Alter, die gerade beschriebene Fragestellung vorgelegt. »Möchtest du mit mir mitkommen oder bleibst du noch ein paar Jahre da?« Sie war Dozentin an einer Schule in Tschernigow, einer Stadt im Norden der Ukraine. Das war kurz nach dem politischen Umsturz, ihr berufliches wie auch ihr privates Leben war bereits seit einiger Zeit unsicher und sie fragte sich ernsthaft, was der Sinn ihres Lebens sei. Obwohl sie angab, dass sie gerne Menschen helfe, konnte ich aus der Weise, wie sie darüber sprach, kein echtes »Ja« heraushören. Es klang eher wie eine Pflichtübung. Eine ähnliche Frage hatte ich bereits anderen Klienten gestellt und dabei die Erfahrung gemacht, dass die oben beschriebene Szene ihnen half, über Tätigkeiten nachzudenken, die sie gerne machten (zurzeit und auch längerfristig) und sinnvoll fanden: für die Kinder sorgen, mit dem Partner eine Weltreise unternehmen, ein Buch lesen und mehr in der Art.

Aber Elena reagierte anders: »Er darf mich mitnehmen.« Zuerst einmal war ich schockiert. Solch eine Antwort hatte ich bisher noch nie bekommen und dann auch noch so klar und deutlich. Aber genau das war ihre Antwort, und ich musste sie akzeptieren, so wie sie war.

Die Frage, vor die ich Sie stellen möchte und die ich damals auch Elena gestellt habe, ist einfach: Können Sie sich für das Leben, das Sie gerade führen, entscheiden oder nicht? Welche Dinge, mit denen Sie hier beschäftigt sind, würden Sie gerne zu Ende führen oder was würden Sie gerne noch anfangen? Das ist es, wozu Sie Ja sagen können – oder nicht. Vielleicht möchten Sie in dem Fall »nur« für die Kinder oder den Partner sorgen. Prima! Wenn Ihnen das reicht, dann ist das genug. Würden Ihre Kinder oder Ihr Partner es auch als ein »Nur« erleben? Vielleicht bleiben Sie hier, um noch eine Snowboardabfahrt auf ihrer Wii fit zu machen oder ein paar Stunden zu schlafen. Wenn Sie »Ja« zu Ihrem Leben sagen können, wenn Sie akzeptieren können, dass Sie zu diesem Zeitpunkt und an diesem Ort geboren wurden, dann haben Sie sich im Hier und Jetzt geerdet. Sie sind hier, nirgendwo anders. Und von hier aus können Sie weitermachen.

✶

Na ja, na ja und was dann …?

Ob es Ihnen gefällt oder nicht, Ihr Körper ist der Körper, den Sie haben. Ja sagen zu Ihrem Leben ist schon schwer – Ja sagen zu Ihrem Körper eine noch größere Aufgabe. Unser Körper ist ein unerschöpflicher Quell des Unbehagens. Und doch ist er das zweite »Ja«, das zur Akzeptanz Ihres Lebens gehört – der Körper, in dem wir scheinbar gefangen sind.

Ja, aber …
… ich wäre lieber ein Mann/eine Frau
… mein Busen ist zu klein
… mein Haar ist zu dünn
… ich bin nicht sportlich
… ich hab keinen Waschbrettbauch
… ich habe schmale Lippen
… ich habe einen dicken Hintern
… ich bin zu klein
… ich bin zu groß

Man kann nicht nur unzufrieden mit dem Aussehen des eigenen Körpers sein, sondern auch sehr verärgert darüber, wie der Körper sich verhält. Fangen wir mit der alles bestimmenden »Entscheidung« an, ob man ein Mann oder eine Frau ist. So schreibt Louann Brizendine, eine amerikanische Psychiaterin und Neurologin: »Während Frauen eine achtspurige Autobahn zur Verarbeitung von Gefühlen besitzen, wo bei Männern nur eine kleine

Landstraße vorhanden ist, besitzen die Männer einen riesigen Flughafen als Drehscheibe für Gedanken über Sex, während Frauen zu dem gleichen Zweck nur über eine kleine Landepiste für Privatflugzeuge verfügen.«[25]

Und egal ob wir nun Mann oder Frau sind – wir haben alle ein kompliziertes Verhältnis zu unserem Körper. Das Bewusstsein vermittelt uns, wir könnten unseren Körper steuern (geh nach links, nach rechts, nimm den Bus, halt den Mund, steh still, dreh dich um), aber in bestimmten Momenten scheint es, als ob der Körper uns steuern würde. Wir bekommen Herzklopfen, müssen auf die Toilette oder werden im falschen Moment sexuell erregt (oder auch nicht!) – kurz gesagt, wir haben zu unserem Körper eine vielschichtige Beziehung. So kann es sein, dass wir verärgert, traurig oder enttäuscht über unseren Körper sind. Er ist fehlerhaft und eigensinnig, er tut uns weh. Egal wie schwierig die Beziehung zu einem anderen Menschen auch sein kann, wir können sie jederzeit abbrechen. Bei der Beziehung zu unserem Körper hingegen ist das unmöglich. Wir sind per definitionem an ihn gebunden. Unser Bewusstsein scheint im Körper geradezu eingeschlossen zu sein. Wir können nicht einmal eben auf Abstand gehen. Oder die Beziehung kurzzeitig auf Eis legen.

»The seat of the soul is physiological«, schreibt die Biochemikerin Ida Rolf. Und die Theaterautorin und Tänzerin Gabrielle Roth sagt über das Verhältnis von Körper und Geist: »Dein Körper ist deine Grundmetapher, der Ausdruck deiner Existenz. Er ist deine Bibel, deine Enzyklopädie, deine Lebensgeschichte. Alles, was mit dir geschieht, ist in deinem Körper gespeichert und spiegelt sich in ihm wider. Dein Körper ist wissend; dein Körper spricht Bände.«[26]

Unserem Körper können wir nicht entkommen. Wir drücken uns grundsätzlich physisch aus. Und egal wie sehr wir uns bemühen, gegen Ende der Reise beginnt auch noch ein unaufhaltsamer Prozess des Abbaus. Zwischen Geburt und Tod gibt es aus physischer Sicht gesehen zwei Hauptziele: am Leben bleiben und Nachkommen produzieren. Doch kaum haben wir das Erwachsenenalter erreicht, setzt schon der unaufhaltsame Abbauprozess ein. Mit den Jahren werden wichtige Körperfunktionen wie Sehkraft, Sauerstoffaufnahme, maximaler Herzschlag und der Muskeltonus schlechter und die Anzahl der aktiven Hirnzellen nimmt ab. Geht die Reproduktionskraft des Körpers irgendwann verloren, sind wir auf Mutter Naturs Inventarliste endgültig zum abzuschreibenden Posten geworden – es lohnt sich nicht mehr, in ihn zu investieren.

Kurz gesagt, der Körper ist ein bizarres Projekt mit einem unwiderruflichen Ende. Egal wie erleuchtet, intelligent, aufmerksam, sensibel oder eins mit dem Universum wir auch sind, unser Körper ist an die gleichen unumgänglichen Grundregeln gebunden. Er kommt, wächst, pflanzt sich fort, schrumpft und verschwindet wieder vom Erdball. Mit Medikamenten, Sport, Antifaltencremes, Hormonspritzen, regelmäßigen Spaziergängen und Fahrradtouren, Anti-Stress-Workshops, Meditationen und entschlackenden Saftkuren können wir den Körper einigermaßen konservieren, aber verjüngen können wir ihn bislang noch nicht. Es ist eine Illusion zu glauben, dass man ewig jung bleibt. Im Endeffekt ist man ein Mieter mit befristetem Mietvertrag, Hauseigentümer mit unklaren Rechten und Wartungsmonteur, ausgestattet mit einer undeutlichen Bedienungsanleitung. Wenn man »Ja« zu seinem Leben sagt, sagt man also auch »Ja« zur Gesetzmäßigkeit des Lebens.

Innerhalb dieser paradoxen Realität müssen wir versuchen, eine gute Beziehung zu unserem Körper aufzubauen. Für die meisten von uns ist das ein jahrelanger Kampf, um das Gewicht, die Kondition, die Gesundheit. Was sagt uns unser Körper unter diesen schwierigen Bedingungen? Macht er mit, denkt er mit, ist er unser Verbündeter oder nützt er uns eigentlich wenig?

Das Schwierige an der Beziehung zu unserem Körper ist, dass die Kommunikation so komplex ist. Unser Körper »spricht« so undeutlich. Er hat Hunger, aber wie viel genau? Oder ist es eigentlich Durst, was ich da spüre? Wir würden gerne auf unseren Körper hören, aber was genau will er uns sagen? Wenn wir eine Zeit lang nichts gegessen haben, kann es sein, dass er uns ein derart starkes Hungersignal sendet, dass wir viel zu viel auf einmal essen. Wenn wir joggen, sagt unser Körper wahrscheinlich: »Stopp, du Idiot, mach langsamer, geh spazieren.« Aber auf dieses Signal reagieren wir absichtlich nicht, denn es heißt, es sei gerade gut, darüber »hinweg zu laufen«. Und wenn wir müde sind, fühlen wir uns fitter, nachdem wir etwas gegessen haben. Aber vielleicht sollten wir uns besser ins Bett legen und ausruhen?

✶

Dass ich nicht mein Körper bin, ist die erste Erkenntnis, um »Ja« zu unserem Leben sagen zu können. Wir leben Tag für Tag in der Illusion, dass dieser Körper mein Ich ist. Diese Annahme ist verständlich. Man sagt: »Das ist Marieke«, und was man damit meint, ist ihr äußeres Erscheinungsbild. Ihr Körper. Wenn Marieke ihrer Mutter ein Foto von sich zeigt, auf dem sie vor dem Eiffelturm steht, passiert das unter Garantie in Kombination mit dem Text: »Schau, das bin ich vor dem Eiffelturm. Schön, nicht wahr?« Das sagt man nun einmal so. Streng genommen hätte Marieke im Bewusstsein, dass Ich und Körper nicht das Gleiche sind, wohl eher sagen müssen: »Schau, hier ist die fotografische Darstellung eines Augenblicks in der Vergangenheit, auf der sich die Behausung meines Bewusstseins, die Papa und du nach meiner Geburt Marieke genannt haben, vor einem Bauwerk mit dem Namen Eiffelturm befindet. Schön, nicht wahr?« Aber das sagen wir eben gerade nicht (es wäre auch furchtbar umständlich).

Unsere Sprache wimmelt geradezu von Ausdrücken, die suggerieren, dass wir unser Körper sind. Das machen wir so konsequent, dass die Annahme, wir seien unser Körper, genauso logisch erscheint wie die Rechnung $1 + 1 = 2$. Ich werde alt, ich sehe schlecht aus, ich bin müde, ich bin angekommen, mich juckt es, ich bin aufgeregt, ich schwitze, ich habe Hunger, ich bin mit dem Rad gestürzt, ich blute. Die Art, wie wir sprechen, drückt aus, dass unsere Identität eins ist mit unserem Körper.

Unser Körper sieht jetzt anders aus als vor zehn Jahren. Und in zehn Jahren wird der Körper anders aussehen als jetzt. Dennoch sprechen wir von einem »Ich«, das konstant anwesend ist. Wir erfahren uns selbst als Einheit. Anscheinend steckt das Ich irgendwo in diesem Körper. Einmal Peter oder Paul, immer Peter oder Paul …

Der Körper ist nicht das, was wir sind. Unser Körper ist eher eine Art Behausung, zu der wir eine sehr komplizierte Beziehung haben. Zwar bin ich an meinen Körper gebunden, bin unwiderruflich ein Teil davon, aber ich bin nicht er. Sich das klarzumachen ist wichtig, denn solange man denkt, man sei sein Körper, so lange koppelt man seinen Eigenwert an ihn. Sollte man dann seinen Körper als weniger schön erleben, wird man das Gefühl haben, »Ich« sei weniger schön. Und sollte man die Erfahrung machen, dass der eigene Körper weniger kann, wird man das Gefühl haben, »Ich« kann weniger. Jede Enttäuschung über den eigenen Körper wird man als Schwäche der eigenen Persönlichkeit erfahren. Aber: Wer man ist, ist man. Ohne Wenn und Aber.

Wenn wir uns nun also bewusst sind, dass wir nicht unser Körper sind, sondern dass wir unseren Körper bewohnen, entsteht Raum für die folgende Frage: Welche Beziehung haben wir dann zu ihm?

*

Wir gehen oft davon aus, dass unser Körper das machen soll, was wir wollen. Wir sehen unseren Körper als Werkzeug, das uns gehorchen soll. Solch eine Beziehung könnte man als Herr-Knecht-Verhältnis bezeichnen. Der Körper ist der Knecht, das Bewusstsein der Herr. Das Bewusstsein steuert, erteilt Aufträge, befiehlt – und der Körper führt aus. Solange er das macht, gibt es kein Problem. Sobald er es nicht mehr macht, haben wir eines. Ist mit unserem Körper alles prima, vergessen wir ihn. Er ist nicht in unserem Bewusstsein. Erst dann, wenn unser Körper nicht macht, was wir wollen, werden wir uns seiner wieder bewusst – meist, indem wir uns über ihn ärgern. Auch dies ist eine Ja-aber-Beziehung. Wir haben zu unserem Körper nur eine gute Beziehung, solange er funktioniert. Tut er es nicht, entziehen wir ihm unsere Liebe, Wertschätzung und Unterstützung.

Genau wie für das Auto Benzin von existentieller Bedeutung ist, so sind Sauerstoff und Nahrung der Brennstoff des Körpers. Allerdings leben wir inzwischen in einer vollkommen anderen Welt als vor 5 000 Jahren. Der Körper ist hervorragend dafür geeignet, lange Zeit ohne Nahrung auszukommen. Er ist darauf trainiert, sich mit nur wenigen Kalorien weite Strecken fortzubewegen.

Er gedeiht hervorragend auf einer Nahrungsbasis aus Körnern, Nüssen und ein paar Früchten. Aber heutzutage muss er auf einmal in einer Welt funktionieren, in der die Supermärkte gefüllt sind mit den unterschiedlichsten Nahrungsmitteln, bewegt sich meist horizontal fort mit Autos, Bussen, Mopeds, Taxis und Inlineskates und vertikal mit Aufzügen, Flugzeugen und Rolltreppen. Die meiste Arbeit wird sitzend erledigt; am intensivsten benutzen wir die Muskeln der Arme und Hände (Computer) und die Stimmbänder (Kommunikation). Abends darf sich unser Körper ausruhen. Dann betten wir ihn vor den Fernseher. Aber wie entspannend ist das?

Ja-und sagen zum Körper heißt akzeptieren, dass man eine komplexe Beziehung zu seinem Körper hat. Und eine komplexe Beziehung verdient Aufmerksamkeit, Geduld und Durchsetzungsvermögen. Seinen Körper »vergessen« und erwarten, dass er tut, was man will, ist naiv. So funktioniert unser Körper nicht. Wenn man nach jahrelanger Vernachlässigung merkt, dass der Körper auf einigen Gebieten nicht mehr so gut funktioniert, ist das nicht ungerecht und ärgerlich, sondern logisch. Wenn man sein Auto regelmäßig wartet, nicht unnötig damit rast und Roststellen zeitig entfernen lässt, dann kann es durchaus lange halten. Warum sollte es beim eigenen Körper anders sein?

Mein Vater hat beinahe sein Leben lang geraucht. Ein bis anderthalb Päckchen Zigaretten am Tag. Zuerst North State und später Caballero. Als Kind nahm er mich samstags mit in die Kneipe, wo er den ganzen Tag Karten spielte. Ich bekam eine kleine Flasche Johannisbeersaft und ein Schälchen Erdnüsse. Das war die angenehme Seite. Die Unangenehme: Der Raum war vollkommen verqualmt, die Luft war zum Schneiden. Es war so schlimm, dass ich schon nach fünf Minuten mit roten, tränenden Augen nach draußen musste, um wortwörtlich Luft zu schnappen. Nach einigen Malen raus und rein hatte ich mich dann daran gewöhnt und es ging so einigermaßen.

Zigaretten und mein Vater, das gehörte zusammen. Er stand auf dem Markt, und die Planen seiner vier Stände hatten an der Rückseite unzählige Brandflecken von den vergessenen Zigaretten, die bis auf den letzten Tabakkrümel heruntergebrannt waren. Überall wo er war, bei allem was er tat: Zigarette. Den Körper morgens in Gang zu setzen nahm immer mehr Zeit in Anspruch. Zuerst klang es noch, als ob der Husten aus seinem Mund und der Kehle kam, später jedoch klang es, als ob er auf der Suche nach den tiefsten Tiefen seiner Lungen war und sie nicht zu fassen bekam. Es war nicht einmal nötig, einen Wecker zu stellen, denn das morgendliche Husten meines Vaters war Wecker genug. Er sagte immer: »Ich finde Rauchen herrlich. Wenn ich deshalb zehn Jahre früher sterbe, ist das kein Problem. Das ist es mir wert.«

Als er 62 Jahre alt war, bekam er eine sehr aggressive Form von Lungenkrebs. Bereits die ersten Anzeichen waren sehr beunruhigend. Statistisch gesehen hatte er noch circa drei Monate zu leben. Bestrahlung war zwar möglich, aber die Chancen auf Erfolg standen nicht sehr gut. Die Menschen um ihn herum, mich eingeschlossen, reagierten ungläubig und erschrocken auf diese Nachricht. War das wirklich wahr? Wie hoffnungslos war es tatsächlich? Was waren die Prognosen? Von allen Seiten bekam mein Vater nun Ratschläge. Krebsdiät nach Moerman, Gebetsheiler und natürlich zuallererst: nicht mehr rauchen. Nur für meinen Vater war von Anfang an klar, dass es jetzt eben vorbei war.

Sein Körper hatte ihm bereits die letzten Jahre beunruhigende Signale gesandt. Für ihn war die Diagnose »Lungenkrebs« vor allem eine Bestätigung dafür, wie er sich fühlte (und in dieser Hinsicht eher befreiend als beängstigend). Seinem Umfeld zuliebe hat er noch bei der ein oder anderen Therapie mitgemacht (obwohl er heimlich weiterhin rauchte, wie wir schnell entdeckten), Bestrahlung aber ließ er nicht zu. Er akzeptierte die Realität, wie sie war (und wie er es sein Leben lang bereits getan hatte).

Es war keine einfache Zeit, aber drei Monate später lag er zu Hause im eigenen Bett, mit ausreichend Morphium im Blut, um keine Schmerzen mehr zu spüren, und genügend Energie, um sich von allen zu verabschieden. Ein langer Strom von Verwandten, Freunden und Bekannten kam vorbei. Alle waren von der unausweichlichen Realität dieses Momentes geschockt, für meinen Vater jedoch war das Akzeptieren des Todes bereits kein Thema mehr. Wie bei einem Wochenbettbesuch kamen die Leute vorbei – nur dass sie nicht einen gerade geborenen, sondern einen scheidenden Erdenbewohner besuchten. Mein Vater lag da wie ein Fürst. Für die einen hatte er tröstende Worte, für die anderen etwas Geld (wie ein Mäzen hatte er sein Portemonnaie bei sich im Krankenbett; auch mein Sohn bekam 100 Euro in die Hand gedrückt). Weinend kamen die Besucher aus dem Zimmer, in dem Bewusstsein, dass sie ihn nun zum letzten Mal gesehen hatten.

Als mein Vater wirklich von jedem Abschied genommen hatte, kam unser Hausarzt, um aktive Sterbehilfe zu leisten. Kurz davor hatte ich mich von ihm verabschiedet, wissend, dass er sich mit der Realität versöhnt hatte. Dieser Tag war für mich auf wundersame Weise einer der traurigsten und glücklichsten zugleich. Ich habe meinen Vater damals als einen Mann erlebt, der sich traute, der Wirklichkeit in die Augen zu sehen. Das hatte er uns auch immer vorgelebt. Dies hat mir geholfen, mit beiden Beinen auf dem Boden zu stehen, im wahrsten Sinne des Wortes, geerdet zu sein.

Mit seinem Körper zu leben heißt nicht, sich wie ein beleidigtes Kind von ihm abzuwenden, wenn er nicht das macht, was man will. Wie etwa bei einem Spielzeug, das nicht mehr funktioniert. Man selbst und niemand anders ist für sein Wohlergehen verantwortlich. Rauchen, trinken, sich kaum oder gar nicht bewegen, ist verheerend. Ja-und zum Körper zu sagen bedeutet, die Verantwortung für seine gewissenhafte Pflege zu übernehmen.

Wenn der Körper altert, verschlechtern sich einige Funktionen. Man kann nicht mehr ganz so gut joggen, Fahrrad fahren und Gummitwist hüpfen. Es scheint geradezu, als wäre Älterwerden ein einziger großer Rückschritt. Bei genauerer Betrachtung ist dies jedoch nicht der Fall. Wird man geboren, kann man noch nicht laufen oder sprechen, sieht man fast nichts und sind die Tage nur mit Essen und Schlafen ausgefüllt. Aber der Körper wächst in enormem Tempo. So hat jede Lebensphase ihre Einschränkungen und Möglichkeiten. Selbst wenn wir physisch auf dem Höhepunkt unserer Kräfte sind, wird es Sachen geben, die wir nicht mehr oder noch nicht können. Für Gymnastik auf olympischem Niveau ist man als 16-jähriges Mädchen schon zu alt, für den Führerschein dagegen noch zu jung. Wenn wir mit einer Ja-aber-Sichtweise unseren Körper und unser Leben betrachten, sind wir nie zufrieden. Wir sind entweder zu jung oder zu alt, aber nie richtig.

Wenn wir mit einer Ja-und-Haltung durchs Leben gehen, werden wir unser Augenmerk auf die Dinge richten, die wir sehr wohl können.

> So erzählt Geert, Schauspieler und Dozent: »Seit kurzem weiß ich, dass ich im Knie Arthrose habe. Wenn ich ausreichend trainiere und krankengymnastische Übungen mache, werde ich jahrelang nichts davon merken, aber wenn ich nichts unternehme, wird es schnell schlimmer werden. Einiges geht schon nicht mehr: Fußball spielen, heftig springen. Fußball jedoch mag ich nicht, und bei meiner Arbeit als Schauspieler ist es sowieso vernünftiger, es etwas ruhiger angehen zu lassen. Vielleicht ist es gar nicht so schlecht, das ab jetzt zu tun. Ich richte den Fokus auf das, was sehr wohl noch geht. Fahrrad fahren, wandern. Bergwanderungen gehen nicht mehr. Das ist wirklich schade, aber so ist es nun einmal. Das Leben ist ein Spiel mit Punktgewinn und Punktabzug. Das gehört nun einmal dazu.«

Wir können leugnen, dass wir älter werden; wir können uns als Rentner in schwarz-rot-gelbe Hotpants zwängen; wir können das Altern übertreiben, indem wir den unerschöpflichen Quell unserer Weisheiten idealisieren oder missbrauchen, indem wir als hilflose, einsame Alte die Hilfe anderer einfordern. Wie auch immer wir mit dem Älterwerden umgehen, wir werden es als Tatsache akzeptieren müssen.

✶

Wenn wir uns jedoch auf das konzentrieren, was unser Körper kann, sind wir nicht nur zufriedener mit ihm, sondern sehen von da an ganz überraschend Möglichkeiten, die bis dahin verborgen geblieben waren.

So erwarten wir von unserem Körper, dass er morgens hellwach aus dem Bett springt, bereit, dem neuen Tag froh und energiegeladen entgegenzutreten. Ausführliche Untersuchungen in Dänemark haben jedoch gezeigt, dass nicht jeder den gleichen Biorhythmus hat. Circa 25 Prozent der Bevölkerung sind typische Abendmenschen, während nur höchstens 15 Prozent als typische Morgenmenschen bezeichnet werden können. Dem Rest, also etwas mehr als der Hälfte der Bevölkerung, ist es ziemlich egal. Dennoch hat sich die Gesellschaft, so behauptet jedenfalls der dänische Verein B-Society, der sich für die Interessen der Abendmenschen einsetzt, zu 100 Prozent nach dem Terror des Morgenmenschen ausgerichtet, wie sie es nennen. Schulen, Kindergärten und Betriebe gehen davon aus, dass die Leute zwischen 8 und 9 Uhr fit vor der Tür stehen. »Rise and shine« wird mit aktiv, gesund und vor allem normal assoziiert. Das ist die Norm. So gehört es sich. Obwohl gerade Abendmenschen zu dieser Zeit ins Bett gehören.

Ist dieser andere Biorhythmus etwa ineffektiver? Das ist tatsächlich noch abzuwarten. Morgenmenschen sind zwar im Durchschnitt zurückhaltender, gewissenhafter und weniger suchtgefährdet. Abendmenschen jedoch sind im Durchschnitt intelligenter, kreativer und weltoffener. Wenn wir sie zwingen, frühmorgens mit der Arbeit anzufangen, verschwenden wir demnach Talent. Und nicht irgendein Talent, sondern kreatives Talent, das die heutige Gesellschaft so dringend benötigt, genauso wie die industrielle Gesellschaft einen großen Bedarf an Morgenmenschen hat.

Indem das dänische Familienministerium eine Ja-und-Haltung annahm – und sich fragte, wo liegen die spezifischen Talente und Möglichkeiten der Abendmenschen? –, fing sie an, eine Reihe von Initiativen wie Kindergärten und Schulen zu unterstützen, die später öffneten beziehungsweise den Unterricht begannen und dementsprechend später zu Ende waren. Initiativen, die zum Zeitpunkt der Entstehung dieses Buches in größerem Umfang Nachfolger zu finden scheinen.[27]

Die dänische Initiative wirft eine wichtige Frage auf: Muss sich unser Körper an die Systeme, die wir uns ausgedacht haben, anpassen, beziehungsweise wählen wir sie als Ausgangspunkt, wie unser Körper funktionieren muss, oder passen wir die Systeme an unseren Körper an und beobachten wir, wie der Körper funktionieren kann?

So könnte man sich darauf konzentrieren, Blinden bei dem zu helfen, was sie nicht können. Dies könnte man die Ja-aber-Strategie nennen. Der Blick der Funktionseinschränkung, Hilfsmittel und Anpassung. Wenn man aber den Blick auf das richtet, was Blinde möglicherweise sehr wohl können, tun sich auf einmal ganz andere Möglichkeiten auf. Wer nicht sehen kann, muss notgedrungen andere Sinne besser entwickeln. So sind die Fingerspitzen durch das Lesen der Blindenschrift viel sensibler und deswegen extra »trainiert«. In Nordrhein-Westfalen ist aufgrund dieser besonderen Fähigkeit das Versuchsprojekt *Discovering Hands* gestartet worden, bei dem blinde Frauen wie ein lebender Scanner eingesetzt werden, Brustkrebs bereits im Frühstadium zu ertasten. Ärzte sind in der Lage, Fibrome ab einer Größe von wenigstens einem Zentimeter zu ertasten, Blinde hingegen, die dafür ausgebildet wurden, können Fibrome bereits ab drei Millimetern erspüren. Eine unglaublich wichtige Verbesserung: Schließlich kann die Früherkennung von Krebs lebenswichtig sein. Und das im wortwörtlichen Sinne. Das Schlimme ist doch, dass Krebs oft erst entdeckt wird, wenn es schon zu spät ist. Denn Krebsgeschwüre wachsen exponential. Man könnte also sagen, dass ein 3-mal so großes Fibrom ein 30-mal weiter entwickeltes Stadium bedeutet. Eine frühzeitige Erkennung des Krebses ist demnach lebenswichtig.

Jeanette Brittner ist blind und hat als Mitarbeiterin bei diesem Projekt ebensolche Untersuchungen schon an Patientinnen durchgeführt. Sie erzählt: »Früher wollte ich lieber eine sehende und keine blinde Sekretärin sein. Jetzt weiß ich, dass diese Behinderung für den Beruf der Tastuntersucherin eine Gabe ist.« Dank dieser neuen Aufgabe und Einsicht fühlt sie sich als nützliches Mitglied der Gesellschaft.[28]

Ein vergleichbarer Fall ist Thomas Edison, der von seinem zwölften Lebensjahr an vollkommen taub war. Diese »Behinderung« schützte ihn davor, seine Zeit nicht etwa mit Schwätzchen mit Arbeitskollegen zu verschwenden, sondern sich stattdessen auf seine Versuche zu konzentrieren. Ebenso der Psychologe Milton Erickson, der von vielen als der Vorläufer des NLP und der positiven Psychologie angesehen wird. Er litt an Kinderlähmung, die ihn nach einer teilweise gelungenen Genesung sogar ein zweites Mal heimsuchte.

Anstatt dies als Nachteil anzusehen, erklärte er, dass er hierdurch anderen gegenüber einen enormen Vorteil hatte: Es versetzte ihn in die Lage, die Menschen intensiv zu beobachten und ihr Verhalten zu studieren.

✶

Auf unseren Körper zu hören kann eine unangenehme Aufgabe sein, denn manchmal macht er uns mit Nachdruck auf etwas aufmerksam, wofür wir aus psychologischer Sicht noch nicht bereit sind. In solchen Momenten zieht der Körper oftmals die Notbremse. Die bekannteste körperliche Reaktion ist Burnout, eine Form von extremer Erschöpfung und Müdigkeit.

Joop van den Ende, einer der erfolgreichsten Unternehmer der Niederlande, hatte sich aus eigener Kraft hochgearbeitet. Er ist die niederländische Verkörperung des *American Dream*. Mit 58 Jahren bekam er ein Burnout. Er saß auf der Rückbank seines BMWs, als sich die ersten Anzeichen zeigten: »Es fühlte sich an, als würden meine Augen im Schädel explodieren.« Er ließ sich nach Hause fahren, legte sich ins Bett und rief seinen Arzt an, der zwanzig Minuten später einen alarmierend hohen Blutdruck feststellte. Seine Diagnose war ebenso eindeutig wie unausweichlich. »Ich konnte nichts mehr. Rasende Kopfschmerzen, Schweißausbrüche, Schüttelfrost, unendliche Müdigkeit. Ich fühlte mich wie eine Pflanze im Gewächshaus.«

Ein Burnout zu erleiden ist vielleicht die heftigste menschliche Erfahrung, wenn es um den Moment geht, in dem sich Krise und Chance berühren. In erster Instanz scheint alles verloren zu sein, so als ob die Welt zusammenbricht. Aber im Laufe der Zeit entwickeln sich neue Einsichten. Man stellt mit rückwirkender Kraft fest, dass man schon eine ganze Weile Raubbau am Körper betrieben hat. Der niederländische Autor und Coach Frank Schaper meint dazu: »Meiner Ansicht nach ist ein Burnout der dramatische Abschluss einer Lebensphase. Durch diesen heftigen Einschnitt kann aus dem Burnout eine neue Lebensphase entstehen, in der die Genesung des Körpers und Geistes oberste Priorität hat und persönliches Wachstum stattfinden kann. Es ist ein lebensverlängernder Eingriff, der einem eine zweite Chance gibt. Vergleichbar mit einem leichten Schlaganfall.«

Dina Glouberman lässt in ihrem Buch *Burnout* Menschen zu Wort kommen, die ihren Zusammenbruch ebenfalls als zweite Chance begreifen. »Mein Burnout versetzte mich in die Lage, Aufrichtigkeit und Wahrheit zu finden und in die Zukunft zu schauen.« »Es war die Entwicklung eines spirituellen Weges, so dass die Seele erstrahlen konnte.« »Früher war ich wie ein Auto, das nur zwei Gänge benutzte. Diese beiden Gänge habe ich verschlissen und entdeckte dann, dass ich noch ein paar weitere Gänge hatte, die noch wie neu waren. Ich lebte wie in einer kleinen Kapsel; jetzt lebe ich in einer großen Welt.«[29]

*

Das Leben ist nicht unendlich. Es ist per definitionem angesichts der Zeit und unserer physischen Möglichkeiten ein begrenztes Projekt. Wir stellen uns allerlei fantastische Geschichten vor über die großen Dinge, die wir in diesem Leben tun wollen. Wenn wir zehn sind, wollen wir Polizist werden oder Stürmer bei Manchester United, Prinzessin, Model oder Popstar. Und manchmal werden wir das auch. Wunderbar. Aber egal wie fantastisch, großartig und innovativ wir auch sind, unser Leben ist von vorneherein eingeschränkt, was Zeit und Raum betrifft. Auch, oder vielleicht sogar gerade, für Popstars, Polizisten und Stürmer von Manchester. »Leben« fängt damit an, genau diese Begrenztheit zu akzeptieren. Es ist zu begrenzt, um es nicht in vollen Zügen zu genießen.

> Ein Zen-Mönch fiel von einem Felsen. Während des Falls sah er eine prächtige Blume. Hatte er Angst vor dem Aufprall? Nein, damit war er gar nicht beschäftigt. Der Aufprall gehörte zum »Gleich«. Wieso sollte er sich »jetzt« darüber Sorgen machen? Er bewunderte die Blume.

Ja-aber

Das Leben ist zu kurz

Ja-und

... um es nicht in vollen Zügen zu leben

4. Sag Ja zu deiner Intuition

Wenn man keine Intuition hat,
kann einem keine einzige Methode helfen.
Eliyahu M. Goldratt

Als ich dieses erstmals 2005 erschienene Buch überarbeitete, stellte ich fest, dass bis zu diesem Kapitel das Schreiben eigentlich recht zügig ging. Ich hatte mir einen Aufbau ausgedacht – Anfang, Mittelteil, Ende – aber als ich mit diesem Kapitel beginnen wollte, verspürte ich einen merkwürdigen Unwillen. Lag es am Thema? Also sah ich alles noch einmal durch, kontrollierte den Aufbau. Nein, alles war im Prinzip deutlich. Schöne und gute Beispiele, logische Einteilung. Ich verstand mein Unbehagen nicht. Früher hätte ich mich darüber hinweggesetzt. Nicht meckern, durchbeißen! Jetzt aber vertraute ich darauf, dass mir mein Gefühl etwas deutlich machen wollte. Ich beschloss, an diesem Abend mit dem Schreiben aufzuhören, etwas anderes zu tun. Am nächsten Morgen stand ich auf und wusste sofort, warum ich nicht weiterkam. Es war das Thema! Die Überschrift hatte lauten sollen: »Sag »Ja« zu Gefühlen.« Das war das falsche Thema! Gefühle sind wie Gedanken. Sie sind wertvoll, wichtig, enthalten sinnvolle Informationen – aber sie sind im Grunde genommen flüchtig. Sie kommen und gehen. An und für sich nicht so interessant. Im gleichen Augenblick wusste ich, worüber ich stattdessen schreiben wollte: nämlich darüber, wohin uns unsere Gefühle führen. Die Intuition.

✶

Der britische Neurologe Oliver Sacks, bekannt für seine Geschichten über neurologische Abweichungen, erzählt von einem Mann, dessen kognitives Vermögen vollständig intakt war, aber dessen Teil des Gehirns, in dem die Gefühle verarbeitet werden, schwer beschädigt wurde. Sacks trifft den Mann, kurz bevor er zum Zahnarzt gehen will. Der Mann ist gerade damit beschäftigt abzuwägen, wie er am besten dorthin kommt. Mit der Straßenbahn, dem Fahrrad oder zu Fuß? Laufen wäre natürlich das billigste Transportmittel, das würde aber auch länger dauern. Die Straßenbahn kostet zwar Geld, geht jedoch um einiges schneller, ist aber nicht so schnell wie ein Taxi. Und ein Taxi ist am schnellsten und außerdem am komfortabelsten, aber um vieles teurer. Es kostet den Mann so viel Denk- und Rechenarbeit, alle Vor- und Nachteile abzuwägen, dass er schließlich den Termin beim Zahnarzt verpasst. Überhaupt nicht mehr dort erscheint.

Warum hat sich der Mann in seinen Abwägungen verrannt? Weil die Fragestellung, wie man mit rein rationalen Überlegungen am besten zum Zahnarzt kommt, schlichtweg zu komplex ist, um sie in kurzer Zeit zu beantworten. Und wieso konnte der Mann nicht zu einem Entschluss kommen? Was fehlte ihm, um sich für eine Möglichkeit zu entscheiden? Die Intuition, das »emotionale Wissen«, dass die Frage, wie man zum Zahnarzt kommt, überhaupt nicht so wichtig ist.

Oliver Sacks benutzt diese Geschichte, um zu zeigen, dass jede Entscheidung im Grunde vom Gefühl her entschieden wird und nicht vom Verstand. Intuition ist ein essenzieller und untrennbarer Teil unseres Denkens. Mehr noch: Ohne Intuition können wir gar nicht logisch denken.

✶

Wir glauben, denn so wird es uns von klein an beigebracht, dass wir Entscheidungen mit dem Verstand treffen müssen. Denk gut nach, zähl bis zehn, erst denken – dann lenken. Wenn wir eine wichtige Entscheidung treffen wollen, dann ist das Einzige, was wir machen müssen, eine Liste aufzustellen. In die rechte Spalte schreiben wir die Pros, in die linke Spalte die Contras, dann wägen wir ab und treffen eine vernünftige, wohlüberlegte Entscheidung. Bei einfachen Problemstellungen wie dem Kauf einer Zahnbürste funktioniert diese Methode vielleicht noch gut, aber bei komplexeren Entscheidungen, wie der Entscheidung über den Kauf eines Hauses, zu heiraten oder ein Kind zu bekommen, versagt die Methode erbärmlich. Zuallererst einmal ist es unmöglich, die unterschiedlichen Variablen miteinander zu vergleichen. Denn nehmen wir einmal an, wir beurteilen unseren Partner in der linken Spalte mit positiven Eigenschaften wie »überdurchschnittlich attraktiv«, »empathisch«, »kann gut haushalten« und in der rechten mit negativen Eigenschaften wie »unaufmerksam«, »schlechtes Durchsetzungsvermögen«, »Suchtcharakter«. Wie wägt man diese Eigenschaften gegeneinander ab? Das ist, als würde man Äpfel mit Birnen vergleichen.

Zum anderen, und das ist vielleicht noch viel wichtiger, wie schätzt man die Zukunft ein? Was sind die Folgen einer bestimmten Entscheidung? Egal wie gut man nachdenkt, die Einschätzung, was in Zukunft passieren wird, geschieht rein nach Gefühl – dem Blick in die Kristallkugel. Egal wie wir glauben, Entscheidungen zu treffen, letztendlich entscheiden wir uns immer intuitiv.

Der Neurologe Yves von Cramon, Direktor des Max-Planck-Instituts in Leipzig, behauptet sogar: »In unserer angeblich so überhellen Welt ist das Vorurteil unbesiegbar, dass alles rational zu entscheiden ist. Die meisten Entscheidungen des Menschen, vielleicht 90 Prozent, gehen auf die Intuition zurück.«[30]

Im Prinzip ist es also unmöglich, eine Entscheidung ohne seine Intuition zu treffen. Wenn man nur seinem Verstand vertrauen wollte, würde man sich schnell in derselben Situation befinden wie der Patient von Oliver Sacks: im Zustand vollkommener Entschlusslosigkeit.

Das Gleichnis von Buridans Esel fasst diese Entschlusslosigkeit treffend zusammen. Ein Esel steht zwischen zwei Heuhaufen von exakt der gleichen Größe. Weil er sich nicht entscheiden kann, von welchem Haufen er essen soll, verhungert er schließlich.[31]

✶

Dass wir lieber unserem Verstand als unserem Gefühl vertrauen, kann manchmal sogar ziemlich schmerzliche Konsequenzen haben.

> José: »Ich habe mich im Spanienurlaub in Joaquin verliebt. Die ersten Wochen waren wild und leidenschaftlich. Eine intensive Sommerliebe. Auch nach der Rückkehr in die Niederlande sehnte ich mich nach ihm. Der Kontakt, den wir dann über das Internet aufrechterhielten, verstärkte meine Sehnsucht nur noch. Wir schrieben uns unzählige E-Mails, machten Zukunftspläne. Kinder kriegen, ein Café eröffnen. Wir trafen uns in

diesem Jahr zwei Mal. Beide Male spürte ich deutliche Anzeichen, dass etwas nicht stimmte.

Als er beim ersten Treffen in Schiphol aus dem Gate kam, hatte ich, sobald ich ihn sah, ein komisches Gefühl im Bauch. Ein leichtes Unbehagen. Beinah so etwas wie Widerwillen. Ich weiß noch, wie mich das wunderte. Dies war doch der Mann meines Lebens? Bei unserem nächsten Treffen, da besuchte ich ihn in Spanien, im Baskenland, machte ich eine ähnliche Erfahrung. Das Flugzeug näherte sich dem Flughafen, und ich erwischte mich erneut dabei, wie ich mich unwohl und unruhig fühlte. Fast wie Übelkeit.

Im Nachhinein kann ich sagen, dass ich eigentlich von Anfang an wusste, dass wir nicht zusammenpassten. Aber die ersten Wochen waren so fantastisch gewesen, dass ich mir einfach in den Kopf gesetzt hatte, mit diesem Mann glücklich zu werden. Unser Mailverkehr ging weiter, und nach anderthalb Jahren entschloss ich mich definitiv, ins Baskenland zu ziehen und mit ihm dort ein Café zu eröffnen. Ich packte meine Koffer, meine Eltern brachten mich zum Flughafen – während der gesamten Autofahrt blieb ich sehr still. Alle Versuche meiner Eltern, das Gespräch in Gang zu halten, beantwortete ich mit einem kurzen Nicken oder einem »Mhm«. Aber in mir drin schrie alles: Nein, nein, geh nicht, kehr um! Und dennoch machte ich weiter.

Letztendlich habe ich es noch sechs Monate mit Joaquin ausgehalten. Schon nach zwei Tagen hatten wir einen heftigen Streit über die Terrassenstühle und -tische. Unsere Liebe war innerhalb eines Monats abgekühlt. Nach zwei Monaten schliefen wir bereits getrennt, was bis zum Ende meines Aufenthalts so bleiben sollte. Mit seiner Familie verstand ich mich nicht gut, mein Spanisch war die reinste Katastrophe und die wenigen Kunden, die kamen – wir standen in heftigem Konkurrenzkampf mit einem Café ein Stück die Straße hinauf, in das das Dorf seit vielen Jahren ging – jammerten die ganze Zeit über meine Tapas, von denen man erwartete, dass ich sie mit großer Koch-, Back- und Bastelkunst zubereitete und im Überfluss auf die Theke zaubern konnte. Egal was ich machte, es war nie gut genug. Nach zigfachen Gesprächen, Sitzungen, unzähligen Heulanfällen und Tausenden E-Mails mit meiner Schwester habe ich nach sechs Monaten meine Koffer gepackt und bin wieder zurück in die Niederlande geflogen.«

Genau wie José finden wir es oft schwierig, unserem Gefühl zu vertrauen. Logisch. Emotionen sind oft flüchtig und unergründlich. Unser

Verstand hat ein Bedürfnis nach Sicherheit und Halt. Was hat dies zur Folge? Wir lernen, unseren Gefühlen zu misstrauen – oder noch schlimmer – sie zu verdrängen; so zu tun, als ob es sie nicht gäbe. An und für sich ist das verständlich. Die Natur hat uns mit äußerst unterschiedlichen, manchmal sogar sehr gefährlichen Emotionen bedacht. Wenn ein Manager in einem Bürogebäude in Buxtehude sich an einem Freitagnachmittag während eines Personalumtrunks durch den Scherz eines seiner Mitarbeiter beleidigt fühlt, spürt er vielleicht den Drang, dem Kollegen mit dem Locher den Kopf einzuschlagen, aber diese Reaktion wäre unverhältnismäßig heftig. Und auch gar nicht klug.

Es wird von uns erwartet, dass wir unsere Gefühle und Impulse beherrschen, und das ist gut so. Mit der Regulation und Kontrolle unserer Triebe hat die Menschheit in den letzten Jahrtausenden alle Hände voll zu tun gehabt. Man denke nur an die Zehn Gebote oder das Strafgesetzbuch.

Als Folge dieser Sozialisation haben wir eine ambivalente Beziehung hinsichtlich unserer Gefühle aufgebaut. Wir neigen dazu, unsere Gefühle in zwei Kategorien einzuteilen. »Gute Emotionen« (Liebe, Anteilnahme, Empathie) und »schlechte Emotionen« (Aggression, Hass, Eifersucht). Daraufhin haben wir zwei Verhaltensweisen entwickelt: Wir verdrängen schlechte Emotionen und heißen gute Emotionen willkommen. Aber beide Strategien haben einen Umkehreffekt. Was man verdrängt, kommt später wieder zurück und dann in verstärkter Form. Und was man zu finden versucht, scheint sich immer weiter weg zu bewegen. Es ist wie die Suche nach dem heiligen Gral oder dem Topf voll Gold am Ende des Regenbogens. Das Tragische ist nämlich, dass meist das Gegenteil passiert: Je mehr wir uns anstrengen, glücklich zu sein, desto unglücklicher werden wir.

In einem Experiment wurden Testpersonen gebeten, sich *Le Sacre du Printemps* von Strawinsky anzuhören. Die erste Gruppe bekam keine weiteren Instruktionen, sie sollte einfach nur zuhören. Der zweiten Gruppe wurde gesagt, sie sollten sich von der Musik aufmuntern lassen, und die dritte Gruppe wurde gebeten, zu beobachten, wie sie sich mit der Musik fühlten. Das Ergebnis: Am meisten stieg die Stimmung bei der ersten Gruppe.[32]

Anscheinend führt unbefangenes Zuhören zum größten Genuss. Und das bedeutet, so schreibt Suzanne C. Segerstrom in ihrem Buch

Optimisten denken anders, dass, wenn man im Konzertsaal sitzt mit der Erwartung, sich von Strawinskys Musik aufmuntern zu lassen, man im Grunde erreicht, dass genau dies nicht passieren wird. Indem man nämlich fortwährend daran arbeitet, sich glücklich zu fühlen, hält man sich selbst davon ab, glücklicher zu werden. Dass Drogen wie Alkohol, Nikotin und andere abhängig machen, hat auch mit diesem angenehmen Nebeneffekt zu tun: Negative Gefühle können mittels Drogen durch positive ersetzt werden. Wenn man trinkt, fühlt man sich gut. Alkohol macht unsichere Leute mutig und gestresste entspannt.

Doch Gefühle zu verdrängen oder zu manipulieren ist sinnlos. Der Psychologe Daniel Goleman verweist in diesem Zusammenhang darauf, dass Menschen grundsätzlich nicht in der Lage sind, Gefühle zu produzieren. »Gefühle kommen über einen.« Wir können höchstens versuchen, sie zu begreifen und in gute Bahnen zu lenken, viel mehr können wir mit unserem bewussten Verstand nicht tun. Und doch ist das Verdrängen von Gefühlen genau das, was José gemacht hat. War ihr Entschluss, nach Spanien zu ziehen, impulsiv? Nein! Im Gegenteil. Sie hat sich anderthalb Jahre Zeit gelassen, sie hat ihren Verstand gut genutzt und nicht nur auf ihr Gefühl gehört. In dem Moment nämlich, als Joaquin aus dem Gate kam, wusste sie bereits, dass er nicht der Richtige war. Im Bruchteil einer Sekunde. Und genau das ist Intuition. Was wir über den Verstand in anderthalb Jahren nicht herausbekommen, sagen uns unsere Gefühle innerhalb eines Sekundenbruchteils. Wir verfügen über ein fantastisches, intuitives Wissen. Die Frage ist jedoch: Wie können wir lernen, darauf zu vertrauen? Und wie funktioniert Intuition?

✶

In den letzten Jahren wurde viel über unser intuitives, unbewusstes Wissen geforscht, die Wissenschaft kommt in schneller Folge mit immer neuen Ergebnissen. War das »Unbewusste« zu Freuds Zeiten noch eine recht zwielichtige Angelegenheit – es war das Souterrain unseres Bewusstseins, ein Sammelbecken verdrängter Traumata aus der Kindheit und sexueller Störungen –, gewinnt heutzutage das Unbewusste zusehends an Popularität. Und je mehr wir darüber erfahren, desto überraschender wird sein Potenzial. Das Unbewusste ist eine noch größtenteils unbekannte Denkkraft. Wir stehen am Anfang einer inneren

Entdeckungsreise, wenn es um die Spezifizierung der Fähigkeiten des Unbewussten geht.

Von allen Untersuchungen, die ich in letzter Zeit gelesen habe, finde ich die von Pawel Lewicki, Professor für Psychologie an der Universität Tulsa in Oklahoma, am beeindruckendsten, wenn es darum geht, die Kraft unserer Intuition zu verdeutlichen.

Bei einem seiner Experimente setzte Lewicki seine Testpersonen vor einen Computerbildschirm, der in vier Felder aufgeteilt war. In den vier Feldern erschienen Zahlen, immer wieder neue. Die Aufgabe für die Teilnehmer war einfach: Sie mussten eine bestimmte Zahl, zum Beispiel die Sechs, suchen, wenn sie nur einmal in dem Bild vorkam. In drei der vier Felder befand sich dann keine Sechs, aber im vierten Feld sehr wohl. Dieses Feld mussten sie mit der Maus anklicken. Danach kam ein neues Bild. Wieder mussten die Teilnehmer das Feld mit der Sechs anklicken.

Bei diesem Test ging es einzig und allein darum, wie schnell die Teilnehmer die Sechsen fanden. Der Computer maß die Reaktionsschnelligkeit. Die Testpersonen bekamen sieben verschiedene Bilder gezeigt – das nennt man einen Trial – dann folgte eine kurze Pause. Nach der Pause kam ein neuer Trial, wieder eine Pause und so weiter. Bis zu dem Zeitpunkt war das noch nichts Ungewöhnliches. Für die Teilnehmer sah es so aus, als sei die Reihenfolge der Sechsen willkürlich, und das war auch beinahe so. Alle Sechsen wurden zufällig in einem der vier Felder platziert, bis auf die letzte Sechs des Trials: Im siebten Bild erschien die Sechs immer in einem vorhersagbaren Feld. Wo also die Sechs im 7., 14., 21. und 28. Bild stand, das entsprach einer logischen Reihe. Die Forscher hätten eine einfache Formel dafür benutzen können, zum Beispiel: In Bild 7 steht die Sechs links oben, in Bild 14 rechts oben, in Bild 21 rechts unten und so weiter (und selbst dann wäre es für die Testpersonen schier unmöglich gewesen, irgendwelche Regelmäßigkeiten zu entdecken), aber sie benutzten stattdessen eine äußerst schwierige mathematische Formel. So kompliziert, dass selbst Mathematiker erst nach langem Betrachten der Bilder die Zahlenreihe und die Formel knacken konnten.

Das Ergebnis? Die Reaktionsschnelligkeit der Testpersonen war bei den Bildern aus der Siebener-Reihe nach einiger Zeit höher als bei den anderen Bildern. Scheinbar »wussten« die Testpersonen bei jedem siebten Bild, wo die nächste Sechs stehen musste. Die Schlussfolgerung lautete dann auch, dass das Gehirn auf unbewusste Weise in der Lage ist, die kompliziertesten mathematischen Muster erkennen und vorhersehen zu können. Aber als die Forscher die Testpersonen nach Beendigung der Aufgabe fragten, ob sie das Muster erkannt hätten, hatten diese nicht die leiseste Ahnung.

Das Ergebnis des Experiments war so unerwartet und bizarr, dass die Forscher beschlossen, einen neuen Test mit den Kollegen durchzuführen. Diese als Testpersonen fungierenden Kollegen wussten allesamt, was der Test erforschen sollte. Auch sie klickten brav die Sechsen an – nach ihrem Gefühl gab es keinen Unterschied im Reaktionsvermögen – und auch sie konnten kein Muster erkennen, obwohl sie wussten, dass es eines gab. Auch bei den Kollegen erhöhte sich die Reaktionsschnelligkeit bei jedem siebten Bild. Auch ihr Unbewusstes hatte anscheinend die mathematische Formel geknackt. Als sie die Daten mitgeteilt bekamen, beschuldigten einige sogar Lewicki, er habe die Ergebnisse zugunsten des Experiments verändert, so unvorstellbar fanden sie das Resultat.

Daraus lässt sich ableiten, dass wir unbewusst komplizierte Informationsmuster erkennen und benutzen können, die wir bewusst nicht oder kaum kennen und begreifen.[33] Im Vergleich zu unserem Unterbewusstsein ist unser bewusstes Denken äußerst langsam und eingeschränkt. Der Nimwegener Sozialpsychologe Aap Dijksterhuis stellte fest, dass unser Unterbewusstsein 200 000-mal mehr Informationen verarbeiten kann. Etwas anschaulicher ausgedrückt: Wenn unser Bewusstsein eine Maßeinheit von einem Meter wäre, dann wäre unser Unterbewusstes die Strecke von Leipzig nach Berlin.

Auch Malcolm Gladwell beschreibt in *Blink! Die Macht des Moments* viele Experimente, die die obenstehende Behauptung unterstützen. So erzählt er zum Beispiel vom Ankauf einer griechischen Skulptur durch das Getty Museum in Kalifornien. Es ging um die Summe von gut zehn Millionen Dollar. Dies war der erste, wirklich große Ankauf des Museums. Vierzehn Monate lang hatten Spezialisten die Echtheit der Skulptur untersucht. Kurz bevor die Transaktion stattfinden sollte, besuchte Evelyn Harrison, eine der weltweit führenden Expertinnen auf dem Gebiet griechischer Plastiken, das Museum. Nach einem ersten Blick auf die Skulptur hatte sie den Eindruck, es handele sich um eine Fälschung. Warum? Harrison konnte es gar nicht sagen. Es war mehr »eine Ahnung, ein instinktives Gefühl, dass mit dem Jüngling irgendetwas nicht in Ordnung war«, so beschreibt Gladwell ihre Reaktion.

Als man später weitere Experten hinzuzog, machten diese ähnliche Erfahrungen. Einige erlebten die Skulptur als irgendwie falsch, anderen lief ein Schauer über den Rücken oder sie überkam ein Gefühl »intuitiver Abneigung«.

Die Statue wurde noch einmal untersucht, die Abstammungspapiere geprüft und nach einer Weile kam man zu dem begründeten Ergebnis, dass die Statue eine Fälschung sei – »das Gefühl« der Experten war bestätigt. Gladwell schreibt: »Auf den ersten Blick, innerhalb von zwei Sekunden, wussten [die Experten] mehr über das Wesen der Statue als ein Team des Getty Museums nach vierzehnmonatigen Untersuchungen.«[34]

Intuition kann gepaart mit Gefühlen auftreten, aber oft »wissen« wir etwas schon oder wir haben bereits eine bestimmte Ahnung, lange bevor unser Gefühl und erst recht unser Bewusstsein darauf kommt. Man könnte auch sagen: Die Intuition ist rasend schnell und geht als Erste durchs Ziel, danach belegen die Gefühle einen guten zweiten Platz und unser Verstand kommt als Letztes im Schneckentempo, kurz vor dem Besenwagen.

> Antoine Bechara, Assistent des Forscherehepaares António Rosa und Hanna Damásio, ließ Testpersonen an einem Tisch mit vier Kartenstapeln Platz nehmen, zwei grünen und zwei blauen. Bechara ließ Sensoren auf den Händen der Testpersonen befestigen, Auf den Karten standen Geldbeträge, die die Testpersonen manchmal bezahlen mussten, manchmal aber auch bekamen. Aber welche Karte Gewinn oder Verlust bedeutete, wussten die Testpersonen nicht. Was war also die Bedeutung der Karten? Die blauen erbrachten viel Geld, aber man musste auch bezahlen. Die grünen ergaben niedrigere Gewinne, aber auch niedrigere Verluste. Prinzipiell war es am günstigsten, die grünen Karten umzudrehen. Um herauszufinden, welche Karten die günstigeren waren, mussten die Teilnehmer eine Weile lang Karten umdrehen. Das Ziel des Experiments war, herauszufinden, wann die Testpersonen das Prinzip entdecken würden.
>
> Im Durchschnitt musste eine Testperson fünfzig Karten umdrehen, um zu ermitteln, dass die grünen Karten die beste Option waren. Zu diesem Zeitpunkt hatten sie schon herausgefunden, dass die blauen zwar größere Gewinne einbrachten, aber auf lange Sicht – weil sie auch größere Verluste verursachten – ungünstiger waren. Das Interessante war: Der »Körper« hatte schon viel schneller gelernt. So nahm bereits nach zehn Karten die

Schweißabsonderung zu, und es war eine Art Reflex messbar, den blauen Kartenstapel zu vermeiden. Auch dies zeigt, der Körper »weiß« etwas und ist in der Lage, Entscheidungen zu treffen, lange bevor die Gefühle oder der Verstand vom Unterbewusstsein informiert worden sind.[35]

John Bargh, Psychologe an der Yale Universität, kommentierte dieses Ergebnis: »Das Unterbewusstsein hat eine direkte Verbindung mit der motorischen Steuerung des Gehirns. Die Muskeln bewegen sich automatisch in Richtung der guten Dinge und ziehen sich vor den schlechten zurück.«[36]

Die Geschwindigkeit, mit welcher der Körper auf die Außenwelt reagieren kann, wird von Gladwell treffend anhand des Beispiels eines Rennfahrers beschrieben, der sich mit hoher Geschwindigkeit einer Linkskurve nähert, hinter der sich gerade ein Unfall ereignet hat. Weil der Unfall erst einige Sekunden her ist, stehen vor der Kurve noch keine Männer, die die Fahrer mit Flaggen warnen. Dennoch bremst der Rennfahrer ab. Warum? Weil er »weiß«, dass etwas nicht stimmt. »Ich näherte mich der Kurve, und normalerweise schaut das Publikum dann in meine Richtung. Sie möchten sehen, wie man die Kurve angeht. Aber jetzt bemerkte ich, dass alle Zuschauer nach rechts schauten, hinter die Kurve. Wieso sollte sonst jeder in die andere Richtung sehen? Ich habe intuitiv gebremst. Wie es schien, zu Recht.«

Wissen, ohne zu wissen, ist die kürzeste Definition von Intuition. Man weiß etwas, ohne zu wissen, woher man es weiß. Der Körper handelt vollkommen automatisch, manchmal gekoppelt an eine emotionale Erfahrung oder, wie beim Anklicken am Computerbildschirm oder dem Wählen der richtigen Karten, sogar ohne emotionale oder intellektuelle Erfahrung – vollkommen selbstständig. Es sieht ganz danach aus, als sei der Körper in der Lage, ohne den Verstand intelligent zu handeln. Und in den allermeisten Fällen handeln wir intuitiv viel intelligenter. Ap Dijksterhuis kommt dann auch zu der treffenden Kernaussage: »Es ist schlichtweg am besten, intuitiv zu denken.«

✶

Ein Teil unserer Intuition ist angeborenes, instinktives Verhalten. So werden zum Beispiel Eltern ihr Baby instinktiv versorgen und beschützen, wohingegen sich frisch geborene Reptilienjunge vor ihren Eltern verstecken müssen, um nicht aufgefressen zu werden. Weibliche Babys interessieren sich mehr für Gesichter als Jungen, die mehr Interesse daran haben, Gegenstände zu betrachten. Warum? Weil solches und ähnliches Verhalten über das Erbgut übertragen wird; es ist in unserem hormonalen und genetischen Code gespeichert. Der Körper »weiß«, wie er atmen, verdauen und Bakterien bekämpfen muss. Wir brauchen nicht darüber nachzudenken, wie unser Herz schlagen soll, es schlägt. Das könnte man als instinktives Wissen bezeichnen. Fortpflanzungs- und Überlebensdrang sind ebenfalls Beispiele dafür. Diese Instinkte können uns mit sich reißen oder gar zu Mord führen. Der Rennfahrer wusste, dass er bremsen musste, weil er schon hundertmal eine ähnliche Situation erlebt hatte. Er bremste intuitiv, aber seine Intuition konnte nur für ihn arbeiten, weil sie schon durch hundert andere, vergleichbare Erfahrungen »wusste«, dass diese Situation von dem Schema der anderen abwich. Es war keine instinktive, aber eine intuitive Reaktion. Ohne sein Wissen über Autos, Rennstrecken, Publikumsreaktionen und Bremspedale wäre der Rennfahrer nie zu dieser Reaktion gekommen.

Auch die Experten, die die Skulptur im Getty Museum sahen, »wussten« erst nach jahrelanger Erfahrung, nachdem sie Hunderte anderer Skulpturen gesehen hatten, dass dies eine Fälschung war. Genauso werden wir, nachdem wir unzählige Male erlebt haben, wie unser Sohn oder unsere Tochter von der Schule nach Hause kommt, merken, dass etwas nicht in Ordnung ist, weil unser Kind sich dieses Mal irgendwie anders verhält. Aber was genau anders ist, das können wir oft gar nicht in Worte fassen. Wir spüren es, wir »wissen« es. Kurzum, das intuitive Wissen nimmt mit der Erfahrung zu. Es ist eine Form des Lernens, die immer und überall stattfindet.

Und selbst wenn wir keine Fachleute auf einem bestimmten Gebiet sind: Das intuitive Wissen ist uns ständig zu Diensten. Im Prinzip ist auch Autofahren eine intuitive, angelernte Fähigkeit. Nach einigen Jahren Fahrpraxis steigen wir ohne nachzudenken in ein Auto. Wir starten ohne nachzudenken, wir telefonieren unterwegs und unser Unterbewusstsein übernimmt vollautomatisch das Fahren. Wir schalten, stellen den Blinker an und aus, bedienen den Scheibenwischer, überholen andere Autos und gucken in den Rückspiegel, ohne dabei nachdenken zu müssen. Und dann, wenn plötzlich ein Kind über die Straße rennt, stehen wir auf der Bremse. War das eine bewusste Entscheidung? Nein, natürlich nicht. Wir haben unbewusst gebremst, denn unser Unterbewusstsein erkennt ein rennendes Kind auf der Straße als Abweichung vom Muster. Als Gefahr. Und zwischen unserer Intuition und dem Fuß, der auf die Bremse tritt, gibt es eine direkte Verbindung. Erst danach erschrecken wir, haben Herzklopfen und wissen, dass ein Kind über die Straße gerannt ist.

Das heißt, unser Unterbewusstsein bildet aus früher gemachten Erfahrungen Muster, Abweichungen werden mühelos erkannt und Reaktionen finden automatisch statt. Diese Art des Lernens basiert auf Erfahrungen. Je öfter wir Auto gefahren sind, desto schneller können wir Abweichungen erkennen. Alle Handlungen, die wir gedankenlos ausführen können, nutzen dieses intuitive Wissen. Instinktives Wissen ist angeboren, intuitives Wissen ist angelernt.

✶

So viel zu Stärke und Effizienz von Intuition. Aber was ist nun die Bedeutung der Intuition in Bezug auf Ja-aber-Denken und -Handeln? In diesem Zusammenhang bemerkt der Sozialpsychologe Barry Schwartz, heutzutage sei es so schwer wie noch nie, Entscheidungen zu treffen. Wie wir bereits bei dem Mann, der zum Zahnarzt musste, gesehen haben, brauchen wir vor allem Intuition, um eine Entscheidung zu treffen. Und wenn es etwas gibt, was wir in der heutigen Zeit immer öfter tun müssen, dann ist es das Treffen von Entscheidungen. Wo soll ich wohnen, mit wem, welche Religion interessiert mich, interessiert mich Religion überhaupt, wollen wir Kinder und wenn ja, wie viele? Eine prima Sache, natürlich – Wahlfreiheit. Aber gleichzeitig auch belastend.

Barry Schwartz spricht in diesem Zusammenhang sogar von der »Tyrannei der Wahl«. Hier wird auch die Beziehung zwischen Ja-aber und Ja-und deutlich. Denn hatten Marieke und Harry etwa keine Mühe damit, sich für ein Restaurant zu entscheiden? Und warum fiel es ihnen so schwer, sich zu entscheiden? Weil sie es mit logischem Abwägen, mit dem Verstand versuchten. Hätten sie ihrer Intuition vertraut, hätten sie vermutlich bemerkt, dass von der Wahl des Restaurants nicht ihr Leben abhängt. Oder – eine andere Möglichkeit – wenn sie sich aufgrund ihrer Intuition entschieden hätten, wären ihnen wohl allerlei andere Optionen aufgefallen. Wenn wir bei einer Entscheidung allein auf unseren Verstand vertrauen – und genau das machen Ja-aber-Menschen – dann nutzen wir nicht die intuitive Fähigkeit des Unterbewusstseins. Schlimmer noch, dann bleiben wir, wie Buridans Esel, bis zum bitteren Ende zwischen zwei Heuballen stehen. Gelähmt von den Wahlmöglichkeiten, die der Verstand nicht abwägen kann.

In diesem Zusammenhang wird noch ein anderer Unterschied zwischen Ja-aber- und Ja-und-Handeln deutlich. Die Tatsachen beweisen nämlich, dass das lange Nachdenken über Wahlmöglichkeiten, das intensive Abwägen des Für und Wider per definitionem zu weniger Zufriedenheit führt als eine schnellere, intuitivere Wahl. Die Untersuchungen von Schwartz verdeutlichen, dass Menschen, die länger über eine Entscheidung nachdenken, durchschnittlich unzufriedener mit ihrer Wahl sind als Menschen, die sich schnell und intuitiv entscheiden. Die erste Gruppe weist alle Merkmale der Ja-aber-Verhaltensweise auf: hohe Erwartungen, langes Abwägen und letztendlich doch Unzufriedenheit mit dem Ergebnis. Schwartz nennt diese Gruppe die »Maximierer«. Diese Leute sind erst zufrieden, wenn sie das Allerbeste gewählt haben. Sie haben eine bestimmte Vorstellung, eine bestimmte Ideologie von dem, was das Beste ist, darüber, wie ihre Wahl verlaufen muss. So gehen sie zwanghaft auf die Suche, um ihre Wahl in Übereinstimmung mit ihrem Ideal zu bringen. »Diese Art zu leben«, stellt Schwartz fest, »legt ihrem Leben eine schwere Bürde auf.« Wenn immer alles klappen muss, setzen wir uns dadurch fortwährend Selbstkritik aus; wenn eine Entscheidung nicht gut war, machen wir uns selbst nieder (»Siehst du!«) und werfen wir uns vor, warum wir nicht noch andere Optionen in Erwägung gezogen haben. »Hätte ich doch …« ist das Motto der »Maximierer«. Eine Sichtweise, die Ja-aber gleichkommt.

Den »Maximierern« stellt Schwartz die »Genügsamen« gegenüber. Diese Gruppe gibt sich mit dem zufrieden, was gut genug ist. Sobald etwas ihrer Norm entspricht, werden sie sich dafür entscheiden, denn sie haben nicht das Bedürfnis, dass es das Allerbeste sein muss. Ihre Norm ist eher »gut genug«. Der Wirtschaftswissenschaftler Herbert Simon führte bereits in den Fünfzigerjahren des letzten Jahrhunderts diesen Gedankengang ein. Simon schlussfolgerte: Wenn man die Zeit berücksichtigt, die es kostet, eine Entscheidung zu treffen, ist »Genügsamkeit« die effizienteste Strategie.

Untersuchungen von Schwartz und anderen belegen dann auch, dass die »Maximierer« weniger glücklich, weniger optimistisch und schneller depressiv waren als andere, nach Zufriedenheit strebende Menschen. Absurderweise ist man letzten Endes mit dem Streben nach »gut genug« glücklicher als mit dem Streben nach dem Besten.

Diese Erkenntnis ist deswegen so wichtig, weil die Wahlmöglichkeiten in den kommenden Jahrzehnten noch zunehmen werden und damit auch die Neigung, eine Ja-aber-Verhaltensweise einzunehmen. In dem Maß, in dem sich einem mehr Möglichkeiten bieten, wird man Entscheidungen nicht nur langsamer, sondern auch schlechter treffen. Der amerikanische Autor Benjamin Kunkel spricht in diesem Zusammenhang sogar von »Decidophobie«, der Angst, Entscheidungen zu treffen.[37]

✶

Zurück zu Ja-und. Außer der Fähigkeit der Intuition, gute, schnelle und treffsichere Entscheidungen zu treffen, gibt es noch einen anderen Grund, warum es sich lohnt, unsere Intuition zu benutzen. Das ist Kreativität.

Kreativität und Intuition sind wie Bruder und Schwester – sie können nicht ohneeinander. Henri Poincaré, ein französischer Mathematiker, bemerkte dazu: »Mit Logik kann man Beweise anführen, aber keine neuen Erkenntnisse gewinnen. Dafür braucht man Intuition.« Es ist unmöglich, zu neuen, wissenschaftlichen Erkenntnissen aufgrund logischen Denkens zu gelangen. Wenn es um die Erlangung neuer wissenschaftlicher Einsichten geht, ist Intuition von ausschlaggebender Bedeutung. Wissenschaftliche Neuerungen scheinen sich sogar in erster Instanz aller Logik zu entziehen.

Sir Neville Mott, Nobelpreisträger für Physik aus dem Jahre 1977, betont, dass Intuition sich gerade nicht in Sprache, in bewusstem Denken, ausdrücken kann. »Plötzlich ist dir klar – genau so muss es sein. Das ist Intuition. Und das passierte mir ohne Zweifel mit meiner Arbeit, für die ich jetzt den Nobelpreis erhalten habe. Es dauerte Jahre, bis ich mein Thema verständlich machen konnte.« Auch Einstein sah seine Entdeckung zuerst vor sich, ohne dass er sie gut in Worte hätte fassen können. »Zuerst hat man eine Erkenntnis, danach versucht man, indem man intensiv nach Worten suchen muss, diese in Sprache zu fassen.«

Für alle wissenschaftlichen Entdeckungen gilt, dass Intuition eine ausschlaggebende Rolle gespielt hat, eine viel größere als die Logik. Alle Wissenschaftler, die diesen Prozess am eigenen Leibe erfahren haben, betonen diese intuitive Komponente ihrer wissenschaftlichen Suche. Beinahe alle wissenschaftlichen Entdeckungen gehen gepaart mit einer intuitiven Erkenntnis, oft als sogenanntes Aha-Erlebnis, der Erfahrung, »es« plötzlich vor sich zu sehen, meistens nach jahrelanger, beharrlicher Arbeit an einer einzigen, spezifischen Fragestellung. Indem wir unser Unterbewusstsein mit einem komplexen Auftrag an die Arbeit setzen, entsteht eine Situation, in der die Fragestellung von unserem Unterbewusstsein – buchstäblich unter der Oberfläche – auseinandergenommen werden kann. Schlummernd, in aller Stille, während unsere Gedanken ganz woanders sind, wir etwas vor uns hin summen oder unter einem Baum sitzen, verrichtet das Unterbewusstsein beständig seine komplexe Arbeit. Und dann, sobald die Antwort oder die Lösung gefunden ist, macht sich das Unterbewusstsein bemerkbar. Plopp. Wie ein Apfel, der vom Baum fällt. Heureka! Ein Aha-Erlebnis. Auf einmal ist die Lösung da. Klar. Einfach. Logisch.

Ob ein Gefühl, eine emotionale Eingebung oder ein Bild, das man vor sich sieht: Wie sich Intuition äußert, kann sehr verschieden sein. So sah Einstein, als er die Relativitätstheorie entdeckte, sich selbst auf einem Pfeil durch Zeit und Raum gleiten. Paul Berg, Nobelpreisträger für Chemie, sagt dazu: »Es gibt noch einen Gesichtspunkt, Geschmack im Sinne von Stil. Geschmack stimuliert ein künstlerisches Gespür. Manche Menschen können etwas auf undefinierbare Weise zusammenstellen, was einen bestimmten Stil hat, eine gewisse Klasse. Man spürt, dass es gut zusammenpasst.«[38]

Egal, wie sich die Erkenntnis zeigt, ob über ein Bild, eine physische Erfahrung oder ein Gefühl von Schönheit, das Erlebnis selbst ist für die Menschen oft ein Moment größter Euphorie. Für manche Wissenschaftler ist der Moment selbst der Höhepunkt ihrer wissenschaftlichen Karriere. So schrieb der englische Biochemiker Francis Crick, dessen molekularbiologische Untersuchung einen komplett neuen Blickwinkel schuf, in seiner Autobiografie: »Es ist, wenn man es nicht selbst erlebt hat, gar nicht so einfach, dieses Gefühl einer plötzlichen Erleuchtung zu beschreiben, das man verspürt, wenn schließlich der Groschen fällt. Augenblicklich ist einem klar, wie viele vorher irritierende Fakten durch die neue Hypothese tadellos erklärt werden.«

*

Schöne Geschichten, aber welche Bedeutung haben sie für uns? Schließlich müssen wir mit unseren Ideen keinen Nobelpreis gewinnen. Schlichtweg die Rechnungen rechtzeitig bezahlen und beim Einkaufen nichts vergessen, das ist für uns bereits ein schönes Ergebnis. Wie viel Intuition brauchen wir dafür?

In einem fort brauchen wir sie, unsere Intuition. Es gibt keine einzige alltägliche Entscheidung, die wir ohne sie treffen können.

Rationale Überlegungen führen oftmals geradlinig zu einem Nein. Gibt es Sicherheit in den Bereichen Wohnen, Arbeiten, zukünftiges Einkommen? Auch beim Nachwuchs kann so einiges schiefgehen: die Geburt selbst, oder das Kind hat eine chronische Krankheit, es kann mit elf Jahren vor ein Auto laufen, die Schule abbrechen, eine Beziehung mit dem oder der Falschen anfangen, drogenabhängig werden, Fußpilz bekommen oder Schatzmeister vom Heino-Fanclub werden. All diese Szenarien sind weder absehbar noch einzuschätzen und schon gar nicht berechenbar.

Das Gleiche gilt für den Kauf eines Hauses. Wie kann man zwei Häuser miteinander vergleichen? Hat das eine die perfekte Lage, ist aber ein bisschen zu klein, bietet das andere zur Wahl stehende Haus die perfekte Größe, ist aber etwas zu weit weg. Fällt deswegen die Entscheidung schwer? Vielmehr haben viele Käufer bei der Besichtigung eines Hauses sofort ein Gefühl von Ja oder Nein. Sie wissen einfach, welches Haus das Bessere ist – ohne dass ihnen klar ist, woher.

Kurzum, bei allen komplexeren Abwägungen – von der Frage, wie wir zum Zahnarzt kommen, bis zur Entscheidung, ein Kind zu bekommen – haben wir als wichtiges Instrument unsere Intuition zur Verfügung. Natürlich wäre es Unsinn, seinen Verstand nicht mehr zu benutzen, um logischen Argumenten aus dem Weg zu gehen, weil die nur Ärger machen. Doch die Kunst ist, zu lernen, etwas mehr auf die Intuition zu vertrauen.

Ich habe einmal einen Film gesehen, in dem ein Mann stark daran zweifelte, ob er bei seiner Frau bleiben sollte. Die Frage zermürbte ihn und trieb ihn geradezu in den Wahnsinn. Mit seiner Frau zu leben war eine Katastrophe, ohne sie war es eine Tragödie. Mitten in der Nacht, im Bademantel und mit wirrem Haar, klingelte er bei seinem Nachbarn. Er kannte den Nachbarn nicht, aber an der Tür prangte ein goldfarbenes Messingschild, auf dem »Psychiater« stand. Und weil unser Held Hilfe brauchte, klingelte er. Der Nachbar öffnete und sie sprachen miteinander bis zum Morgengrauen. Schließlich bat der Mann den Nachbarn: »Helfen Sie mir. Sagen Sie mir, was ich tun soll. Bei meiner Frau bleiben oder sie verlassen?« »Tja«, sagte der Nachbar, »das kann ich nicht. Das Problem ist nämlich gar nicht, ob Sie bleiben oder gehen sollen, denn das wissen Sie schon längst. Sie wollen weiterhin mit ihr leben. Und genau das ist die Ursache des Problems, dass Sie sich eigentlich schon entschieden haben. Das eigentliche Problem ist nicht, ob Sie mit ihr leben wollen, sondern wie Sie mit ihr leben wollen. Und ob das klappen wird. Also ich würde sagen, wenn Sie zu ihr zurückkehren und Ihrer Intuition folgen, wird sich die Frage des Wie von selbst beantworten.«

Unser Hauptdarsteller war gerührt und erleichtert. Das war eine Antwort, die zu dem passte, wie er sich fühlte. Es stimmte. »Danke«, sagte er, »was sind Sie doch für ein guter Psychiater.« »Ich bin überhaupt kein Psychiater«, antwortete der Nachbar. »Aber das steht doch an Ihrer Tür?« »Ja, schon. Aber das ist vom Vormieter. Ich bin Klempner.« »Aber wie kommen Sie dann zu solcher Weisheit?«, fragte unser Held. »Tja, ich habe einmal einen Film gesehen über einen Psychiater und einen Mann, der mitten in der Nacht zu ihm kam und Hilfe brauchte«, antwortete der Klempner, »und da gab der Psychiater diese Antwort.«[39]

✶

Von allen Arten unserer Intelligenz ist Intuition die hervorragendste. Mit Logik können wir schlussfolgern, technische Probleme lösen oder fehlerfrei eine Überweisung tätigen, aber nur wenn wir auf unser Gefühl hören, eine entspannte Haltung annehmen und offen für die – oftmals subtilen – Signale unseres Unterbewusstseins sind, können wir komplexe Fragestellungen intuitiv lösen. Sobald wir die Realität zu schnell begreifen oder beherrschen wollen, sobald wir mit unserem bewussten

Denken krampfhaft und andauernd Erklärungen, Analysen, Urteile oder Meinungen formulieren, schöpfen wir unser intuitives Wissen nicht aus. In diesem Sinne kann man das Ja-Sagen zu Intuition auch als Plädoyer für das Nicht-Wissen betrachten.

Intuition äußert sich meistens in Form einer körperlichen Sensation. Deswegen folgt das Kapitel »Intuition« dem Kapitel »Sag ja zum Leben«. Intuition führt uns außerdem, wie wir in anderen Kapiteln noch sehen werden, zu unseren Sehnsüchten und Zielen. Ohne Intuition verlieren alle anderen Kapitel ihre Grundlage. Wie sollte man sonst Ja-und zu seinen Sehnsüchten sagen können, wenn man nicht auf seine Intuition hören würde. Das wäre unmöglich. Wonach wir uns sehnen, hat nämlich, wie wir später noch sehen werden, nichts mit Logik zu tun. Seine Intuition zu gebrauchen, das zu können und es sich zu trauen, ist die Grundlage einer Ja-und-Lebenseinstellung.

Zum Schluss – und um das Gesagte in Perspektive zu bringen: Wir glauben, dass wir mit unserem Bewusstsein das Unterbewusstsein steuern, aber es ist genau umgekehrt. Unser Unterbewusstsein steuert unser Bewusstsein. Meist wissen wir schon längst, ohne zu wissen. Ap Dijksterhuis, Autor von *Das kluge Unbewusste: Denken mit Gefühl und Intuition* spitzt es noch mehr zu: »Das Unterbewusstsein schreibt, das Bewusstsein schreibt um.« Wenn das wahr ist, dann kann eigentlich jeder, der lernen möchte, seine Intuition besser zu benutzen, nur eine Haltung annehmen: eine Haltung des Respekts und der Hingabe.

Ja-aber	**Ja-und**
denken	wissen

5. Sag Ja zu deinen Fähigkeiten

Genialität ist nichts anderes als die Fähigkeit,
Dinge auf eine andere Weise zu sehen.
William James

Nehmen wir einmal an, in einer Fachzeitschrift wird eine fünftägige Weiterbildung angeboten. Die Überschrift lautet: »Arbeiten Sie an Ihren Stärken.« Im Anzeigentext lesen Sie außerdem: »Egal an welcher Stärke Sie arbeiten wollen, wir garantieren eine Verbesserung von 25 Prozent.« Gehen wir einmal davon aus, dass der Inhalt und die Aufmachung der Anzeige Sie überzeugt und Sie daran glauben, dass das Institut diese Versprechungen halten kann. Und nehmen wir einmal an, dass Sie tatsächlich an nur einer Stärke arbeiten wollen. Welche der folgenden Eigenschaften würden Sie wählen?

kreativ	diszipliniert
neugierig	autonom
mutig	hilfsbereit
genau	nachsichtig
weise	bescheiden
behutsam	harmonisch
ruhig	beherrscht
integer	perfekt
vital	dankbar
optimistisch	folgsam
empathisch	humorvoll
flexibel	spirituell
initiativ	kritisch

In den letzten Jahren sind allerlei Begriffe entwickelt worden, um »das, was jemand kann«, zu bezeichnen: Fähigkeit, Können, (Kern-)Kompetenz, Stärke, Leistung, Talent – um nur einige zu nennen. Die Begriffe unterscheiden sich zwar nur geringfügig, aber haben doch ganz feine Unterschiede in ihrer Bedeutung. So könnte man sagen, dass Talent vor allem zu bestimmten »Fähigkeiten« passt (Klavier und Fußball spielen) und Stärke eher zu einer »Charaktereigenschaft« (Geduld, Durchsetzungsvermögen). »Kompetenz« verweist mehr auf die Fähigkeit, eine bestimmte Aufgabe oder Funktion entsprechend auszuführen. Aus Gründen der Einfachheit werde ich in diesem Kapitel den Begriff »Fähigkeit« benutzen. Mit diesem Begriff möchte ich auf die Vielzahl von Talenten und Stärken, die uns zur Verfügung stehen, verweisen.

Warum ich Talent und Stärke zu einem Begriff zusammenfüge, hat einen einfachen Grund. Man braucht beides. Man kann zwar außergewöhnlich viel Talent zum Fußballspielen haben, aber wenn man mit 21 Jahren noch nie einen Ball vor den Füßen gehabt hat, dann wird das nichts mehr. Und man kann zwar intensiv trainieren, um ein guter Basketballer zu werden, aber wenn man nur 1,38 Meter groß ist, dann ist das ein Kampf gegen Windmühlen. Wenn ich hier also von »Fähigkeiten« spreche, dann meine ich die Kombination aus Talent und Stärken.

*

Fangen wir mit einem konkreten Beispiel an. Einer wahren Geschichte.

> Der elfjährige Pablo ist ein netter, etwas stiller Junge, der größtenteils in seiner eigenen Welt lebt. Seine Eltern machten sich Sorgen und haben ihn deshalb von einem Psychiater untersuchen lassen. Nach gründlichen Tests kommt der Psychiater zu folgender Analyse: Pablo verhält sich in sozialer Hinsicht merkwürdig, naiv, unangepasst und emotional weitgehend »losgelöst« von anderen. Er ist egozentrisch und sehr sensibel für Kritik, aber unsensibel für die Gefühle anderer. Außerdem hat er große sprachliche Fähigkeiten, erzählt weitschweifig, seine Wortwahl ist pedantisch. Hauptsächlich monologisiert er. Alles in allem, so die Schlussfolgerung des Arztes: Pablo hat typische Anzeichen einer autistischen Besonderheit, dem Asperger-Syndrom.
>
> Pablos Mutter Gerda macht sich Sorgen um ihren Sohn. Um seine sozialen Fähigkeiten zu fördern, meldet sie ihn bei einem Orchester an, denn Pablo macht gerne Musik (er spielt Schlagzeug). Sie meint, dort könne er lernen, innerhalb einer Gruppe zu funktionieren und sein egozentrisches Verhalten zu kompensieren.

Das klingt vernünftig, fürsorglich und logisch, nicht wahr? Vielleicht würden Sie das Gleiche machen, wenn Sie der Vater oder die Mutter von Pablo wären? Daran ist doch nichts verkehrt, oder? Doch, daran ist alles verkehrt. Vor allem für Pablo.

Denn Gerda arbeitet mit Pablo an der Entwicklung seiner weniger starken Seiten. Pablo hat zwar einige Qualitäten, wie zum Beispiel seine sprachlichen Fähigkeiten, aber seine Mutter sieht vor allem die Fähigkeiten, die ihr Sohn ihrer Meinung nach ungenügend gut entwickelt hat: Soziale Intelligenz und Empathie. Ihr Ausgangspunkt ist ein Mangel, und ihr Ziel ist es, diesen Mangel zu kompensieren.

Die Ja-und-Herangehensweise sieht vor, sich vor allem auf das zu konzentrieren, was da ist, und zu versuchen, dieses zusätzlich zu verstärken. Doch wir tappen immer wieder in die Ja-aber-Falle und konzentrieren uns stattdessen auf das, was nicht da ist, wo wir Schwächen haben. Das Arbeiten an Schwächen hat einige Nachteile. Zuallererst einmal: Es macht keinen Spaß. Wer wird schon gern mit dem konfrontiert, was er nicht kann? Jeder Kurstag wäre dann eine Art Strafe. Außerdem, und dies ist ein weiterer Nachteil, bewirkt man damit meist das Gegenteil.

✶

Wie kommt es nur, dass wir so auf unsere Schwachstellen fixiert sind? Meiner Meinung nach gibt es dafür zwei wichtige Gründe. Den ersten nenne ich das Vier-Minus-Syndrom. Unser Schulsystem (so ist es nun einmal ausgerichtet) legt das Augenmerk vor allem auf das, was (noch) nicht gut ist. Bei zwei oder mehr mangelhaften Fächern bleibt man sitzen. Die Aufmerksamkeit der Lehrerinnen und Lehrer richtet sich darum vor allem auf die Kinder, die sitzenzubleiben drohen. Das sind die Fünfer-Kinder. Sie müssen Vier-Minus-Kinder werden, dann ist alles in Ordnung. Diese »Messweise« schafft eine Kultur, in der ausreichende und minimale Normen wichtiger genommen werden als das Erfüllen einer maximalen Norm. Kindern wird eingetrichtert, die Fünfen im Auge zu behalten und daraus eine Vier-Minus zu machen. Auf diese Weise hat das Schulsystem prinzipiell keinen Blick mehr für Talent, sondern nur noch für Mittelmäßigkeit. Hauptsache, jeder erreicht die Norm.

Gerda, die Mutter von Pablo, denkt auf die gleiche Art und Weise. Auch sie denkt: Wenn Pablo bei den wichtigsten sozialen Fähigkeiten eine Vier-Minus erreicht, dann habe ich als Mutter nicht versagt.

Diese Art zu denken finden wir nicht nur im Schulwesen. Marcus Buckingham und Donald O. Clifton untersuchten die Sichtweise von Managern auf ihre Mitarbeiter. Sie kamen zu dem Schluss, dass die Manager einen Hang dazu hatten, die »Defekte« zu sehen. Weltweit richteten sie ihr Augenmerk vor allem auf Schwächen und Fehler anstatt auf Talent und Erfolg. Die Forscher stellten fest: »Die meisten Organisationen setzen die Stärken ihrer Mitarbeiter als gegeben voraus und konzentrieren sich darauf, ihre Schwächen zu minimieren. Sie nennen diese taktvoll ›Wissenlücken‹ oder ›Entwicklungsfelder‹ und schicken ihre Mitarbeiter dann zu Ausbildungen, damit die Schwächen behoben werden. Aber dies ist keine Förderung, es ist Schadensbegrenzung.«[40]

Marcus Buckingham spezialisierte sich auf das Hervorheben von Stärken und Talenten. Er zitierte zwei Untersuchungen von Gallup. Die erste Untersuchung von 2001 zeigte, dass 59 Prozent der Amerikaner, wenn sie die Wahl haben zwischen dem Entwickeln ihrer Stärken oder der Verbesserung ihrer Schwächen, die Verbesserung ihrer Schwächen wählen. In anderen Ländern ist die Zahl noch höher: In China und Japan glauben nicht weniger als 76 Prozent, dass es besser sei, an den eigenen Schwächen zu arbeiten. Auch Marcus Buckingham verweist als Ursprung dieser Denkweise auf das Schulsystem. »Bestimmt haben Sie dazu spontan einige Erklärungen parat«, so schrieb er, »das hat man uns schon in der Schule eingebläut; wir arbeiten an unseren Schwächen, weil sie unsere schwächsten Glieder sind, an denen wir als Menschen zerbrechen können; Schwächen zu beheben ist einfacher als Stärken auszubauen.«[41]

Der zweite Grund, sich auf das zu konzentrieren, was man nicht kann, hat damit zu tun, dass man nicht aus der Menge hervorstechen will. Erfolg haben ist verpönt. Wer in irgendetwas sehr gut ist, sollte bescheiden darüber sprechen. Stellen Sie sich vor, ein Kind bekommt von einem Erwachsenen ein Kompliment über seine Kreativität und antwortet: »Danke, ich weiß, was Sie meinen. Ich bin in der Tat sehr kreativ.« Tja, das war nicht Sinn der Sache. Es wird erwartet, dass es überrascht und dankbar reagiert. Aber ist das logisch?

Wenn es sich jedoch um negative Kritik handeln würde, dann wäre genau diese Aussage des Kindes ein Zeichen der Selbstkritik. Es wird erwartet, dass man sich seiner Schwächen bewusst ist, nicht aber seiner Stärken.

Der niederländische Fußballer Johan Cruijff[42] war mit 16 Jahren ein junges Talent beim Fußballclub Ajax Amsterdam. Der damalige Vereinspräsident beobachtete Johan dabei, wie er dessen Auto bewunderte. »Ja ja«, sagte der Vereinspräsident, »wenn du dich weiterhin so anstrengst, dann hast du später vielleicht auch so ein Auto.« »Und wenn Sie sich weiterhin so anstrengen«, antwortete Cruijff, »dann dürfen Sie vielleicht mein Chauffeur werden.«

Wie weit hätte es wohl ein bescheidener Cruijff gebracht? Auftrumpfen, auffallen oder einfach nur in irgendetwas sehr gut sein, ist prinzipiell gefährlich. Man riskiert damit, andere abzustoßen. Deswegen neigen wir dazu, unsere Stärken zu verbergen und unsere Schwächen zu betonen. Leider wird uns diese Bescheidenheit nicht weit bringen. Wie schon Plato gesagt hat: »Ich kenne keinen sicheren Weg zum Erfolg, nur einen sicheren zum Misserfolg: es jedem recht machen zu wollen.«

✶

Die Herausforderung besteht darin, nicht von seinen mittelmäßigen oder schlechten Seiten auszugehen. Versuchen Sie nicht, aus einer Drei eine Drei-Plus zu machen. Das wird kaum jemand merken. Versuchen Sie eher, aus einer Zwei eine Eins zu machen. Wachsen Sie über sich selbst hinaus! Sorgen Sie dafür, dass Sie in dem, was Sie gut können, fantastisch werden! Das macht einen Unterschied, den alle anderen und Sie selbst merken werden. Wenn Sie in irgendetwas herausragen, entsteht etwas Besonderes. Eine Drei-Plus fällt nicht auf. Das ist und bleibt mittelmäßig. Arbeiten Sie vor allem daran, worin Sie gut sind: Bauen Sie Ihre Stärken aus. Und was Ihre Schwächen betrifft: Bezahlen Sie jemanden dafür oder arbeiten Sie mit Menschen zusammen, die können, was Sie nicht können.

Wie der Lahme und der Blinde: Der Lahme muss nicht laufen lernen, sondern muss sich aufs Sehen konzentrieren. Das nützt dem Blinden. Und beim Blinden ist es genau umgekehrt. Jeder profitiert von den Qualitäten und Talenten des anderen.

Ein guter Fußballtrainer weiß das. Er stellt jeden Spieler auf die Position, der er am besten gerecht wird. Auf diese Weise stellt er ein perfektes Team zusammen. Was hat es für einen Sinn, einem starken, robusten Baum von einem Mann beizubringen, als linker Mittelstürmer zu spielen? Den stellt er in die Verteidigung. Oder einem Stürmer beizubringen, Tore zu halten? Er lässt ihn Tore schießen!

Glücklicherweise wird inzwischen dem, was gut funktioniert, mehr und mehr Aufmerksamkeit geschenkt. Professor David Copperrider, Entwickler und Begründer der Weatherhead School of Management in Cleveland, führte 1987 den Begriff »Appreciative inquiry« ein, um deutlich zu machen, dass es besser ist, dort Organisationen zu bilden, wo etwas funktioniert, als da, wo nichts funktioniert. Zuvor schon schrieb Peter E. F. Drucker in *Die ideale Führungskraft*: »Der erfolgreiche Manager benutzt die Stärken; seine eigenen und die seiner Vorgesetzten, Kollegen und Angestellten – und die Stärke des Augenblicks, die Vorteile der gesamten Situation.«

Martin E. P. Seligman, der 1998 Präsident der *American Psychological Association* wurde, sagte über seine Profession: »Das Wichtigste, was wir gelernt haben, ist, dass die Psychologie halbgar ist, wortwörtlich halbgar. Der Teil, der sich mit mentalen Krankheiten beschäftigt, dem Heilen von Schädigungen, ist gar. Aber der andere Teil, der von unseren Stärken handelt und von dem, worin wir gut sind, ist noch roh.«

Seligman prägte den Begriff der »Positiven Psychologie«. Er machte deutlich, dass sich die Psychologie in ihrer Forschung vor allem auf Krankheiten, Ängste und Depressionen spezialisiert hatte, aber deswegen wussten wir noch lange nicht, was Menschen glücklich macht. Auch Jim Collins betont in seinem Bestseller *Der Weg zu den Besten: Die sieben Management-Prinzipien für dauerhaften Unternehmenserfolg*, die Notwendigkeit für Betriebe, sich nach dem zu richten – seiner Meinung nach sogar »exzessiv« –, worin der Betrieb gut ist.

All diese Strömungen, Erkenntnisse und Überlegungen teilen einen wichtigen Gedanken miteinander: Früher dachten wir: »Wenn ich keine Schwächen habe, dann bin ich gut«, »Wenn ich nicht krank bin, dann bin ich gesund« oder »Wenn unser Betrieb seine Schwächen beseitigt, dann kommt der wirtschaftliche Aufschwung«. Aber die Abwesenheit von dem, was man nicht will, gibt noch keine Garantie für die Anwesenheit von dem, was man sehr wohl will. Man lernt herzlich wenig über

Erfolg, wenn man Misserfolge studiert. Dennoch ist diese Erkenntnis bisher kaum in das kollektive Bewusstsein durchgedrungen, und wir neigen noch immer dazu, unzufriedene Kunden zu studieren, um etwas über zufriedene Kunden zu lernen, in Mitarbeitergesprächen die schwachen Punkte zu benennen, um zu lernen, wie wir unsere Qualitäten verbessern können, Kranke zu untersuchen, um etwas über Gesundheit zu erfahren, und Armut zu analysieren, um etwas über Reichtum zu lernen.

*

Vierzig Jahre lang hatte Elizabeth Layton mithilfe allerlei Therapien versucht, ihre Depression zu bezwingen – ohne Erfolg. Als sie 68 Jahre alt war und die Hoffnung auf Besserung schon längst aufgegeben hatte, schrieb sie sich für einen Malkurs ein. Die schlichte Entdeckung ihrer kreativen Fähigkeiten veränderte alles. Sie malte tagein, tagaus und schon bald wurden ihre Arbeiten lokal und später auch landesweit ausgestellt. Viel wichtiger aber war, dass ihr das Leben wieder Spaß machte und sich sinnvoll anfühlte. »Ich weiß nicht wie«, schrieb sie in einem Briefwechsel mit einem ihrer Bewunderer, »aber das Malen hat mich von meiner vierzig Jahre andauernden Depression vollkommen geheilt. Ich bin schlichtweg nicht mehr depressiv.«[43]

Vor einigen Jahren arbeitete ich mit einer Gruppe von sechs Teilnehmern aus dem mittleren Management zusammen. Ziel des Seminars war es, dass jeder sich über seine Qualitäten klar werden sollte. Einer der Teilnehmer hieß Peter, ein etwas schüchterner, 24-jähriger Mann. Er war der jüngste im Team. Wir arbeiteten zusammen, ich ließ ihn einige Aufgaben machen, aber es wirkte nicht gerade überzeugend. Auf einmal hatte ich das Gefühl, dass Peter viel stärker war, als er zeigte. Hier stimmte etwas nicht. Also gab ich ihm und der Gruppe eine Aufgabe, die diese Kraft möglicherweise sichtbar machen konnte.

»Peter, du bist General bei der Armee und eine deiner Aufgaben besteht darin, dass du ein Bataillon Scharfschützen direkt befehligst. Es ist Montagmorgen, sechs Uhr, und die Polizei hat dich gerade angerufen. Dort drüben (ich zeigte aus dem Fenster auf ein Wohnhaus) verschanzt sich ein Mann, der ein Mädchen als Geisel in seiner Gewalt hat. Wer der Mann ist, was sich genau abgespielt hat, das ist alles unklar. Sicher aber ist, er hat eine Waffe bei sich und – er hat bereits geschossen, als sich Polizeibeamte genähert hatten. Das ist alles, was wir wissen. Du bekommst den Auftrag, deine Männer in Stellung zu bringen, mit ihnen über Funk in Verbindung zu bleiben und dafür zu sorgen, dass sie schussbereit sind, sodass sie, sollte es notwendig sein, auf deinen Befehl hin sofort eingreifen können. Alles verstanden, Peter?« »Alles verstanden!«

Danach erklärte ich der Gruppe ihre Aufgabe. »Es ist Montagmorgen, sechs Uhr, und ihr werdet gleich von eurem General aus dem Bett geholt. Das passiert öfters, es ist die soundsovielte Übung, ihr seid noch vom Wochenende geschlaucht. Ihr macht zwar mit, aber Juchhu schreit ihr nun auch wieder nicht.« Auf diese Weise hatte ich einen Konflikt eingefädelt und war gespannt, wie Peter damit fertig werden würde.

Die Gruppe verließ den Raum und sollte auf mein Signal hin hereinkommen – von diesem Augenblick an waren sie das Bataillon und Peter der General. Ich rief: »Herein bitte!« und da kamen sie angeschlendert, die Damen und Herren des Managementteams, lachend und plaudernd. Ein demotiviertes Scharfschützen-Bataillon. Peter aber nahm Haltung an. »Stellt euch auf«, sagte er ruhig, »in einer Reihe.« Es wurde noch etwas gemurrt, aber Peter zog gleich die Zügel an. »Ich habe keine Zeit für Unfug, es gibt ein Problem.« Sofort hatte er die volle Aufmerksamkeit und verteilte in hohem Tempo, aber sehr ruhig, eine Flut an Aufträgen. »Hier gegenüber hat sich ein Geiselnehmer verschanzt, er hat ein Mädchen in seiner Gewalt. Wir wissen nicht, was los ist. Ihr nehmt eure Positionen gegenüber dem Haus ein. Schaltet eure Funkgeräte an, jeder. Sobald ihr auf eurem Posten seid, meldet ihr euch. Dann wartet ihr weitere Instruktionen ab. Gewehr im Anschlag und entsichert. Noch Fragen?« Nein, es gab keine Fragen. »Okay, dann los jetzt. Viel Erfolg.«

Die Gruppe verließ den Raum in disziplinierter Stille. Ich rief »Stopp« und das Rollenspiel war zu Ende. Der Raum füllte sich mit Schweigen. So hatte die Gruppe Peter noch nie erlebt. Auf meine Frage hin, was sie davon hielten, antworteten sie einhellig: »Sehr überzeugend.« Ich fragte Peter, ob er diese Seite von sich kannte, und seine Antwort lautete: »Nicht bei meiner Arbeit, aber außerhalb schon.« Peter erzählte, er sei Trainer einer Mädchen-Volleyballmannschaft. Und dass er sich da manchmal auch wie ein General verhalten müsse. Ich fragte ihn, ob seine Mannschaft erfolgreich war. »Ja, es läuft ganz gut«, erzählte er bescheiden. »Letztes Jahr waren wir niederländischer Landesmeister.«

»Und wie fühlt es sich an, ein General zu sein?«, fragte ich Peter. »Ganz fantastisch«, antwortete er.

Als starke Führungskraft war Peter in seinem Managementteam nicht gerade bekannt. Und doch war gerade dies das Potenzial, das in ihm steckte: Tatkraft und Entschlossenheit. Führungsqualitäten also. Peter verfügte bildlich gesprochen über das stahlblaue Schwert des Kriegers. Also erklärte ich dem Team, sie hätten zwei Optionen: Entweder würden sie Peter Aufgaben und Verantwortungen übertragen, die seiner Kernqualität entsprächen, oder sie würden sein Verhalten als unangepasst und unerwünscht aburteilen. Im ersten Fall würden sie ihn glücklich machen und er würde (sehr) viel für das Team erreichen können. Im zweiten Fall würden sie Peter auf Dauer verlieren, entweder weil er woanders sein Glück suchen würde, oder weil er innerhalb seiner jetzigen Funktion eingehen würde wie ein Primel.[44]

Zum Schluss fragte ich Peter, ob er in einer Beziehung lebe und was seine Partnerin von dieser Eigenschaft hielt. »Tja, das ist ein heikler Punkt, denn meine Freundin hat etwas Mühe damit«, antwortete Peter. Er gestand, dass ihre Beziehung derzeit etwas wackelig war. Peter stand vor dem höllischen Dilemma, vor dem wir alle einmal stehen. Wenn wir unsere Stärken akzeptieren, gehen wir das Risiko ein, andere zu verlieren. Und wenn wir uns um derentwillen anpassen, verlieren wir uns selbst.

✶

Wie kann man nun mehr auf eine Ja-und-Weise sehen? Es gibt doch nun einmal Sachen, die wir nicht können? Auch in diesem Fall geht es wieder, wie schon eingangs erwähnt, um eine Akzentverschiebung. Es ist nicht verkehrt, Krankheiten zu studieren, Romane schreiben zu lernen, wenn man das nicht gut kann, und seine eigenen Unzulänglichkeiten zu erkennen, um daran zu arbeiten. Alles wunderbar sinnvoll. Wir haben die Wahl, von Moment zu Moment zu entscheiden, worauf wir unser Augenmerk legen wollen. Weil wir jedoch zwanghaft dazu neigen – und auch so erzogen worden sind –, unsere Schwächen zu studieren, hier einige Vorschläge, um diese Akzentverschiebung zu unterstützen.

Zuallererst ist es eine Hilfe, wenn man »umarmt«, was man nicht sein möchte. Wer immer nett sein muss, kann sich schlecht für sich selbst einsetzen. Wer immer flexibel sein muss (was an sich schon ein Widerspruch ist), kann schwer an einem Entschluss, einem Plan oder einem Ziel festhalten. Wer immer selbstsicher sein muss, kann schwer zweifeln, Fragen stellen oder etwas nicht wissen.

Stellen Sie sich bitte einmal die folgende Frage: Welche Eigenschaften möchte ich absolut nicht haben? Und was würde sich ergeben, wenn ich sie hätte? Dürfen Sie zum Beispiel nicht schwach sein? Gestehen Sie sich dann bitte Schwächen in Ihrem Leben zu. Was würde Ihnen das bringen? Einen Tag frei nehmen? Ein bisschen früher Gas zurücknehmen und ein Burnout verhindern? Mit jeder Eigenschaft, die man sich selbst nicht zugesteht, entsagt man sich eine bestimmte Qualität. Man spaltet einen Teil seiner Fähigkeiten ab. Sagen Sie deswegen Ja-und zu allen ihren Eigenschaften. Sie dürfen alles sein, was Sie wollen. Machen Sie es sich leicht, sehen Sie das Komische daran, treiben Sie es auf die Spitze. Möchten Sie nicht dumm sein? Dumm sein ist fantastisch! Indem Sie Sachen, die andere verstehen, nicht verstehen, können Sie sie dazu auffordern, es gut erklären zu müssen. Oft merken sie dann, dass sie es auch nicht ganz verstanden haben. Indem man Fragen zu etwas stellt, was man nicht weiß oder kennt, kommt man zu neuen Einsichten. Daraus kann Weisheit entstehen.

Sobald Sie es wagen, das Gegenteil herzlich zu umarmen, werden Sie merken, dass Ihr Widerstand Platz macht – so entsteht Freiraum. Ja-aber geht in Ja-und über. Verkrampfung, gute Absichten und »müssen« verändern sich in »dürfen«. Wer oder was man ist, steht nicht mehr zur Diskussion. Man ist einfach.

Zweite Überlegung. Die schnellste Weise, an sich zu arbeiten, ist, nicht mehr an sich zu arbeiten. Damit meine ich, Sie sollten aufhören zu denken, etwas lernen zu müssen, das nicht zu Ihnen passt. Sie brauchen sich nicht zu ändern, Sie brauchen nur mehr Sie selbst zu sein.

Wenn Sie zum Beispiel Legasthenie mit einem Ja-aber-Blick betrachten (auf rein sprachwissenschaftlichem Niveau ist es ausschließlich eine Behinderung, das Wort drückt nämlich aus, was man nicht kann), dann werden Sie schnell merken, wie viel Mühe es kostet, die Fähigkeiten auf dem Gebiet des Lesens und Schreibens von einer Fünf auf eine Vier-Minus zu verbessern. Legasthenie erträglich zu machen, eventuell sogar zu heilen, ist eine zeitaufwändige und energieraubende Tätigkeit. Aber Legasthenie hat auch Nebeneffekte: ein größeres Bewusstsein für die

Umgebung, eine Neugierde, die größer ist als bei normalen Menschen, die Fähigkeit, in Bildern anstatt in Worten zu denken, eine außerordentliche intuitive und sensible Veranlagung, eine lebendige Fantasie und die Gabe, Gedanken als Realität zu erfahren. Wissen Sie, was Albert Einstein, Thomas Alva Edison, Walt Disney, Steven Spielberg, Richard Branson, Whoopi Goldberg, Keanu Reeves, Bill Cosby, Henry Matisse, Auguste Rodin, Hans Christian Andersen und Agatha Christie gemeinsam haben? Legasthenie! Ob sie wohl ohne diese »Krankheit« genauso erfolgreich gewesen wären?

Und für diejenigen, die nach dieser frohgemuten Aufzählung noch zweifeln: Es gibt ausführliche Untersuchungen zu Legasthenie. So scheinen sich unter Millionären verhältnismäßig mehr Legastheniker zu finden als beim Rest der Bevölkerung. Wenn Sie Legastheniker sind, ist die Chance, Millionär zu werden, also 4-mal so groß.

Was wäre, wenn Gerda ihren Sohn Pablo nun auf eine ganz andere Weise betrachten würde? Was für eine Wirkung würde es haben, wenn sie auf das achten würde, was er gut kann? Würde sie sich immer noch mit dem Problem allein gelassen fühlen, grübeln und versuchen, mit ihrer Logik alles zu erklären?

Wer mit einer Ja-aber-Sichtweise seine Qualitäten und Unzulänglichkeiten betrachtet, kann eine überraschend neue Perspektive auf sich selbst gewinnen. So kann eine Schwäche durchaus ein Talent sein. Beispielsweise sagt der belgische Cartoonist Kamagurka von sich, die Porträts, die er zeichne, wiesen keine große Ähnlichkeit mit den Porträtierten auf. Ist das ein Problem? Nein, das ist zur Absicht geworden! Kamagurka malt ins Blaue hinein ein Porträt, und dann darf das Publikum bestimmen, wem es ähnelt. Er erklärte seine Idee sofort zu einer Kunstrichtung und taufte sie »Accidentisme« (zu Deutsch etwa Zufallismus). Er schreibt hierzu: »Jahrhundertelang haben Künstler Porträts von Menschen gezeichnet, die ihnen Modell gesessen haben. Und dann sagten die Leute, das sieht der- oder demjenigen ähnlich oder es sieht ihnen nicht ähnlich. Ich drehe es um. Ich zeichne ein Porträt ohne Modell, aus meiner Fantasie. Das Bild zeigen wir dann im Fernsehen, im Internet oder in der Zeitung, und dann dürfen die Leute sich melden, wenn sie finden, dass ihnen das Porträt ähnelt, und zum Beweis ein Foto einsenden.« In Belgien ist diese Aktion in kürzester Zeit ein Erfolg geworden.

Zum Schluss. Eine inspirierende Geschichte von zwei Menschen, die aus etwas, was ihnen »passiert« ist, etwas Gutes zu machen wussten, ist die von Samahria und Barry Kaufman. Sie bekamen einen Sohn, Raun, und waren als frisch gebackene Eltern froh und glücklich. Im ersten Jahr verlief alles prima, aber danach begann der kleine Raun, sich mehr und mehr in sich selbst zurückzuziehen. Es ging so weit, dass man annahm, er sei taub und blind geworden. Raun starrte stundenlang vor sich hin und wiegte sich unentwegt hin und her.

Nach etwa einem Jahr diagnostizierte man Autismus. Seinen Eltern wurde mitgeteilt, ihr Sohn sei nicht zu behandeln. Die Experten machten Samahria und Barry keine Hoffnungen. Aber Samahria und Barry weigerten sich, es dabei zu belassen. Später schrieb Barry hierzu: »Vor fast zwanzig Jahren stellte mir das Universum eine Herausforderung, die mein Leben radikal verändern sollte. Wir bekamen einen Sohn, der als schwer autistisch eingestuft wurde, und man machte uns keine Hoffnung. Als Reaktion darauf betrachteten meine Frau und ich nicht nur aufs Neue den Sinn und die Bedeutung unseres Lebens, sondern gaben wir uns auch den Auftrag, in Kontakt mit dem liebevollsten, mitfühlendsten und akzeptierendsten Teil unseres Herzens zu gehen. Vor allem aber wollten wir unserem Kind helfen. Ein überraschendes Abenteuer begann. Anstatt uns vom Verhaltens unseres Sohnes, von anderen als unangepasst bewertet, entmutigen zu lassen, stürzten wir uns voller Hingabe, Liebe und Respekt in seine bizarre und unberechenbare Fantasiewelt. Was als Reise zu unserem Sohn begann, mündete in eine Reise zu uns selbst, in der wir uns selbst fanden.«

Inzwischen erwachsen geworden, gilt Raun als vollkommen geheilt. Er hat einen Universitätsabschluss und arbeitet als Lehrer und Therapeut. In der Einleitung zur überarbeiteten Ausgabe des Buches *Son Rise*, in dem sein Vater seinerzeit die Erlebnisse mit Raun schilderte, schrieb Raun selbst: »Fragen Sie sich hin und wieder, warum etwas passiert, wie es passiert? Ich schon. Ich frage mich hin und wieder, warum ein Ereignis in meinem Leben stattfindet und ob es vielleicht eine tiefere Bedeutung hat. Ich stelle fest, dass man nie sicher sein kann, ob eine Art größerer Plan hinter allem steckt, wenn man aus größerem Abstand das Leben betrachtet. Ich bin jedoch sicher, dass uns jedes Ereignis eine vollkommen neue Chance bietet, unser Leben und das von anderen zu verändern. Selbst wenn wir nicht genau wissen, was der Kosmos mit uns vorhat, können wir jedem Ereignis eine Bedeutung geben, indem wir etwas daraus machen.

Als ich als autistisch eingestuft wurde (und auch als geistig schwer behindert; man sagte, ich hätte einen IQ unter dreißig), wäre das für meine Eltern Grund genug gewesen, meine Geburt als Tragödie zu erfahren. Die ganze Welt hielt Autismus für unbehandelbar. Manchmal wird mir klar, wie groß die Wahrscheinlichkeit war, dass ich für den Rest meines Lebens in meinem Kopf eingesperrt wäre, ohne mit meiner Umwelt in Kontakt treten zu können. Mein Autismus wäre in dem Fall ein ganz gewöhnliches Ereignis gewesen, wie es in anderen Familien auch vorkommt, ohne weitere Bedeutung. Meine Eltern aber haben es als Chance gesehen.« Und Barry Kaufman fügt hinzu: »Glück ist eine Haltung. Kein Ereignis.«[45]

Wenn wir unsere Qualitäten, Fähigkeiten und Talente betrachten, wenn wir unser Potenzial sehen statt unsere Schwächen, machen wir das, was eine Raupe in einem Kokon tun würde: wachsen und dann in aller Schönheit herausfliegen.

Ja-aber
Schwächen beseitigen

Ja-und
Talente verstärken

6. Sag Ja zu deinen Wünschen

Ein unabhängiger Wunsch ist zu Anfang reiner Geist,
eine Stimme unserer Seele.
Jan de Dreu

»Was machst du eigentlich am allerliebsten von der Welt, Puh?« »Na ja«, sagte Puh, »am allerliebsten …«, und dann verstummte er wieder und musste erst einmal überlegen. Denn obgleich Honigschlecken *wirklich* eine feine Sache war, gab es doch kurz vor dem Schlecken einen Augenblick, der noch schöner war, als das eigentliche Schlecken, aber er wusste nicht, wie man das nannte.«[46]

Nehmen wir einmal an, Sie befinden sich in dem Seinszustand, in dem Sie nach »Ich bin« nichts mehr hinzufügen müssen, und nehmen wir weiter an, Sie wissen, was Sie können. Sie kennen Ihre Talente, Sie akzeptieren Ihren Körper (und falls nicht, und das ist gar nicht abwegig, dann können Sie zumindest diese Tatsache akzeptieren), Sie sind im Hier und Jetzt. Kurz gesagt: Sie sagen »Ja« zu sich selbst. Was machen Sie dann? Worauf hätten Sie Lust? Was würden Sie sich wünschen?

Die Frage nach den Wünschen ist ein heikles Thema – vielleicht das heikelste Thema überhaupt. Verglichen mit früher zumindest. Denn früher gab es in dieser Hinsicht kein Dilemma. Männer sorgten für den Unterhalt, Frauen kümmerten sich um die Kinder. Man hatte nichts zu wollen. Man tat, wofür man bestimmt war. Früher (und für viele Menschen gilt das auch heute noch) war das Leben vor allem eine Frage des Überlebens, der Sorge um genügend Essen und Trinken, Kleidung und Schuhwerk. Diese Aufgaben können so viel Zeit in Beschlag nehmen, dass die Frage nach dem, was man sich wünscht, eine Luxusfrage ist. Dennoch ist diese Frage für immer mehr Menschen sogar die Frage schlechthin. Was wollen wir nun wirklich?

✶

Schauen wir uns das einmal genauer an: Als Kind wollten wir Ritter oder Prinzessin werden, und wir konnten uns unglaublich auf den Nachtisch freuen. Wünsche waren unsere wichtigsten Antriebskräfte, und unsere Eltern bestärkten uns darin, den Wünschen einen zentralen Platz zu geben. »Was möchtest du später werden?« oder »Worauf hast du Lust?« Und so gingen wir in unserer Pubertät auf die Suche nach dem, wer wir waren und was wir sein wollten. Als wir älter wurden, ging das auch schon einmal schief. Denn so manches Mal verloren wir den Faden.

Hans erzählt: »Auf dem Gymnasium war ich Chefredakteur der Schülerzeitung. Meine Stärken lagen im Schreiben und Organisieren. Nach dem Abitur bin ich fast automatisch auf der Journalistenschule gelandet. Ich habe eine Stelle bei der Zeitung gefunden und nahm eigentlich an, dass ich dort glücklich sein würde. Aber in den letzten Jahren ist die Luft raus. Manchmal muss ich mich regelrecht in die Redaktion schleifen, um die nächste Deadline für den nächsten Artikel zu schaffen. Neben dem Schreiben lese ich seit ein paar Jahren Kolumnen auf Kongressen und Seminaren vor und das finde ich eigentlich sehr toll und aufregend. Heimlich reizt es mich ja, im Scheinwerferlicht zu stehen. Als Kind hatte ich das, in der Grundschule auch schon und eigentlich auch in der Schülerzeitungszeit – dass ich im Mittelpunkt der Aufmerksamkeit stehen wollte. Diese Sehnsucht ist unbemerkt in den Hintergrund geraten.«

So wie Hans geht es vielen von uns. Als Kind haben wir Träume und Wünsche, und dann treten wir in die Erwachsenenwelt ein, versuchen, unsere Träume so gut es geht zu bewahren, aber mit der Zeit scheinen sie uns durch die Finger zu rinnen. Und wenn wir älter werden, wird es immer schwieriger, sie zu benennen. »Was möchtest du?« oder »Wozu hast du Lust?« kann zu den mühseligsten Fragestellungen werden.

Das merkte auch Astrid, als sie nach der Kündigung durch ihren Arbeitgeber in einem Outplacement-Projekt auf eine neue Stelle vorbereitet werden sollte. »Ich hatte einen Coach, der herausfinden sollte, was mir Spaß machte. Er fragte mich: ›Stellen Sie sich vor, Sie hätten im Lotto gewonnen und bräuchten nicht mehr zu arbeiten, was würden Sie dann tun?‹ Ich hatte keine Ahnung. Wirklich, absolut keine Idee. Alles, was mir einfiel, fand ich schrecklich.«

Verwirrung und Suche sind die eine Seite der Wünsche. Manchmal weiß man plötzlich nicht mehr, was man sich wünscht. Oder man weiß es für lange Zeit nicht mehr. Aber manchmal ist es genau umgekehrt, dann ist man mitten in seinem Wunsch oder besser gesagt: Der Wunsch ist mitten in einem. Manchmal ganz unerwartet.

Sybren: »Als ich mit der Realschule fertig war, machte ich mich auf die Suche nach einer Berufsausbildung, weil ich dachte, ich sei für das Gymnasium nicht gut genug. Ich sah drei Möglichkeiten: Physiotherapie, Sport- oder Kunstakademie. Für Physiotherapie erhielt ich keinen Platz. Für die Sportakademie musste ich eine Zulassungsprüfung machen, aber nachdem ich die bestanden hatte, wurde ich dennoch nicht genommen. Und an die Kunstakademie traute ich mich nicht ran. Ich dachte: Was jetzt? Dann also doch Gymnasium.

Nach dem Abitur wusste ich nicht, was ich wollte, wohl aber, dass ich keine Lust aufs Militär hatte. Dann also studieren. Aus meiner Auswahl Psychologie, Physik und Niederländische Philologie wählte ich Niederländisch. Ich studierte mit großer Begeisterung und bekam nach dem Abschluss sogar eine Promotionsstelle angeboten.

Zu dieser Zeit besuchte ich Freunde in einer Wohngemeinschaft. In einem Zimmer sah ich an der Wand allerlei Poster, Zeichnungen und Collagen hängen. Meine Freunde erzählten, die neue Mitbewohnerin sei gerade zum Kunststudium zugelassen worden. Ich stand da wie angenagelt, zur Salzsäule erstarrt. Es war eine starke körperliche Erfahrung. Ich konnte an nichts anderes mehr denken; ich war von der Angst überwältigt, ich könnte vielleicht einen wichtigen Schritt in meinem Leben verpassen. Ich fühlte mich so elend, dass ich nach Hause gegangen bin und die ganze Nacht wach gelegen habe.

Am nächsten Morgen habe ich gleich morgens bei der Kunstakademie angerufen. Für die darauffolgende Woche waren die letzten Zulassungsprüfungen geplant. Ich habe mich angemeldet und bin die Woche drauf zu meinem Vorstellungstermin gefahren. Das war während der Fußballeuropameisterschaft 1988, die Niederlande hatten gerade ein Spiel. Es war totenstill auf den Straßen, wie ausgestorben. Nach meinem Vorstellungsgespräch war ich noch keine Minute wieder auf der Straße, da brach ein ohrenbetäubender Lärm los – die Niederlande hatten ein Tor geschossen. Und ich wurde an der Kunstakademie angenommen und schaffte es zudem, mein Niederländisch-Studium abzuschließen. Ich hatte meine Bestimmung gefunden.«

Wünsche und Sehnsüchte sind der Kraftstoff für inspiriertes Handeln, und sie sind ein wesentlicher Bestandteil unseres Selbst – und unserer

Erfahrungen. Antoine de Saint-Exupéry schreibt: »Wenn du ein Schiff bauen willst, so trommle nicht Männer zusammen, um Holz zu beschaffen, Werkzeuge vorzubereiten, Aufgaben zu vergeben und die Arbeit einzuteilen, sondern lehre die Männer die Sehnsucht nach dem weiten endlosen Meer.« Genau wie bei Sybren: Wenn man weiß, was man sich im tiefsten Inneren wünscht, dann hat man das Gefühl, seine Bestimmung gefunden zu haben. Die Frage ist nur: Wie bekommt man heraus, was man sich wünscht?

✶

Viele vermeintliche Wünsche sind auf unterschwellige Ängste zurückzuführen. Das bedeutet: Wir möchten nicht so sehr irgendwo hin, sondern von etwas weg. Der Wunsch nach Geld kann der Angst vor Armut entspringen. Eine geheime und verstohlene Beziehung mit einem Geliebten kann sehr spannend sein – und die Sehnsüchte können hierdurch enorm angefacht werden – aber wie spannend wäre sie noch ohne den Kontrast mit dem Alltag? Wir sehen: Der Wunsch nach dem jeweils anderen wird teilweise durch den Wunsch gesteuert, der Realität zu entfliehen.

Ein weiterer Grund dafür, warum wir unsere Wünsche und Sehnsüchte nicht gut kennen – und erst recht nicht danach leben – hat damit zu tun, dass wir in einer Welt des »Wie-es-sein-sollte« leben. Wir denken: Es gibt noch so viel in der Welt, das besser hätte sein sollen, wer sind wir denn schon, um unsere Wünsche in den Mittelpunkt zu stellen? Der Hunger in der Welt muss aufhören. Die Kriege beendet werden. Die Umweltverschmutzung gestoppt. Wir glauben, dass diese Haltung unserem Leben Richtung, Sinn und Bedeutung gibt. Und wenn wir uns nicht mehr mit dem, was alles schiefläuft in der Welt, aufhalten würden, dann würden wir nichts mehr zu einer besseren Welt beitragen. Dann würden wir nur noch selbstzufrieden und lasch auf dem Sofa liegen und nur an uns denken. Indem wir davon ausgehen, dass dies unweigerlich die Konsequenz unseres Nichtstuns wäre, schaffen wir für uns selbst eine schmerzliche, stressige Realität. Ab dem Moment, wenn die Welt nicht mehr unserem Idealbild entspricht, sind wir gezwungen zu handeln, unsere Sorge, Schuldgefühle und Ängste als Antrieb. Es ist schließlich eine unfreie Welt; wir haben keine andere Wahl.

Moment, werden einige jetzt vielleicht denken, ich will aber anderen helfen, da ist kein Muss dahinter. Nun, ich glaube zweifellos, dass das möglich ist. Menschen sind zu Aufopferung und Hilfsbereitschaft imstande, das sind schöne Eigenschaften, die für unsere Mitmenschen lebenswichtig sein können. Solange dieser Impuls auf einem echten Wunsch beruht, folgt natürlich auch kein Zwang daraus.

Doch ein weiterer Grund dafür, warum es uns schwerfällt, unsere Wünsche zu leben, ist, dass wir sie in Kategorien einteilen: in gute und schlechte. Diese Strategie ist vielleicht die erfolgreichste, um unseren Wünschen den Garaus zu machen. Und weil wir so stark von Religion beeinflusst sind – fast jede Religion platziert Wünsche in dieselbe Wortgruppe wie Begierde, Drang, Verlangen und Lust, kurz gesagt schlechte oder zumindest dubiose Gefühle –, werden wir dazu neigen, unsere Wünsche sehr kritisch zu bewerten. Deswegen ist für viele der Wunsch, den Mitmenschen zu helfen, absolut in Ordnung, während der Wunsch, von anderen bewundert zu werden, als egozentrisch abgeurteilt wird. Auf diese Weise hat jeder einigermaßen authentische Wunsch kaum noch eine Chance.

Ein anderer Grund, wieso wir unsere Wünsche kaum kennen, hat mit der Tatsache zu tun, dass wir uns als Kinder stark an unseren Eltern orientieren. Oftmals sind dann die Träume, die wir als die unseren betrachten, in Wahrheit ihre.

> Margot erzählt: »Ich wollte schon immer Bürgermeisterin werden, selbst als ich schon um die dreißig war. In dieser Zeit habe ich meine beiden Kinder geboren und das hat einen enormen Einfluss auf meine Ambitionen gehabt. Langsam kam ich dahinter, dass Bürgermeister sein meine Art war, von meinem Vater als ein hochwertiges und erfolgreiches Mitglied der Gesellschaft akzeptiert zu werden. Oder besser gesagt, meinen Vater zu übertrumpfen. Er hat nämlich als Gemeindevorsteher gearbeitet, und Bürgermeister war eben noch ein bisschen höher. Es gibt bestimmt Seiten am Bürgermeisteramt, die ich wirklich schön finde, aber ein Wunschtraum, nein, nach den Kindern ist es das nicht mehr gewesen. Das Wort »Traum« oder »Berufung« passt viel besser zum Muttersein. Denn das hat meinem Leben wirklich eine weitere Dimension gegeben – dagegen verblassen alle Ambitionen, die ich beruflich habe.«

Ein weiterer Grund, wieso wir unsere Wünsche nicht in unserem Leben zulassen, hat mit dem zu tun, was wir im Moment machen. Es gibt immer irgendetwas, was erst gemacht werden muss. Geert, der als junger Mann einige Jahre lang auf Weltreise war, wurde von vielen Menschen dafür bewundert. Schließlich ist das für viele ein Wunschtraum.

Geert berichtet: »Man hört oft Leute sagen, eine Weltreise, das wäre fantastisch, aber wie geht man das an? Sie glauben, man müsste das sehr gut vorbereiten, und denken deshalb: Das geht jetzt gerade nicht. Aber es passt natürlich nie gut. Es gibt immer noch irgendwas zu tun oder zu organisieren. Ich denke halt anders, ich denke: Je mehr man mitnimmt, desto mehr Ballast schleppt man mit sich herum. Es ist überhaupt nicht so klug, alles bis ins kleinste Detail vorzubereiten. Man sollte so wenig wie möglich mitnehmen. Alle Probleme lösen sich nämlich unterwegs von selbst.

In Neuseeland stand ich in einer Bäckerei und wollte etwas kaufen, da wurde mir klar, dass ich kein Geld mehr hatte. Als ich mich gerade umdrehte, um zu gehen, da bot mir die Bäckerin ein Brot an: ›Du siehst aus wie jemand, der was zu essen vertragen könnte.‹ Um eine Weltreise zu unternehmen, muss man nur eine einzige Sache können: Die Tür hinter sich schließen und gehen.«

Schließlich machen wir unseren Wünschen oftmals völlig den Garaus mit einer einfachen Frage – ein todsicheres Mittel, um auch noch das letzte Krümelchen Wunsch restlos im Keim zu ersticken: »Warum?«. »Warum willst du Schauspieler werden?« »Warum möchtest du ein Kind?« »Warum willst du dich selbstständig machen?« Wenn man versucht, auf eine dieser Fragen eine Antwort zu geben, dann wird man schnell unsicher. Ja, warum bloß? Eigentlich weiß man das auch nicht so genau. Man will es einfach, das ist eigentlich das Einzige, was man weiß. Aber warum?

Das Schwierige ist: Ein Wunsch hat immer mit der Suche nach etwas Neuem und Unbekanntem zu tun. Wie soll man bloß erklären, warum man etwas erleben möchte, wenn man gar nicht weiß, was es einem bringen wird? Das Schwierige an »Warum« ist, dass es nach einer vernünftigen Argumentation fragt, einer rationalen Erklärung. Aber die wichtigsten Entscheidungen – wie wir im Kapitel Intuition bereits gelesen haben – treffen wir nicht aufgrund rationaler, sondern intuitiver Beweggründe.

Caroline berichtet hierüber: »Weil ich meine Menstruation oft unregelmäßig bekam, hatte es ungefähr zwei Monate gedauert, bevor mir der Gedanke kam, ich könne schwanger sein. Nachdem ich einen Schwangerschaftstest gemacht hatte, der positiv ausfiel, war ich mir sicher. Oder besser gesagt: Unsicher. Denn es konnte keinen schlechteren Zeitpunkt geben, ein Kind zu bekommen, als jetzt. Ich war gerade erst mit Jos zusammengezogen, der einen sechsjährigen Sohn hatte. Um es vorsichtig auszudrücken: Die Beziehung lief nicht gerade wie geschmiert. Ich war in meinem letzten Studienjahr, kurz vor den Prüfungen. Einen schlechteren Start für ein neues Leben konnte es eigentlich nicht geben.

Nach vielen Gesprächen, mit Freunden und mit einer netten Frau von einer Schwangerschaftsberatung, kamen wir zu dem Schluss, dass es im Moment nicht vernünftig wäre, ein Kind zu bekommen. Trotz all der Trauer, die das in mir auslöste – ich hatte mir schon die Augen aus dem Kopf geweint –, entschieden wir uns für einen Schwangerschaftsabbruch. Kurz vor meinem Termin in der Klinik stand dann plötzlich mein Ex-Freund Bas vor der Tür. Während unserer Beziehung, ich war damals 19 Jahre alt gewesen, hatten wir einen Schwangerschaftsabbruch gemacht. Ich bin später immer recht locker damit umgegangen, aber Bas kam extra vorbei, um mich daran zu erinnern, wie traurig ich damals nach dem Abbruch war. »Tu es nicht«, sagte er, »du wirst es bereuen.« Ich wusste sofort, er hatte Recht. Mein Verstand sagte Nein, aber mein ganzes Sein fühlte »Ja«.

Ab diesem Moment habe ich keine Sekunde mehr gezweifelt. Wir haben das Kind, einen Jungen, bekommen. Am Tag der Diplomausgabe an der Kunstakademie war er erst ein paar Tage alt und ich trug ihn stolz auf dem Arm. Mein schönstes Kunstwerk. Cas ist jetzt zwölf Jahre alt, und wir vier sind zu einer richtig schönen Familie zusammengewachsen.«

✶

Wünsche gibt es in allen Sorten und Größen, aber sie haben eines gemeinsam: Sie beziehen sich auf etwas, das man will. Deswegen sind sie qua ihrer Natur durchaus egozentrisch. Wir neigen schon deswegen oft dazu, sie zu negieren. Allein bei der Vorstellung, jeder würde tun, was er will, können wir schon die hochgezogenen Augenbrauen und Zweifel der anderen vor uns sehen. Dennoch sollten wir auf unsere Intuition vertrauen und unseren Wünschen nachgehen, auch und gerade wenn sie nicht wirklich »nützlich« sind.

Ein weiterer »guter« Grund, den wir oft ins Feld führen, wenn es darum geht, unsere Wünsche nicht zuzulassen, ist die Frage: Was passiert, wenn es schiefgeht? Im besten Fall denken wir: Schade, das war Pech. Nächstes

Mal klappt es besser. Aber leider haben wir schnell das Gefühl, dass mit einem Projekt auch wir gescheitert sind. Und um diesem schmerzlichen Gefühl zu entrinnen, haben sich viele Menschen eine effiziente Strategie angeeignet: Sie haben sich das Ziel gesetzt, sich so wenig wie möglich zu wünschen. Am besten gar nichts. Bloß nicht zu viel erwarten. Die Messlatte nicht zu hoch legen, nennt man das. Oder: zufrieden sein mit dem, was man hat. Denn wenn man sich nichts wünscht, kann man auch nicht enttäuscht werden. Ist doch logisch, oder?

Die Angst vor dem Scheitern ist die Triebfeder dafür, unsere Wünsche nicht wahrzunehmen. Die Angst vor dem Erfolg kann das ebenso sein. Erfolg scheint auf den ersten Blick toll zu sein, aber wenn man dann erst die Schauspielschule abgeschlossen und das städtische Kleinkunstfestival gewonnen hat und plötzlich das ganze Jahr über ausgebucht ist und zu verschiedenen Fernsehsendungen angefragt wird ... dann ändert sich der Freundeskreis, das Telefon läutet unaufhörlich, auf der Straße wird man neugierig betrachtet, wildfremde Menschen sprechen einen an und bitten um ein Autogramm. Man steht vor der Frage, ob man als Mensch oder als Produkt wertgeschätzt wird. Nein, nein, Erfolg macht nur Scherereien. Lasst mich lieber scheitern, dann bleibt alles schön beim Alten.

Und ein allerletzter Grund, warum wir dazu neigen, unsere Wünsche zu zensieren, ist, dass sie einander auszuschließen scheinen. Denn wie bringt man die schier nicht zu unterdrückende Sehnsucht nach anderen Männern unter einen Hut mit dem tiefen und ehrlichen Wunsch, eine liebevolle Partnerschaft zu führen? Oder den Wunsch nach einer erfüllenden, zeitintensiven Arbeitsstelle mit Zeit und Ruhe für die Kinder? Wenn wir nicht aufpassen und jedem Wunsch nachgehen, wird unser Zeitplaner so voll, dass wir nichts mehr genießen könnten. Wir haben nette, liebe Kinder, aber wir sind die ganze Zeit damit beschäftigt, uns um sie zu kümmern. Unsere Arbeit ist fantastisch, aber uns fehlt genau das Quantum Zeit, um die Sachen so richtig gut zu machen. Unser Partner ist ein Schatz, aber wenn wir abends neben ihm im Bett liegen, sind wir erledigt. Was heißt hier Sehnsüchte? Schlafen!

✶

Ein erstes Hilfsmittel, um »Ja«-und zu unseren Wünschen zu sagen, ist die Einsicht, dass sich etwas zu wünschen nicht das Gleiche ist, wie es zu tun. Es ist gut möglich, einen Wunsch zu hegen und zu pflegen und gleichzeitig doch nicht danach zu handeln. Etwas denken, fühlen, wünschen, alles ist in Ordnung. Das gilt für Gefühle, aber auch für Sehnsüchte. Schaffen Sie deshalb Platz in sich selbst, um sich alles wünschen zu dürfen. Und mit alles meine ich auch alles. Wenn man noch nicht einmal über das, was man erleben möchte, fantasieren darf, ist es unmöglich herauszufinden, was für Wünsche man hat. Die Erkenntnis, dass »denken« nicht automatisch »tun« heißt, gibt einem auf jeden Fall die Möglichkeit, seine Wünsche und Sehnsüchte zu akzeptieren.

Eine andere Möglichkeit, seine Wünsche kennenzulernen, ist, die Irritationen ernst zu nehmen. Spüren Sie Ärger oder Wut? Lenken Sie dann Ihre Aufmerksamkeit weg von dem, was Sie ärgert (was Sie nicht wollen) auf das, was Sie sich wünschen (das was Sie wollen).

Ärgern Sie sich über Ihren Partner, der vor allem seine eigenen Sachen macht? Anscheinend wünschen Sie sich seine Gesellschaft. Oder vielleicht möchten Sie ja auch Ihre eigenen Sachen machen?

Ärgern Sie sich über Menschen, die die Aufmerksamkeit auf sich ziehen? Möglicherweise wünschen Sie sich mehr Aufmerksamkeit.

Ärgern Sie sich über Mütter, die erzählen, wie klasse sie alles hinkriegen? Vielleicht möchten Sie selbst eine gute Mutter sein und zweifeln daran, ob Sie es auch sind?

Auf diese Weise seine Wünsche kennenzulernen ist nicht nur eine Frage des Fühlens und des Sich-Zeit-Nehmens, sondern auch des sorgfältigen Nachdenkens und ehrlicher Selbstreflexion.

Darüber hinaus hilft es uns, unsere Wünsche nicht zu viel kontrollieren und erklären zu wollen. Louann Brizendine beschreibt in *Das weibliche Gehirn* den Unterschied zwischen Jungen und Mädchen, die in die Pubertät kommen. Mädchen produzieren in der Pubertät Oxytocin und Dopamin. Das erstgenannte Hormon wird auch das »Kuschelhormon« genannt, es bewirkt, dass wir uns binden, liebhaben und in Kontakt gehen wollen. Dopamin stimuliert das »Spaßzentrum« des Gehirns. Und was wünschen sich Mädchen in diesem Alter? Gesteuert von einem beachtlichen Hormoncocktail gehen sie einkaufen, quatschen, hängen stundenlang am Telefon, kichern vor Freude, tauschen Geheimnisse aus, experimentieren mit Kleidung und Frisuren. Sie tun also alles, was mit Kommunikation und Kontakt zu tun hat. Brizendine erklärt dieses Verhalten mit der psychologischen Notwendigkeit, sich auf die Mutterschaft vorzubereiten. Indem sie starke Freundschaftsbande knüpfen, haben sie einen starken Schutz für sich und das Kind aufgebaut.

Auf der anderen Seite werden Jungen in dieser Zeit meist verlegen und schweigsam und ziehen sich zurück. Warum? Weil der Testosteronspiegel – neben dem Drang zu masturbieren – sie dazu bringt, weniger zu kommunizieren und sich in Gesellschaft zu begeben. In diesen Jahren wünschen sich Mädchen die Intimität der Gruppe, während sich Jungen Autonomie wünschen.[47]

Immer wieder werden Wünsche und Sehnsüchte zum großen Teil von unserer physiologischen Entwicklung bestimmt. Wir sehnen uns nach Menschen, Gefahr, Autonomie und wünschen uns Urlaub, Ruhe, Unterhaltung, Karriere, für unsere Kinder zu sorgen – das alles wird größtenteils von unserem Alter und unserem Geschlecht bestimmt. Selbst wenn wir es wollten, wir können unsere Wünsche und Sehnsüchte oft kaum kontrollieren. Sie sind einfach da. Es liegt in der Natur der Sache, etwas zu wollen. Ein Baum will wachsen. Dieses Wollen ist ein spontaner, natürlicher Prozess. Ein Baum kann nicht nicht wachsen. Die Natur will sich entfalten. Das Leben ist ein einziges Wollen, Wachsen und Lebendigsein. Und wir sind ein Teil dieser Natur. Auch in uns sind Sehnsüchte gespeichert: der Wunsch, Kinder zu bekommen, für andere da zu sein, das Leben zu genießen, der Welt nach unserem Tod etwas zu hinterlassen und so weiter.

Jeder Mensch ist anders und deswegen hat jeder Mensch andere Wünsche. Aber wir alle haben sie. Die meisten unserer Wünsche können wir nicht kontrollieren oder steuern. Wir haben sie. Warum oder wozu ist dabei nicht so wichtig.

Wir sind geneigt, bei der Frage nach unseren (großen) Wünschen auch in großen Antworten zu denken. Dadurch machen wir es uns unnötig schwer.

Eines Tages saß ich im Auto und war auf dem Nachhauseweg. Ich hatte es eilig, fuhr an einer Tankstelle in meinem Viertel vorbei und spürte den Impuls, mein Auto durch die Waschstraße zu fahren. Mein erster Gedanke war: Unsinn, nicht nötig, keine Zeit. Eigentlich wollte ich vorbeifahren. Aber mein zweiter Gedanke war: Mach es! Ich erwischte mich bei dem Gedanken, wie herrlich es wäre, mit einem sauberen Auto zu Hause anzukommen. Ich bog also auf die Tankstelle ab, verbrachte wunderbare zehn Minuten in der Waschstraße, inklusive eines Bechers Cappuccino aus dem Automaten und war den Rest des Abends bester Laune, weil ich mir so etwas Unsinniges gegönnt hatte.

Die Frage »Was wünsche ich mir« kann sich also auch auf kleine Dinge beziehen. Ein aufgeräumter Schreibtisch, ein frisch gebügeltes Hemd, die Lust auf die Stimme eines Freundes am Telefon. Denn wenn man noch nicht einmal nach seinen kleinen Wünschen lebt, wie soll man es da schaffen, nach den großen zu leben?

Hinter einem Wunsch ist oft noch ein anderer verborgen. Und dahinter noch einer. Was für das Goldschürfen gilt, gilt auch für Wünsche: Erst wenn man die oberste abgetragen hat, dringt man zur tieferen Schicht vor. Lassen Sie Ihre Wünsche zu und forschen Sie nach, ob darunter vielleicht noch stärkere verborgen liegen. Oft sind diese über- oder untereinander liegenden Wünsche auf faszinierende Weise miteinander verbunden. So war mein Motto immer: Mach das, was du am liebsten möchtest. Und deswegen habe ich mich jahrelang mit Herz und Seele dafür eingesetzt, sozial benachteiligten Menschen zu helfen, Theaterstücke über ihr eigenes Leben zu machen. Es war mein größter Wunsch, ihnen bei dem zu helfen, was sie am liebsten tun wollten.

Eines Tages begab ich mich in ein Reading mit einer Heilerin und ich wurde gefragt: »Ihr Vater, war das jemand, der tat, was er am liebsten wollte?«, und ich antwortete voller Überzeugung: »Ja natürlich!«. Sie sagte: »Sind Sie sich da sicher? Denken Sie bitte noch einmal genau darüber nach.« Ich dachte einen Moment lang über ihre Frage nach und auf einmal wurde mir klar, dass sie Recht hatte. Das Gegenteil war der Fall.

Mein Vater war ein Mann mit allerlei Ideen und Plänen, aber die wichtigsten Sachen waren nicht so gelaufen, wie er es sich gewünscht hatte. Die Ehe mit meiner Mutter war gescheitert, der Laden, den sie hatten, musste verkauft werden, mein Vater fing an zu trinken und unsere Familie fiel auseinander. Das alles geschah zwischen meinem 14. und 16. Lebensjahr. Ich erlebte das alles aus der Nähe mit, hatte meine Eltern zu den Sitzungen beim Psychologen begleitet, mit beiden stundenlange Gespräche geführt, um ihre Ehe zu retten, aber nichts half. Ich erinnerte mich an meinen Vater als einen Mann, dem es immer gelungen war, zu tun, was er wirklich wollte, aber die Realität sah anders aus. Er hatte genau genommen überhaupt nicht das getan, was er wollte.

Erst jetzt, bei genauerer Betrachtung, wurde mir klar, dass in diesem Alter in mir die Überzeugung herangereift war: Wenn man nicht aufpasste, konnte man nicht das tun, was man wollte. Aber anstatt in meinem Leben genau nach dieser Erkenntnis zu handeln und zu tun, was ich wirklich wollte, versuchte ich erst einmal, alle möglichen anderen zu »heilen«. Eigentlich war ich noch immer damit beschäftigt, meinem Vater zu helfen, aber das war mir nicht bewusst gewesen. Nach diesem Reading habe ich mir selbst den Freiraum gegeben, ab sofort das zu tun, was ich am liebsten wollte. Ohne dies erst den anderen »bewusst zu machen«.

Hinter dem Wunsch, anderen Menschen zu helfen, das zu tun, was sie gerne wollen, kann also anscheinend der Wunsch liegen, selbst zu tun, was man wirklich will. Manchmal ist es möglich, schon durch Selbstreflexion dahinterzukommen, was man sich in seinem tiefsten Innern wünscht. Manchmal aber liegt der eigentliche Wunsch so kompliziert verborgen, dass es Jahre dauert, bis man ihn entschlüsselt hat. Der einzige Weg, ihn zu finden, ist dann, ihn Schritt für Schritt und Schicht um Schicht herauszuschälen. Finden Sie es wunderbar, wenn Menschen Sie bewundern? Gehen Sie dem nach. Versuchen Sie, es zu erleben. Möglicherweise kommt danach ein weiterer Wunsch. Nur indem Sie es erforschen, werden Sie es herausfinden.

Wie wir bereits festgestellt haben, bewerten wir viele unserer Wünsche als banal, oberflächlich oder egozentrisch. Unser Urteil bewirkt, dass wir uns Wünsche nicht zugestehen. Manchmal ist es deswegen tatsächlich die bessere Strategie, einfach egoistisch, oberflächlich, eitel und habgierig zu sein.

Was man unbedingt braucht, um nach seinen Wünschen zu leben, ist *Mut*. Um seinen Wünschen zu folgen, etwas Neues anzupacken, muss man oft etwas Altes beenden. Wir wissen: Unsere Wünsche führen uns zum Unbekannten und Unsicheren. Mut zu entwickeln ist dann vor allem eine Frage der Hingabe und des Vertrauens, dass alles gut wird.

Manchmal ist der Unterschied zwischen dem, was sich Menschen wünschen, und dem, wie sie wirklich leben, enorm groß. Während meines Studiums habe ich ein paar Wochen in einer Dosenfabrik gearbeitet: Dosenpackungen auf Paletten stapeln, körperliche Arbeit in geräuschvoller Umgebung. In den Pausen war jeder so froh über die Stille, dass fünfzig Mann schweigend ihr Brot aßen und Kaffee tranken. Auf dem

Rückweg in die Fabrikhalle kam ich einmal mit einem Mann ins Gespräch. Ich schätzte ihn so auf 55 oder 60 Jahre. Blauer Overall, ruhiger und fester Schritt. Er fragte, was ich machte. Ich antwortete: »Lehrerausbildung Drama, also ein Studium, mit dem man später Lehrer für das Theaterspielen wird.« Er wiederholte meine letzten Worte: »Hm, Lehrer für Theaterspielen.« Ich erwartete einen blöden Witz oder geringschätziges Stirnrunzeln. Aber er sagte halb zu sich, halb zu mir gewandt: »Als Kind wollte ich Violinist werden.«

*

Wenn wir uns trauen, unser Leben mehr und mehr unter Einbeziehung unserer Wünsche zu gestalten, werden wir spüren, dass wir unserer Bestimmung folgen, dass wir das tun, was zu uns passt. Das ist kompliziert, wir müssen es Schritt für Schritt lernen, aber eines ist sicher: Wenn wir unsere Wünsche unterdrücken, werden wir fortwährend im Zwiespalt mit uns selbst sein. Nur wenn wir unsere Wünsche und Sehnsüchte akzeptieren und anerkennen, geben wir uns selbst die Wahlfreiheit, ihnen zu folgen oder nicht. »Arbeite mit deiner Berufung zusammen, arbeite nicht dagegen an, leg dich nicht quer. Gib deiner Bestimmung die Chance, sich zu erfüllen«, so sagt Sri Nisargadatta Maharaj, ein ehemaliger Zigarettenverkäufer und Autor von *Ich bin*. Wohin uns unsere Wünsche bringen, ist ein großes Abenteuer mit unbekanntem Ablauf. Wer seinen Wünschen folgt, wird unweigerlich die ausgetretenen Pfade verlassen. Das ist spannend und unsicher. Aber auch inspirierend. Mit den Worten von Joan Littlewood: »If we don't get lost, we'll never find a new route.«

Ja-aber
Wünsche führen vom Weg ab

Ja-und
Wünsche sind der Weg

7. Sag Ja zu deinen Zielen

Was wir sehen,
wird großteils von dem bestimmt,
wonach wir suchen.
Sir John Lubbock

Auf ihrem Weg kam Alice an eine Kreuzung und sah die Grinse-Katze in einem Baum sitzen. »Willst du mir wohl sagen«, fragte sie, »welchen Weg ich nehmen soll?« »Das hängt zum guten Teil davon ab, wohin du gehen willst«, sagte die Katze. »Es kommt mir nicht darauf an, wohin«, antwortete Alice. »Dann«, sagte die Katze, »kommt es auch nicht darauf an, welchen Weg du nimmst« [48]

✶

Sag »Ja« zu deinen Zielen. Das klingt erst einmal logisch. Aber was genau ist ein Ziel? Um es gleich vorwegzusagen, ich werde hier keine Ziele behandeln, wie etwa: »Am Ende des Tages will ich mein Zimmer aufgeräumt haben«, »Ich will glücklich werden« oder »Der Umsatz der Produktreihe Thermosocken soll nächstes Jahr um zehn Prozent steigen«. Das ist nicht die Art Ziele, die ich meine. Wir setzen uns nämlich auch gerne einmal Ziele, die lähmen, anstatt zu inspirieren. Deswegen möchte ich hier die inspirierenden Ziele behandeln. Die einem Energie geben. Für die man sich wie von selbst, weil man gar nicht anders kann, einsetzt. Zu denen man »Ja« sagt. Ja, aber wie finde ich so ein inspirierendes Ziel? Ziele entstehen nicht am Schreibtisch oder während einer Lagebesprechung. Wenigstens keine inspirierenden Ziele. Dafür muss man eher am Strand spazieren gehen. Ein bisschen vor sich hin spinnen. Oder sich daran erinnern, was einem als Kind Spaß gemacht hat. Und das braucht manchmal Zeit. Und Geduld.

Während der ersten zwei Jahre meiner Selbstständigkeit stand vor allem eine Frage im Vordergrund: Würde ich genug Geld verdienen, um – zusammen mit dem Einkommen meiner Partnerin – die Familie unterhalten zu können? Würde der Schornstein weiterhin rauchen? Nach zwei Jahren fiel die Antwort positiv aus. Selbstverständlich löste dies ein Gefühl der Zufriedenheit aus. Das hatte wirklich prima geklappt. Auf der anderen Seite war ich weniger zufrieden. Am Ende des zweiten Jahres war ich vor allem müde. Sehr müde. Um ein Einkommen zusammenzubekommen, hatte ich wortwörtlich fast alles getan. Ich hatte als Schauspieler, Coach, Trainer, Vorsitzender, Regisseur und Autor gearbeitet. Alles toll, spannend, herausfordernd und vor allem, weil ich »Ja« sagte, habe ich neue, interessante Welten kennengelernt. Aber die Kehrseite machte sich bereits bemerkbar. Wo sollte das alles hinführen? Selbst das positivste Szenario, das ich mir vorstellen konnte, machte mir Angst.

Angenommen, so dachte ich, ich mache so weiter, und angenommen, alles würde klappen – welches Szenario würde das ergeben?

Wenn ich meine derzeitige Wirklichkeit auf Hochglanz polieren würde, gäbe es eine Coaching-Firma, mit Trainings, wie sie jeder gibt: Selbstsicherheit, Kommunikation, Präsentation. Solche Sachen eben. Ich könnte mich nach einiger Zeit – so die Planung – aus dem Tagesgeschäft zurückziehen; ich würde einen Trainer engagieren, der einen Teil der Veranstaltungen übernähme. Der müsste natürlich einen Kollegen haben, und dann würden wir zusammen planen, eine Hilfe für Verwaltung und Organisation einstellen, kurzum, wenn ich nicht aktiv eingreifen würde, würde mein Betrieb selbst im besten Fall zu etwas werden, was mir keinen Spaß mehr machen würde. Solch ein Betrieb lag mir nicht.

Gleichzeitig fühlte ich nach zwei Jahren, dass etwas passieren musste. Was sollte das sein? Ich hatte keine Ahnung. Das Bild, das mir dazu einfiel, war das eines Gärtners, der an einem Dezembertag seinen Garten inspiziert. Die Natur scheint vollkommen zum Stillstand gekommen zu sein, aber unter der Erde bereitet sie sich auf den kommenden Frühling vor.

Am zweiten Weihnachtstag nahm ich mir selbst das Versprechen ab, gleich ab dem ersten Tag des neuen Jahres aufzuhören, mir allerlei neue Projekte und Dienstleistungen auszudenken. Wenn ein Projekt mir wenig Geld einbringen sollte, noch dazu mit hohem Aufwand, würde ich es stoppen (für einen neu startenden Selbstständigen eine der schwersten Aufgaben – denn weg ist der Kunde), ich würde keine Energie mehr in Akquise stecken und nicht mehr hinter allen möglichen potenziellen Neukunden herrennen. Die Zeit, die ich dadurch gewinnen würde, wollte ich mit nur einer einzigen Sache verbringen: nachdenken über den nächsten Schritt, den ich mit meinem Betrieb machen wollte. Oder besser, welchen Schritt mein Betrieb als nächsten machen sollte. Es fühlte sich an wie etwas, das ich mir nicht vorstellen konnte – die Idee musste sich mir von sich aus offenbaren. Ich wusste nicht wo und wie, aber irgendwie würde mir die Idee schon zufliegen. Ich musste vor allem aufmerksam sein.

Eines jedoch wusste ich sicher: Ich wollte auf eine Weise arbeiten, die mir Spaß machte, ich wollte etwas machen, worin ich gut war und was der Markt brauchte. Das wäre fantastisch. Die Arbeit als Hobby. Und wieso auch nicht? In diesem Stadium war noch alles möglich. Wieso sollte ich also schon von vornherein Kompromisse machen?

Leichter gesagt als getan. Das Erste, was ich an meinem ersten Arbeitstag im Januar machte, war das Anfertigen einer Excel-Tabelle mit Ausgaben, finanziellen Reserven und zu erwartendem Einkommen. Wie lange würde ich es finanziell aushalten? Das Zweite, was an diesem Arbeitstag passierte, war, dass einer meiner wenigen Stammkunden, eine Theatergruppe, fragte, ob ich Regie führen wolle? Ich wollte schon »Ja« sagen, da meldete sich unerbittlich eine Stimme in meinem Kopf: »Berthold, mach's nicht. Du verdienst kaum etwas, es gibt nur Gemecker darüber, wer die Briefmarken und die Kopien bezahlen muss, diese Projekte führen zu nichts, wohl aber zu viel Stress und Ärger. Bleib deinem Versprechen treu, sag Nein. Lass los.«

Und schon hörte ich mich sagen: »Ich glaube, es ist besser, wenn ich es nicht mache. Vielleicht ist es besser, ihr sucht euch jemand anderen.« Ups, das kam einfach so über meine Lippen. Mein Stammkunde war überrascht.

»Und das nächste Mal?«

»Ich weiß es nicht«, antwortete ich, »ehrlich gesagt, glaube ich, dass wir nicht mehr gut zusammenpassen.« Der Kunde fand es schade, aber er akzeptierte meinen Entschluss. Und tschüss, Stammkunde.

Im Nachhinein betrachtet ist diese Zeit, die damals anbrach, eine der schwierigsten in meiner Arbeitskarriere gewesen. Wie soll man sich selbst »erfinden«? Wie übersetzt man Wünsche in Ziele? Diese Frage markiert den Übergang von der Innenwelt – wer wir sind, was wir können und was wir uns wünschen – zur Außenwelt, dem, was wir tun werden. Erst wenn wir unsere Wünsche in Ziele übersetzen, können wir unserem Handeln eine Richtung geben. Können wir uns auf den Weg machen. Der Übergang vom Wunsch zum Ziel kann rasend schnell gehen, aber manchmal braucht der Übergang auch Zeit. Monate, manchmal Jahre. Genau wie guter Wein Zeit zum Reifen braucht.

Jetzt blicke ich mit einem guten Gefühl auf diese Zeit zurück, aber als ich mittendrin steckte, fühlte ich mich vor allem unsicher, gestresst und gar nicht wohl. Wie lange würde das dauern? Was wäre, wenn ich nicht genug verdienen würde? War ich nicht doch hochmütig? Kurz gesagt: Mein logisches Denken, die Ja-abers drohten die Oberhand zu gewinnen. Großartig: ein Trainingsbüro als Angstvision – das war das Letzte, was ich gewollt hatte. Und war es nicht sowieso viel schöner, allerlei verschiedene Sachen zu machen, einfach nicht auswählen zu müssen? Vielleicht musste ich auch einfach das Leben mehr auf mich zukommen lassen und nicht so angestrengt über etwas anderes nachdenken. Wahrscheinlich würde sich sowieso nichts anderes entwickeln. Das waren schließlich alles Hirngespinste, oder etwa nicht? Traumtänzerei! Täglich quälten mich buchstäblich Hunderte Ja-abers. Und genauso oft sagte ich mir: Halte durch, warte ab, unternimm nichts. Vertrau deiner Intuition. Es ist Zeit für etwas anderes. Das wird schon werden …

Ende März, Anfang April rückte endlich alles auf seinen rechten Platz – wie die letzten Teile bei einem Puzzle. Was ich vor mir sah, war ein Saal mit Stuhlreihen wie in einem Theater und darauf saßen 150 Leute. Ich stand vor ihnen, hinter mir eine Stellwand, auf der ganz groß Ja-aber geschrieben stand. Neben mir ein Schauspieler an einem Tisch, mit einem Laptop vor sich und einem Strauß kitschiger Stofftulpen, die durch kleine Lämpchen beleuchtet werden.[49] Zusammen würden wir eine Art Training geben, bei dem sich Vorträge mit Übungen, Spielen und Sketchen abwechseln; die Zuhörer würden natürlich gespannt zuhören, es würde immer wieder gelacht werden, inhaltlich wäre es fantastisch und am Ende würde es natürlich tosenden Applaus geben. Der Schauspieler und ich würden uns verbeugen und tief im Innern würden wir spüren, dass wir diesen Menschen etwas geben konnten. Diese Vision, dieses Bild, gefiel mir sehr. Ganz besonders natürlich der rauschende Beifall. Ich spürte dem noch ein bisschen nach, sprach mit einigen Leuten darüber und dann war mir klar: Das ist es!

✶

Sie stehen mit einem netten Mann an der Theke und plaudern. Sie merken: Wir finden uns mehr als »nur« nett und am Ende des Abends verabschieden Sie sich mit einem »Tschüs«. Aber am nächsten Morgen werden Sie mit einem Schreck wach: Wo wohnt er? Wie kann ich ihn wiedersehen? Habe ich seine Handynummer? Wenn Sie Ihre Wünsche nicht in konkrete Ziele übersetzen, ist es unmöglich, zu handeln. Zuerst müssen Sie für sich herausfinden, was Sie genau wollen (»Ihn noch einmal sehen, bei mir zu Hause, abends um zehn Uhr, geschlossene Vorhänge, wir haben alle Zeit der Welt«), erst dann können Sie etwas unternehmen. Je genauer Sie vor sich sehen, was Sie wollen, desto größer die Chance, dass genau das passieren wird. Umgekehrt gilt dasselbe. Wenn Sie schwammige Ziele haben, wird genau das passieren: schwammige Situationen. Ohne Ziel sind alle Richtungen in Ordnung.

So erzählte mir eine gute Freundin: »Ich habe einen ganz einfachen Wunsch: Ich würde riesig gern ein großes Fest feiern, mit all meinen Freunden und Bekannten. Eine Tapas-Bar mieten, gute Musik, super Stimmung. Ich weiß genau, dass es nicht viel braucht, um das zu realisieren: einen Raum, etwas Geld, Einladungen schreiben, das ist es eigentlich schon. Diese Idee trage ich seit mehr als zehn Jahren mit mir herum, aber irgendwie klappt es nie.«

Einen Wunsch zu hegen genügt nicht, um uns in Bewegung zu setzen. Wer Sehnsucht nach dem Meer hat, macht sich nicht automatisch auf den Weg. Denn um tatsächlich loszufahren, muss man seinen Wunsch in Handlung übersetzen. Wohin will man genau? Welches Meer? Fahre ich in den Norden, Osten, Süden oder Westen? Und wenn ich da bin, reicht es dann, am Strand zu stehen, oder will ich wirklich auf dem Wasser sein? Und wenn ja, wie? Mit einem Schiff, einem Boot oder auf einer Luftmatratze? Und wie weit will ich dann raus aufs Meer? Wann komme ich wieder zurück? Und wie? Zwischen dem Wunsch und der Handlung befindet sich ein großer Schritt: nämlich ein klares Bild und der Entschluss, dieses Bild bis zu einem bestimmten Zeitpunkt in die Realität umgesetzt zu haben.

Ein Obdachloser, mit dem ich zusammengearbeitet habe, erzählte mir einmal: »Ich bin so jemand, der immer 1 000 Ideen und Pläne hat, aber eigentlich nichts fertig kriegt. An mangelnder Energie oder Begeisterung liegt es nicht, das ist es nicht. Aber was ist es dann? Manchmal glaube ich, es liegt an meinem Charakter. Vielleicht bin ich einfach ein fauler Mensch. Oder ich habe kein Durchsetzungsvermögen. In anderen Momenten denke ich wieder, es hat mehr damit zu tun, wie ich etwas organisiere. Vielleicht will ich zu viel auf einmal, und es ist eher eine Frage der Planung und der Prioritäten. Aber dann zweifle ich auch daran wieder. Vielleicht ist es mir auch einfach nicht wichtig genug und im Grunde egal, ob ich meine Ideen verwirkliche oder nicht. Denn ich bin irgendwie ganz zufrieden mit dem Leben, das ich führe. Vielleicht ist es also eine Frage der Motivation. Wenn ich es mehr wollen würde, würde es mir vielleicht gelingen, die Sachen zu Ende zu bringen. Vielleicht bin ich mehr ein Träumer als ein Macher. Ich weiß es einfach nicht.«

Manchmal dauert es lange, bis wir ein Ziel finden. Manchmal geht es schnell. So wie bei Job Jansen, einem Schauspieler, der für Ja-aber gearbeitet hat.

»Ich studierte an der Hochschule in Rotterdam, war aber nicht glücklich mit der Ausbildung zum Sozialarbeiter. Ich war dabei, mich umzusehen, hatte aber ehrlich gesagt keine Ahnung, was ich stattdessen wollte. Es war eine schwierige Zeit mit Zweifeln und Unsicherheiten. In der Zeitung sah ich zufällig eine Anzeige für das Studium Humanistik. Das Motto der Ausbildung hieß: ›Das schönste Studienobjekt ist der Mensch‹. Ich wusste sofort: Das ist genau das, was ich will. Bei der Vorstellung, mich zu immatrikulieren, überkam mich eine große Ruhe. Obwohl ich zu diesem Zeitpunkt noch nicht einmal wusste, was das Studium beinhaltete. Ich ging zum Tag der offenen Tür und fühlte mich gleich wohl. Das konnten auch die anderen sehen. Jemand sagte zu mir: ›Du siehst so aus, als würdest du hier schon Jahre studieren.‹ Ich habe mich eingeschrieben und bin jetzt in meinem Abschlussjahr. All meine Erwartungen sind in Erfüllung gegangen. Ich habe meine Wahl keinen Moment lang bereut.«

Job hat sich sein Ziel nicht ausgedacht, er hat sein Ziel in der Zeitung erkannt. Die Ausbildung gab es schon. Das Einzige, was er tun musste, war »Ja« zu sagen und danach zu handeln. Seine Geschichte ist ein schönes Beispiel dafür, wie sich ein Wunsch ganz von selbst in ein Ziel verwandelt. Bevor er sein Ziel fand, wusste er bereits, dass er etwas anderes wollte. Er war nicht besonders zufrieden mit seinem ersten Studium und schaute sich bereits nach etwas anderem um. Was er damit eigentlich getan hatte, war das Akzeptieren seines Wunsches, ohne zu wissen, welche Form sein Wunsch bekommen würde. Eine solche Periode des Zweifels und der Unsicherheit geht dem Übergang vom Wunsch zum Ziel eigentlich immer voraus.

Wie wir bei den Wünschen bereits gesehen haben, gehören zu jeder Lebensphase eigene Ziele: Kinder bekommen, mit Freunden ausgehen, eine Geliebte finden, studieren, einen Betrieb gründen, die Welt bereisen und so weiter. Unser ganzes Leben lang bieten sich Ziele an, die uns helfen, den Wünschen Form zu geben. Manchmal scheint es, als könnten wir unsere Ziele beeinflussen, aber in vielen Fällen ist es genau andersherum. Unsere Ziele beeinflussen uns. Sie überfallen uns, sie sind einfach da, plötzlich, unangekündigt. Wenn wir sie wahrnehmen, wenn wir uns trauen, »Ja« zu ihnen zu sagen und die Kontrolle loszulassen, werden diese Ziele unser Leben verändern. Als ob wir uns auf den Rücken eines wilden Pferdes schwingen. Ziele, die sich auf dieser Ebene befinden, geben uns das Gefühl, unsere Bestimmung gefunden zu haben. Wir können ein bisschen steuern und die Richtung angeben, aber das Pferd hat seinen eigenen Willen und seine eigene Dynamik. Nur wenn wir loslassen, geben wir die Kontrolle ab. Und von diesem Moment an kann sich das Leben offenbaren.

Wie finden wir heraus, wie wir uns am besten positionieren, damit unsere Ziele uns finden können. Bevor wir das tun, ist es ratsam, eine Reihe von Missverständnissen, die rund um den Begriff »Ziel« herrschen, aus dem Weg zu räumen. Ziele scheinen nämlich etwas ganz Einfaches zu sein, aber in der Praxis sieht es ganz anders aus. Deswegen zuerst die Frage: Was ist das eigentlich für ein »Ding«, ein Ziel?

✶

Fangen wir zur Abwechslung mit dem an, was Ziele nicht sind: Leider gibt es auf dem Gebiet des »Zielformulierens« so viele Missverständnisse, dass ich nicht darum herumkomme, diese Missverständnisse aus dem Weg zu räumen. Um gleich einmal mit einem anzufangen: Ziele sind keine Probleme. Man könnte meinen, ich würde damit offene Türen einrennen, dem ist aber leider nicht so. Viele Leute denken nämlich bei dem Wort »Ziel« an das, was sie nicht wollen. »Mein Ziel ist es, dieses Jahr nicht wieder verregnete Ferien in den Niederlanden zu verbringen.« Schön. Aber wo wollen sie stattdessen hinfahren? Wenn Sie wissen, was Sie nicht wollen, gibt Ihnen das nämlich in den meisten Fällen noch kein Bild von dem, was Sie dann wohl wollen.[50]

»Ich möchte keinen Partner, der den ganzen Tag nur auf dem Sofa sitzt.« Gut. Logisch. Man möchte einen aktiven Partner. Aber wie soll das aussehen? Soll er den ganzen Tag in seinem Atelier modellieren? Soll er mit Ihnen durch den Schwarzwald radeln? Soll er Ihnen eine tiefenentspannende Rückenmassage verabreichen? Was wollen Sie?

»Mein Partner muss kein Partylöwe sein.« Darf er dann aber zu einer Prostituierten? Oder kistenweise Bier ins Haus schleppen? Oder den ganzen Tag auf dem Sofa abhängen?[51]

Dennoch sprechen wir oft in Problemen und das ist verständlich. Probleme sind für viele eine praktische Sache: Sie sind konkret. Man kann sie sehen. Man hat das Gefühl, man weiß, was man tun muss. Man kann sofort anfangen.[52] Platter Reifen? Reparieren! Tropfender Wasserhahn? Neue Dichtung! Probleme sind nicht immer schön, um sie zu haben, aber sie zu lösen gibt einem ein befriedigendes Gefühl, eine sinnvolle Tagesbeschäftigung. Man hat nämlich was zu tun. Und wenn man es getan hat, ist man zufrieden. Man hat ein Problem gelöst. Ein Problem ist etwas, das man verschwinden lassen möchte. Ziele und Probleme sind per definitionem nicht dasselbe. Zu einem Ziel sagt man »Ja«. Zu einem Problem »Nein«.[53]

Der Amerikaner Robert Fritz entwickelte unter anderem eine Theorie über den Prozess der Kreativität. Er beschreibt zwei Gründe, die uns zum Handeln veranlassen: Wir möchten etwas entstehen lassen, eine Kreation, oder etwas verschwinden lassen, ein Problem. Er beschreibt, dass es eine vollkommen andere Strategie erfordert, etwas verschwinden zu lassen, als etwas zu erschaffen. Wenn man im Leben nur weiß, was man nicht will, dann riskiert man, in einen Teufelskreis zu geraten. Wenn wir nicht aufpassen, leben wir von einem Problem zum nächsten.

Problem: Ich bin zu dick. Lösung: Ich nehme ab. Problem: Ich habe Hunger. Lösung: Ich esse. Diesen Kreislauf kennen wir alle unter dem Namen Jojo-Effekt. In der Politik kennen wir diese Erscheinung als Zirkulationspolitik.[54] Das bedeutet: Wer sich bei seinen Handlungen nur von Problemen leiten lässt, landet fast von selbst in diesen unangenehmen, sich selbst stets wiederholenden Situationen. Das macht mutlos. Denn egal, was man tut, die Probleme kommen immer wieder zurück. So als ob man mit seinem Auto im Schlamm steckt, und je mehr Gas man gibt, desto tiefer gräbt man sich in den Schlamm hinein. Die selbstausgedachte »Lösung« macht das Problem nur noch schlimmer.

Wenn man das Gefühl hat, ein Problem tauche immer wieder auf, ist die Chance groß, dass man sich in einem, wie Fritz es nennt, strukturellen Konflikt befindet, weil man zwei Sachen möchte, die sich gegenseitig ausschließen. Der Konflikt ist für sich genommen unlösbar. Es ist eine Pattsituation. Derartige Strukturen können in uns stecken, ohne dass wir es merken, und auf allerlei Ebenen die Oberhand gewinnen.

Mein Problem: Ich mache keine Karriere mit einer Teilzeitstelle. Lösung: Ich arbeite mehr. Neues Problem: Ich habe zu wenig Zeit für die Kinder. Lösung: Ich reduziere die Stunden. Es ist zum Verrücktwerden – jede Lösung schafft also wieder ein neues Problem. Weil diese vertrackten Abläufe oft über längere Perioden andauern (manchmal in Zyklen von fünf bis zu zehn Jahren), ist es schwierig, sie zu durchschauen.

Deswegen kann man, wenn man die Vierzig erreicht hat, das Gefühl haben, man sei trotz aller Anstrengungen keinen Meter weiter gekommen. Und in gewissem Sinne stimmt das auch.

Klaas erzählt: »Beziehungen waren für mich immer die reinste Katastrophe. In den letzten zwanzig Jahren habe ich 5-mal mit einer Frau zusammengewohnt, und jedes Mal ging es schief. Jede Situation war natürlich anders, aber ich sehe darin trotzdem ein Muster. Ein Teil des Dramas fängt schon mit der Tatsache an, dass ich vom Wesen her ziemlich einzelgängerisch bin. Ich bin Maler und wenn ich nicht aufpasse, dann arbeite ich Tag und Nacht. Aber ich finde, wenn man in einer Beziehung lebt, dann sollte man wenigstens ein paar Sachen zusammen machen: essen, ausgehen, Freunde besuchen, diese an und für sich normalen Sachen eben. Am Anfang einer Beziehung muss ich mich dazu auch gar nicht motivieren, wenn man verliebt ist, geht das wie von selbst, aber nach einiger Zeit steckt der Wurm drin.

Ich fange an, die Beziehung zu vernachlässigen, stürze mich vollkommen in meine Arbeit und wenn ich es merke, ist es eigentlich schon zu spät. Als Folge davon bricht die Beziehung auseinander. Zu Anfang bin ich dann auch irgendwie sehr erleichtert – endlich kann ich wieder durcharbeiten, ohne dass jemand um sieben Uhr ruft, dass das Essen fertig sei. Also lasse ich es auch irgendwie bewusst drauf ankommen, glaube ich. Aber wenn ich dann etwa ein Jahr alleine gelebt habe, kommt die Sehnsucht nach einer festen Beziehung wieder. Nachdem ich das jetzt so oft gemacht habe, glaube ich, dass ich einfach akzeptieren muss, dass ich ein Workaholic bin und eine Beziehung nicht zu mir passt.«

Das Problem von Klaas fängt bei seinem negativen Selbstbild an. Er nennt sich selbst Einzelgänger und Workaholic. Aber solange er glaubt, er müsse sich ändern, wird er nicht den dahinterliegenden Wunsch erkennen: Klaas macht nichts lieber, als viel zu arbeiten, und ist dabei gerne für sich. Warum sollte das ein Problem sein? Wenn Klaas seinen Wunsch akzeptiert, ist die Wahrscheinlichkeit groß, dass er »von selbst« eine Partnerin findet, die es sehr schätzt, wenn ein Mann seine eigenen Wege geht. Klaas geht davon aus, dass Frauen es lieben, auszugehen oder Freunde zu besuchen. Und solange Klaas davon ausgeht, wird er auch Freundinnen anziehen, auf die das zutrifft. Erst wenn er seine Bedürfnisse akzeptiert, wird er auch eine Partnerin finden, die zu diesen Bedürfnissen passt.

Kurzum, die Herausforderung besteht darin, unsere Probleme in Wünsche zu übersetzen und dann unsere Wünsche in Ziele zu formulieren. Wenn wir bei dem bleiben, was wir nicht wollen, werden wir in den immer gleichen Kreisläufen stecken bleiben.

Die Verwechslung eines Ziels mit einem Mittel ist ebenfalls ein häufig vorkommender Fehler. Mittel sind immer Wenn-dann-Konstruktionen. Es sind Zwischenschritte auf dem Weg zum Endziel. Aber wenn wir nicht gut aufpassen, verwechseln wir den Zwischenschritt mit unserem Endziel.

Marjorie, eine junge Afroamerikanerin, die an *Not-Your-Mama's Bustour* in Chicago teilnahm, überlegte, ob sie einen Excelkurs machen sollte. Als ich sie fragte, ob sie denn Lust auf eine Schulung hätte, verzog sie angewidert das Gesicht. »Allein schon der Gedanke – nein!« »Warum machst du es dann?« »Dann habe ich größere Chancen auf dem Arbeitsmarkt«, war ihre Überlegung. »Was willst du denn machen auf dem Arbeitsmarkt?«, fragte ich sie. Das wusste sie nicht. Als ich sie fragte, was ihr zurzeit Spaß mache, fing sie an zu strahlen. »Schreiben«, antwortete sie, »aber das bringt nicht gerade ein sicheres Einkommen.« Für Marjorie war der Excelkurs ein Mittel, ein Fahrschein zur finanziellen Sicherheit. Aber zu dem Kurs selbst hatte sie keine Lust, während ihr das Schreiben leicht von der Hand ging. Ob Marjorie den Kurs besucht hat? Ob sie ihn zu Ende gemacht hat? Ich weiß es nicht, wir haben uns aus den Augen verloren. Aber selbst wenn sie den Kurs erfolgreich abgeschlossen hat, und selbst wenn sie dadurch eine Arbeit gefunden hat, dann wird sie doch eine Arbeitsstelle haben, die nicht zu ihren Wünschen passt. Und außerdem: Stimmt ihre Annahme eigentlich, dass man mit Schreiben kein Geld verdienen kann? In England lebte eine arbeitslose, alleinerziehende Mutter. Jahrelang musste sie Klinken putzen, bis sie einen Verlag gefunden hatte, der bereit war, ihr Manuskript herauszugeben, das sie am Küchentisch geschrieben hatte. Letztendlich, obwohl sie die Hoffnung fast schon aufgegeben hatte, war es ihr doch noch gelungen. Vielleicht müssten Sie sie einmal fragen, ob sie ein sicheres Einkommen hat. Zumindest, falls Joanne K. Rowling Zeit findet, Ihre Frage entgegenzunehmen.

Marjories Schulung war kein Ziel, es war ein Mittel. Auf diese Weise kommen viele Leute in eine Situation, in der sie das Gefühl haben, hart zu arbeiten, aber überhaupt nicht wissen, in welche Richtung es eigentlich geht. Nicht wirklich effizient. Und auch nicht vernünftig.

Ich denke, es ist inzwischen deutlich geworden, dass Probleme und Mittel keine Ziele sind. Auch ein Seufzer, ein Wunsch oder ein Angstbild ist kein Ziel. Genauso wenig wie eine Sehnsucht, ein Traum oder eine Vision ein Ziel ist. Aber was genau ist dann eigentlich ein Ziel?

Zuerst einmal: Ein Ziel, das zu Ihnen passt, entspringt Ihren Wünschen und Sehnsüchten. »Die Sehnsucht nach dem Meer« ist zunächst ein vages Gefühl, und um daraus ein Ziel zu machen, muss man das Gefühl in ein Bild umsetzen. Erst wenn Ihr Ziel Formen annimmt, können Sie sich auf den Weg machen. Sie wissen jetzt, ob sie an die Nordsee fahren müssen, um Ihr Ziel zu realisieren, oder an den Golf von Mexiko. Erst wenn Sie in der Lage sind, Ihre Vision zu beschreiben, sind Sie in der Lage, aufzubrechen.

Das Bild, das ich von unserem Ja-aber-Programm hatte, war glasklar. Aber der Inhalt des Programms und wie ich das erreichen sollte – das war mir vollkommen unklar. Aber diese Fragen sind auch erst einmal nicht von Bedeutung. Es fängt damit an, dass Sie wissen, was Sie wollen, und dass Sie das vor sich sehen. Wie Sie dorthin gelangen, ist der zweite Schritt. Erst das Ziel, dann das Mittel. Erst das Was, dann das Wie.

Das Letzte, was wir benötigen, um von einem Ziel zu sprechen, ist eine Deadline. Sehr treffend formulierte das der flämische Aphoristiker Peter Darbo: »Ein Ziel ist ein Traum mit einer Deadline«. Das heißt: Erst wenn Sie entscheiden, bis wann Sie etwas erreicht haben wollen, kann man wirklich von einem Ziel sprechen. Solange Sie sich keine Deadline setzen, haben Sie nur einen Traum. Noch einmal: Ein Ziel ist das anziehende Bild einer zukünftigen Wirklichkeit mit einem klaren Termin. »Anziehend«, weil nach der Definition dieses Buches ein Ziel einem

Wunsch entspringt: Es zieht sie an. Übrigens: Ein Ziel hat keinen weiteren Nutzen, Sinn oder Bedeutung (sonst wäre es ein Mittel). Ein Ziel ist auch nicht dazu bestimmt, etwas zu lösen (sonst würde der Anlass zum Problem). Für Sie ist etwas ein Ziel, weil es Sie anzieht. Sonst nichts. In diesem Sinne gilt für ein Ziel dasselbe wie für einen Wunsch. Wenn Sie es rechtfertigen müssen, dann ist es kein Ziel mehr. Warum ist es Ihr Ziel, einen Campingplatz zu haben? »Weil ich es toll finde, einen zu haben!« »Warum ist das toll?« »Na, einfach darum!« Sehen Sie, das ist ein richtiges Ziel. Erst wenn Sie nicht mehr erklären können, warum Sie etwas machen, kann man von einem Ziel sprechen. Andernfalls ist es ein Mittel.

Nun klingt das alles an und für sich recht einleuchtend. Aber ich möchte Sie noch einmal dazu auffordern, nachzudenken: Selbst wenn etwas wie ein Ziel erscheint, wenn es klingt wie ein Ziel, braucht es das noch nicht zu sein. Es ist nämlich von äußerster Wichtigkeit, zu wissen, was es bedeuteten würde, wenn man das Ziel nicht erreicht.

Nehmen wir einmal an, jemand setzt sich das Ziel, einen eigenen Betrieb zu gründen. Er freut sich darauf, er sieht schon ganz klar vor sich, wie der Betrieb aussehen wird (Gebäude, angebotene Dienstleistungen und Produkte, Prospekte, Logo, all solche Sachen ...), und er hat auch einen klaren Termin: Am ersten Januar des nächsten Jahres soll der Betrieb aus der Taufe gehoben werden. Das klingt alles nach einem Ziel. Nun stellen Sie ihm die Frage: »Was würde es für Sie bedeuten, wenn es nicht klappt?«, und die Person würde antworten: »Dann finde ich das eine wahnsinnige Niederlage.«

In diesem Fall wäre das Projekt nicht mehr ein Ziel für sich, sondern vielmehr ein Mittel, um sich selbst etwas zu beweisen. Um der darunterliegenden Angst, ein bedeutungsloses Leben zu führen, nicht ins Auge sehen zu müssen. Solange dieses Problem als Motiv im Hintergrund eine Rolle spielt, so lange ist man nicht frei, um sein Ziel zu erreichen. Bremsen und Gasgeben zur selben Zeit. Eine Ja-und-Konstruktion bedeutet, dass man Ja-und zum Ziel sagt und dem Gelingen oder Nichtgelingen keine Bedeutung beimisst. Wenn es klappt: super, schön, fein, hurra. Wenn es nicht klappt: schade, Pech, nächstes Mal wird es besser gehen. Und das war es dann auch schon. Nicht mehr und nicht weniger. Ein Ziel ist immer ein Ziel für sich. Ohne weitere Verantwortlichkeiten.

✶

Wir wissen jetzt, was ein Ziel ist. Dennoch wird es schwer sein, auf Kurs zu bleiben. Was können wir tun?

Eine erste Antwort auf diese Frage hat damit zu tun, dass der Weg zum Ziel ziemlich rutschig ist. Das ist, wie sich durch einen dunklen Tunnel zu tasten. Man weiß, wohin man will, aber nicht, wie. Man kann nichts anderes tun, als nach Gefühl und Intuition einen Fuß vor den anderen zu setzen. Die Arbeit an Problemen ist da schon viel verlockender. Ein Problem ist einfach da. Man kann es orten, benennen, messen, durch eine Analyse jagen. Probleme gibt es bereits im Hier und Jetzt. Deswegen üben Probleme oft eine viel größere Anziehungskraft auf uns aus als Ziele. Ein Ziel anzugehen ist viel schwieriger. Das erfordert die Fähigkeit, auf das Bild zu vertrauen, das man sich einmal gemacht hat. Weitergehen, suchen, tasten, obwohl man nicht weiß, wie man ankommen soll, auch wenn einen zwischendurch Zweifel und kritische Fragen quälen (»Warum wolltest du das so dringend …«). Der einzige Halt, den man hat, ist die Vorstellung von dem, was man will.

Ein anderer Grund, sich nicht auf den Weg zu machen, ist, wie wir bereits gesehen haben, die Angst, sein Ziel nicht zu erreichen. Toll, mitmachen bei *Deutschland sucht den Superstar*, aber was, wenn ich gleich beim ersten Auftritt weggeschickt würde? Und was, wenn nicht? Dann würde das ganze Leben auf den Kopf gestellt werden! Erfolg schafft Instabilität. Misserfolg schafft Stabilität. Zwar machen wir uns auf die Reise, aber wir steigen bei der ersten Bushaltestelle schon wieder aus und kehren um.

Der Preis für das Nichterreichen seines Ziels ist immer Enttäuschung. Es ist unmöglich, etwas sehr gern zu wollen und gleichzeitig so zu tun, als ob es nichts ausmachen würde, ob es klappt oder nicht. Die einzige Art und Weise, wie man sich vor Enttäuschungen schützen kann, ist, nichts zu wollen, sich an niemanden zu binden, keine Kinder zu haben. Sobald man sich ein Ziel setzt, riskiert man – manchmal sogar eine große – Enttäuschung. »Ja« dazu zu sagen, sich ein Ziel zu setzen, bedeutet per definitionem »Ja« zum Risiko zu sagen, enttäuscht zu werden. Wenn man draußen spielt, hat man ab und an ein aufgeschürftes Knie.

Ein weiterer Grund, warum es so schwer ist, Ja-und zu sagen, und auch einer der am meisten unterschätzten, hat mit der Tatsache zu tun, dass wir oft schon allerlei Ziele haben. Bereits existierende Ziele stehen neuen Zielen im Weg. Wir müssen uns manchmal zutrauen, Nein zu Chancen und Möglichkeiten zu sagen. Als ich noch nicht so lange als Selbstständiger arbeitete, sprach ich mit einem Trainingsbüro und verstand mich mit den Leuten dort auf Anhieb gut. Wir machten ein paar Projekte zusammen. Alles lief wunderbar. Eines Tages bat mich der Direktor zu sich ins Büro, und zu meiner Überraschung bot er mir eine Stelle an – mit allem Drum und Dran: Geschäftswagen, Handy, dreizehntes Monatsgehalt – alles war tipptopp. Ich war verwirrt und bat um einige Tage Bedenkzeit. Als ich meiner Partnerin davon erzählte, merkte ich, dass ich die Stelle nicht haben wollte. So verlockend diese Chance auch war – vor allem die finanzielle Sicherheit, die uns das bieten würde – ich fing nicht wirklich Feuer. Bloß konnte ich nicht erklären, wieso. Ich habe intuitiv abgelehnt und verstand erst Jahre später, warum: Ich habe gespürt, dass der Job meine eigenen Ziele blockieren würde.

Vieles von dem, was wir machen, haben wir uns schon in der Vergangenheit zum Ziel gesetzt. Kinder zu haben ist eines der deutlichsten Beispiele. Sind die Kinder auf der Welt, ist das Ziel »erreicht«, hat das zur Folge, dass man über viele Jahre hinweg Energie für die Erziehung einplanen muss. Das Ziel ist nämlich – in den meisten Fällen – nicht erreicht, wenn das Kind geboren wird, sondern wenn es selbstständig ist und das Haus verlässt. Das Ziel »Kinder bekommen« ist ein großes Ziel und wird so viel Zeit in Anspruch nehmen, dass andere Ziele automatisch zurücktreten müssen.

Um Ihre Ziele wirklich erreichen zu können, ist es also von großer Bedeutung, sorgfältig abzuwägen, welches Ihre wichtigsten Ziele sind, wie eine Rangfolge aussehen müsste. Worauf kommt es Ihnen wirklich an? Planen Sie Ihre Ziele sorgfältig ein und bedenken Sie: Weniger ist manchmal mehr. Wenn Sie von allem ein bisschen wollen, dann bekommen Sie das auch: Aber eben nur ein bisschen. David Beckham ist nicht *auch* noch Popsänger. Und Nelson Mandela ist nicht *auch* noch Besitzer einer florierenden Anwaltskanzlei. Je präziser der Fokus, desto größer die Chance, das Ziel zu erreichen. Prüfen Sie also erst genau Ihre derzeitige Situation.

Mein Freund Patrick, der bei einem Fernsehsender arbeitete, bekam eine neue Stelle angeboten, was ihn sehr verwirrte. »Ich arbeitete als

Researcher und bekam einen Zeitvertrag nach dem anderen. Es waren immer tolle Sendungen, bei denen ich mitarbeitete. Aber plötzlich bekam ich diese Stelle bei einer Nachrichtensendung angeboten, bei der ich schon seit zehn Jahren arbeiten wollte. Aber finanziell hätte es einen Rückschritt bedeutet. Ohne groß nachzudenken, schlug ich das Angebot aus. Bis ein Kollege über ein paar Ecken davon hörte, dass ich die Stelle angeboten bekommen hatte. Er fragte, warum ich mir diese Chance hatte entgehen lassen. Ich antwortete: ›Ist doch logisch, ich verdiene dort zu wenig.‹ Als er weiterfragte, was daran denn so schlimm sei, kamen mir Zweifel. Eigentlich würde das Geld reichen und mit Stolz oder Ehre hatte es auch nichts zu tun. Im Gegenteil. Es würde mich sehr stolz machen, wenn ich für diese Sendung arbeiten dürfte. Ich stellte fest, dass ich ein Karrierebild einer *aufsteigenden Linie* hatte. Karriere bedeutete für mich, dass das Einkommen steigen würde. Ich kam nicht auf die Idee, dass diese Linie auch einen Knick nach unten haben dürfte.«

»Stets etwas mehr verdienen« war für Patrick ein selbstverständliches Ziel geworden. Aber es hinderte ihn daran, wichtige Ziele zu erreichen. Auf diese Weise schleichen sich allerlei »Ziele« in unser Leben, oft ohne anzuklopfen – und oft durch die Hintertür. Und manchmal werden diese Ziele eine hinderliche Überzeugung. Bevor Sie also »Ja« zu einem neuen Ziel sagen, ist es gut, zuerst die Festplatte nach bestehenden Zielen zu durchsuchen. Genau wie man alle Jubeljahre den Dachboden und den Keller ausmistet, ist es klug, die laufenden Ziele immer wieder zu hinterfragen. Und etwas wegzuwerfen kann ab und an auch nicht schaden. Das schafft Platz.

✶

Immer wieder werden sich in unserem Leben Brüche ergeben. Das sind die Momente, in denen wir uns fragen, ob das, was wir machen, eigentlich noch mit dem übereinstimmt, was wir wirklich wollen. Oft geht dem ein wichtiges Ereignis voraus, wie der Tod eines Elternteils oder Partners, der Verlust der Arbeitsstelle oder der Auszug des jüngsten Kindes. Der Auslöser kann auch ein Burnout sein oder eine drastische Verschlechterung der Gesundheit. Wir müssen alle in unserem Leben einige Male Bilanz ziehen. Manchmal freiwillig, manchmal gezwungenermaßen. Und manches Mal erfordert solch ein gründliches Überdenken die Änderung unseres Weltbildes. Solche Bruchstellen können schmerzhaft und konfrontierend sein, weil sie einem das rauben, was dem Leben Sinn und Struktur gegeben hat. Aber so wie ein Phönix aus der Asche aufsteigt, so ist jedes Ende oft auch der Übergang zu einem neuen Anfang.

Bruchstellen sind schwierig und problematisch, aber der Zweifel und die Richtungslosigkeit, die einer solchen Periode folgen, bilden den Nährboden für neue Ziele. Vertrauen Sie darauf, dass neue Wünsche von selbst entstehen werden und sich daraus neue Ziele ergeben. Manchmal weiß man eben nicht, was man will. Selbst für längere Zeit. Es ist ein natürlicher Teil des Lebens. Sich dagegen zu wehren oder verzweifelt auf die Suche nach einem neuen Ziel zu gehen, wird nicht funktionieren. Manchmal ist es einfach Winter, und dann muss man abwarten, bis irgendwo neue Blumen sprießen.

✶

Noch einige Gedanken zum Schluss. Fangen Sie klein an. Lassen Sie sich ruhig von »verrückten Ideen« überwältigen. Lust, jemanden zu sprechen? Rufen Sie an, sagen Sie »Hallo«. Und wenn der andere dann fragt »Und sonst?«, antworten Sie: »Sonst nichts. Ich wollte einfach nur Hallo sagen. Also: Hallo«, und dann legen Sie wieder auf. Ohne ein »sinnvolles« Gespräch führen zu müssen. Sie bestimmen, wozu Sie Lust haben. Niemand sonst. Lust, das Auto durch die Waschstraße zu fahren, obwohl es überhaupt keine Priorität hat? Machen Sie es! Machen Sie es jetzt! Lust darauf, eine Taube zu töpfern? Töpfern Sie eine Taube. Kann Ihnen doch vollkommen egal sein. Lust, sich den Bart abzurasieren? Tun Sie es. Lust, sich einen Bart wachsen zu lassen? Lassen Sie sich einen wachsen. Lust, einen Vorbeigehenden zu grüßen? Grüßen Sie.

Aber achten Sie darauf, dass Sie sich im Bereich der »leichten Energie« befinden. Achten Sie darauf, dass es etwas ist, worauf Sie Lust haben, was Sie mit Leichtigkeit und Spaß erfüllt. Denn alles kommt und geht – Schule, Arbeit, Geld verdienen, das sind die Sachen, die man sich nicht »ausdenken« muss, und wenn man nicht aufpasst, füllt sich damit das Leben wie von selbst randvoll. Und je älter wir werden, desto mehr füllt sich unser Zeitplaner mit Verantwortlichkeiten und sinnvollen Aktivitäten. Die Kunst besteht aber gerade darin, dem

Leben Farbe und Eigenheit zu geben. Das wird nur passieren, wenn Sie sich trauen, auf Ihre innere Stimme zu hören, und Ihre »leichte Energie« fließen lassen.

Als Kind hatte Napoleon einen Traum: Kaiser von Frankreich zu werden. Natürlich nahm ihn niemand ernst, Frankreich hatte überhaupt keinen Kaiser, Frankreich hatte einen König. Es gab im Lauf der Geschichte Hunderte, die Großes vorhatten, nur dass die meisten ihre Ideen direkt selbst zensierten: lächerlich, absurd, idealistisch. Manche von ihnen versuchten, ihr Ziel zu erreichen, und einige wenige davon hatten Erfolg. Es gibt weltbekannte Beispiele wie Nelson Mandela, Martin Luther King, John F. Kennedy, Mahatma Gandhi und Mutter Teresa. Aber in Ihrer nächsten Umgebung gibt es ebenfalls Beispiele genug: Sportler, Künstler, Unternehmer, Leute, die einen Rentenfonds für Drogenabhängige ins Leben rufen, Paare, die zwölf Kinder adoptieren oder im Alter einen Campingplatz in Frankreich eröffnen, junge Leute, die im Ausland studieren, und alte Leute, die im hohen Alter noch einmal heiraten.

Wenn man sich umschaut, entdeckt man überall Menschen, die sich trauen, sich »das größere Ziel« zu setzen. Und vielleicht, wenn Sie sich mit anderen Augen betrachten, werden Sie feststellen, dass auch Sie sich schon große Ziele gesetzt und vielleicht sogar erreicht haben. Aber darum geht es gar nicht. Es geht nicht darum, wie groß Ihr Ziel ist, es geht darum, ob Sie sich trauen, »Ja« zu Ihrem größten Ziel zu sagen. Geht es dann darum, glücklich zu werden? Zwar ist das nicht das Thema dieses Buches und schon gar nicht von diesem Kapitel. Dies ist kein Glücksbuch und ich bin kein Glücksguru. Und ich glaube auch gar nicht, dass wir in unserem tiefsten Inneren nach Glück streben.

Themen wie Freiheit, Liebe und Gerechtigkeit sind manchmal von größerem Wert als Glück. Aber: Wenn Sie »Ja« sagen zu allem, was da ist – innere Wünsche und Sehnsüchte eingeschlossen –, wenn man so lebt, dann ist die Chance auf Glück weitaus größer. Sobald Sie alle Kräfte in und um sich herum akzeptieren – also auch die Kraft, sich auf den Weg zu machen, sich Ziele zu setzen – ergibt das ein Gefühl des inneren Friedens und der Harmonie, des tiefen Glücks.

Was man tut, fällt zusammen mit dem, wer man ist. Aber sobald man danach strebt, ist es, als würde man einen Vogel in einen Käfig sperren, um seine Fähigkeit zu fliegen genießen zu können. Sobald man es haben will, ist es weg. Auf der anderen Seite: Wenn man sich etwas aus tiefstem Innern wünscht, sich in Freiheit dazu entscheidet und es in ein inspirierendes Ziel übersetzt, ist die Chance groß, dass es sich auch verwirklicht. Mit und durch Sie. Um mit den Worten von Paulo Coelho zu schließen: »Wenn du etwas ganz fest willst, dann wird das Universum darauf hinwirken, dass du es erreichen kannst.«

Ja-aber
Was will ich nicht?

Ja-und
Was will ich?

8. Sag Ja zu anderen

Menschen wehren sich nicht gegen Veränderung;
Menschen wehren sich gegen Leute,
die versuchen, sie zu ändern.
Richard Beckhard

Caroline: »Am Ende des Tages, einem ganz normalen Tag, saßen wir im Auto auf dem Nachhauseweg. Im Radio spielte leise Musik, die tief stehende Abendsonne schien auf die Bäume am Straßenrand, ich träumte vor mich hin. Da fragte Dick auf einmal, einfach so: ›Willst du mich heiraten?‹ Er sagte es in einem Ton, dass ich sofort wusste, es war ihm ernst. Obwohl heiraten für uns überhaupt kein Thema war – wir wohnten schon seit Jahren zusammen, unsere Beziehung hatte eine Selbstverständlichkeit bekommen, die es unnötig machte, sie für die Außenwelt zu manifestieren, für mich war es eine komplett überflüssige Handlung, die nichts hinzufügen würde –, fühlte ich ein großes ›Ja‹ in mir aufsteigen. Ich wurde von den Zehen bis in die Haarspitzen ein einziges Ja.«

✶

»Ja« sagen zu anderen ist einfacher gesagt als getan. Wenn jedermann nett, einfühlsam, inspirierend, lustig und hilfsbereit ist, dann ist das kein Problem. Leider begegnen wir aber auch Menschen, die wir als unhöflich, kalt, demotivierend und egoistisch erleben. Und was dann? Müssen wir dieses Verhalten etwa tolerieren? Muss ich »Ja« sagen zu einem Autofahrer, der mich fast umgefahren hätte? Wie akzeptiere ich einen Partner, der mich von einem Tag auf den anderen verlässt? Sich selbst zu akzeptieren ist schon schwer genug. Und davon gibt es nur eine(n). Von den anderen gibt es mehr als sechs Milliarden. Ich kann sie noch nicht einmal alle kennenlernen. Muss ich zu all diesen Leuten »Ja« sagen? Und wohin soll mich das führen?

Ohne andere Menschen zu leben geht nicht – und das wollen wir auch gar nicht: Eine australische Untersuchung, erschienen in der Zeitschrift *Journal of Epidemology and Community Health*, hat ergeben, dass Menschen mit einem großen Freundeskreis größere Chancen auf ein langes Leben haben als Menschen, die nur ihre eigene Familie haben. Die Untersuchung zeigt außerdem, dass Freunde einen positiven Einfluss auf unser Verhalten haben: Menschen, die einen großen Freundeskreis haben, rauchen und essen weniger und nehmen schneller medizinische Hilfe in Anspruch. Auch andere Untersuchungen beweisen, dass wir mit einer festen Beziehung älter werden und gesünder und glücklicher leben. Andere Menschen machen einen wichtigen Teil unserer Wünsche, Emotionen und Ziele aus. »Happy Single« klingt prima, aber im Durchschnitt funktionieren wir als Single doch nicht so gut. »Happy together« stimmt eher mit unserem Wesen überein.

Wie wir gesehen haben, ist es fast unmöglich, andere zu akzeptieren, wenn wir uns der Frage, ob wir uns selber akzeptieren können, nicht bewusst sind.

Das Schwierige ist bloß, dass nicht nur wir Wünsche und Erwartungen anderen gegenüber haben, auch andere haben Wünsche und Erwartungen an uns. Und all diese Erwartungen ändern sich fortwährend. So kann es sein, dass wir zwischendurch schon einmal den roten Faden verlieren. Wer wollte noch einmal genau was von wem und warum? Und mache ich das für dich, weil ich das wirklich für dich tun will oder weil ich dann erwarten kann, dass du dann auch etwas für mich tust? Kann ich geben, ohne zu nehmen? Und wie lange und wie oft?

Nichts ist schöner, netter und liebevoller, als »Ja« zu anderen zu sagen. Und nichts ist komplizierter, ermüdender und zum Verrücktwerden. Eine Beziehung zu uns selbst aufzubauen ist schon schwierig genug – wie viel schwieriger muss es da sein, eine Beziehung zu einem anderen Menschen aufzubauen.

Dem Grundgedanken dieses Buches entsprechend wählen wir »Ja« als Grundhaltung. Die Haltung von Akzeptanz und Hingabe. Das klingt schön, aber wie wenden wir diesen Gedanken auf andere an? Bedeutet das etwa, dass wir von ihnen alles akzeptieren müssen? Zu allem verständnisvoll »Ja« und »Amen« sagen?

✶

Vor einigen Jahren habe ich mit einer Frau gearbeitet, die eine sehr schwierige Beziehung zu ihrem Mann hatte. Es stellte sich schon bald heraus, dass er nebenbei verschiedene jüngere Geliebte hatte. Das machte er nicht etwa heimlich, ganz im Gegenteil, er sprach sehr offen darüber und betrachtete seine Zuneigung zu anderen Frauen als einen Teil seiner selbst. Er fragte seine Frau: »Kannst du mich nicht akzeptieren, wie ich bin?« Diese Frage verwirrte sie. Er war ehrlich, er verbarg nichts, wieso sollte sie ihn ändern wollen? Wieso konnte sie ihn nicht akzeptieren, wie er war?

Ich fragte sie, welche Wirkung sein Verhalten auf sie hatte? Sie sagte, dass es sie unglücklich mache: Sie hatten drei Kinder, und sie wünschte sich, dass er mehr Zeit mit der Familie verbringen würde. Dass er an wichtigen Tagen nicht da war, tat ihr weh.

Wenn sie ihren Mann akzeptieren würde, wie er war, so sagte ich ihr, müsse das nicht unbedingt bedeuten, dass sie sich mit seinem Verhalten abfinden müsse. Wenn sie ihn vollkommen akzeptieren würde, wie er war, könne gerade das der Grund sein, die Beziehung zu beenden.

✶

»Akzeptieren«, abgeleitet vom lateinischen »acceptare«, heißt so viel wie empfangen, annehmen oder hinnehmen. Genau diese Bedeutung messe ich dem Wort »akzeptieren« auch bei. Wenn man jemanden oder etwas akzeptiert, bedeutet das, dass man jemanden oder etwas annimmt oder hinnimmt als Wahrheit. Nicht mehr und nicht weniger. Man sieht ein, dass jemand ist, wie er ist, oder dass etwas ist, wie es ist. In unserem Sprachgebrauch wird der Begriff »akzeptieren« jedoch manchmal mit dem Begriff »abfinden« verwechselt. Wenn mich jemand fragt, ob ich etwas akzeptiere, wird damit meistens tolerieren gemeint und ob ich mich damit abfinden kann. In diesem Buch benutze ich den Begriff »akzeptieren« jedoch eher als »wahrnehmen« oder noch genauer als »für-wahr-(an)nehmen«.

Wenn ich akzeptiere, dass mein Kind süchtig nach Internetspielen ist, dann meine ich damit, dass ich es als Tatsache akzeptiere. Dass es so ist. Genau das ist auch der Kern dieses Buches, sein »Herz«. Was ich damit dann mache, liegt an mir. Ich kann es verdrängen, bagatellisieren oder schönreden. Dann wäre meine Reaktion eine Ja-aber-Verhaltensweise. Ich tue so, als wären die Dinge anders, als sie sind. Ich kann diese Tatsache auch akzeptieren und etwas damit tun. Zum Beispiel aufhören, diese Lebensweise meines Kindes zu finanzieren. In letzterem Fall wäre meine Reaktion eine Ja-und-Verhaltensweise.

Im Grunde ist das gerade Gesagte eine Wiederholung der ersten Kapitel, aber es ist mir trotzdem wichtig, es in diesem Kapitel nochmals zu benennen. Warum? Wenn es um den Umgang mit anderen geht, neigen wir schnell dazu, uns selbst und die anderen durcheinanderzubringen. Den anderen wahrzunehmen, ohne eigene Wünsche, Sehnsüchte, Vorstellungen und Bedürfnisse auf ihn zu projizieren – im Grunde genommen jemanden wahrzunehmen, wie er ist –, ist eine der schwierigsten Aufgaben. Vor allem, weil der andere in unserer Wahrnehmung nicht allein und für sich selbst besteht. Sobald wir uns in der Anwesenheit eines anderen befinden, hat unser Verhalten Einfluss auf den anderen, und diese Dynamik beeinflusst unsere Sicht.

Akzeptieren ist nicht gleichbedeutend mit »abfinden«, akzeptieren heißt auch nicht »helfen«. »Helfen« klingt vielleicht weniger schlimm als »abfinden«, und es gibt auch allerlei schicke Begriffe wie motivieren, trösten, begeistern, beraten, ansprechen oder konfrontieren – natürlich immer mit dem Zusatz »Es ist nur zu deinem Besten«. Egal welche Form »Helfen« annimmt und welchen wohlklingenden Namen wir ihm auch geben, das Ziel ist immer, bei, für oder an jemandem etwas zu ändern. Nun ist natürlich jemandem zu helfen eine prima Sache – ich bin sogar davon überzeugt, dass die Tatsache, dass Menschen einander helfen können und wollen, eine ihrer edelsten Charaktereigenschaften ist (denken wir nur daran, wie Eltern für ihre Kinder durchs Feuer gehen), aber in der Praxis kann jemandem helfen dazu führen, dass der »Helfer« immerzu Helfer bleibt und dem »Geholfenen« immerzu geholfen wird.

Denn nichts ist komplizierter als eine intensive Beziehung zwischen zwei Menschen. In diesem Schnellkochtopf emotionaler Verbundenheit ist es schwierig, »Ich« und »Du« klar auseinanderzuhalten. Ehe man sich versieht, entsteht ein Wirrwarr aus angestautem Ärger, unvollständigen Analysen und gutgemeinten Ratschlägen. Den anderen zu akzeptieren ist eine der schwierigsten Aufgaben, die es gibt. Wir sind so darauf programmiert, anderen Menschen zu helfen, dass wir erst alles Mögliche in Beziehungen versuchen, bevor wir es merken.

Und andere machen es uns natürlich auch nicht leicht. Auch sie sind darauf programmiert, zu helfen und sich helfen zu lassen. »Ja, aber ihr seid doch meine Eltern?«, »Ja, aber du lässt mich das doch nicht alleine machen?« Wir sind sehr geschickt im Manipulieren anderer. Aber wenn Menschen ohne eine Grundlage von Akzeptanz einander »helfen«, dann ist das keine freiwillige Unterstützung, sondern eine Form der Abhängigkeit. Und in kürzester Zeit entwickelt sich ein Muster von Helfer und Geholfenem. Täter und Opfer. Redner und Schweiger. Kurz gesagt, ein strukturelles Muster; Muster, die aus unterschiedlichen Gründen schwer zu durchbrechen sind.

»Wie geht man mit einem unmotivierten Mitarbeiter um?« Diese Frage begegnet uns in unseren Trainings oft. Die Leute erhoffen sich dann eine Antwort wie: »Begeistern und motivieren«. Die Problematik eines demotivierten Mitarbeiters führt zu der Frage, wie er zu mehr Leidenschaft motiviert werden kann, um damit an die Arbeit zu gehen? In Mitarbeitergesprächen ziehen Führungskräfte dann auch alle Register, um einem nicht gut funktionierenden Mitarbeiter reizvolle Fragen zu stellen, ihn in seinen Qualitäten zu bestärken, ihn aufzufordern, eine inspirierende Zukunft zu visualisieren, kurz gesagt all das, was Führungskräfte in der Ausbildung gelernt haben (offene Fragen stellen, verständnisvoll nicken, zusammenfassen). All das wird in dem Gespräch angewandt, um den Mitarbeiter zu motivieren. Nun möchte ich all diese Versuche nicht ins Lächerliche ziehen – auch wenn die Versuchung groß ist – und in manchen Fällen wirken diese Strategien durchaus gut, aber wenn das die Grundhaltung zwischen dem Mitarbeiter und seinem Vorgesetzten ist, dann besteht eine große Chance, dass der Mitarbeiter umso mehr durchhängt, je mehr sich sein Vorgesetzter um ihn bemüht. Je inspirierender und anspornender er tut, desto übellauniger wird der Mitarbeiter. An und für sich logisch: Stellen Sie sich vor, Sie sind ein schlechtgelaunter Mitarbeiter – aus welchem Grund auch immer – und dann sitzt Ihnen plötzlich so ein Strahlemann von einem Chef im Nacken. Davon bekommen Sie doch nur noch schlechtere Laune, oder?

Was bedeutet das? Je stärker man zieht, desto mehr lässt sich der andere hängen. Bis man das Gefühl hat, man redet auf einen lahmen Gaul ein.[55] Ja, aber wie denn dann? Die effektivste Strategie, um solche Muster zu durchbrechen, ist es, aufzuhören, kurz den Mund zu halten, sich zurückzulehnen und abzuwarten, was passiert. Im ersten Moment wird der andere überrascht sein. Es kann ihn wachrütteln. Wenn Sie auf einmal das Muster des Helfens durchbrechen, dann werden die Karten neu gemischt. Ab dem Moment, wo Sie akzeptieren, dass der andere nicht mehr motiviert ist und Sie nichts mehr daran ändern müssen, ist eine neue Situation entstanden. Sie können beide ab diesem Moment neue Schlussfolgerungen ziehen. Für den anderen kann das heißen, dass nun wirklich etwas passieren muss, und für Sie möglicherweise, dass Sie die Zusammenarbeit mit dem Mitarbeiter beenden werden. Oder – wenn Sie noch an die guten Absichten des Mitarbeiters glauben – dass Sie akzeptieren, dass Sie an dem anderen derzeit nicht so viel haben. Es sind viele verschiedene Möglichkeiten denkbar, sie alle aber entspringen letztlich der Akzeptanz. Denn alle Versuche, jemanden zu motivieren, sind eigentlich nichts anderes als der Wunsch, die Wirklichkeit zu verändern. Wie gutgemeint das auch sein mag, im Grunde genommen ist das eine Ja-aber-Verhaltensweise.

✶

Den anderen zu akzeptieren bedeutet, ihn von Grund auf wahrzunehmen, so wie er ist. Ohne das Bedürfnis, an dem anderen etwas verändern zu wollen. Akzeptieren heißt nicht, sich abfinden oder helfen. Akzeptieren heißt schlichtweg wirklich gut beobachten und zuhören. Und sonst nichts. Verrückt oder? Wir tun dem anderen damit meist den allergrößten Gefallen. Sobald wir anfangen, uns um den anderen zu kümmern, wie edel unsere Motive auch sein mögen, landen wir in einer Ja-aber-Haltung.

An dieser Stelle möchte ich einen Text von Ralph Roughton zitieren. Man findet ihn sehr oft in Selbsthilfebüchern oder auf esoterischen Webseiten, aber angesichts der großen Klarheit, mit der Roughton den Unterschied zwischen »akzeptieren« und »sich kümmern« nennt, möchte ich ihn hier gerne anführen. Ein sehr alter Wein in einer sehr staubigen Flasche. Aber eben auch ein sehr guter Wein:

»Wenn ich Sie bitte, mir zuzuhören, und Sie fangen an, mir Ratschläge zu geben, haben Sie nicht das gemacht, worum ich Sie gebeten habe. Wenn ich Sie bitte, mir zuzuhören, und Sie fangen an, mir zu sagen, weshalb ich mich nicht so fühlen sollte, trampeln Sie auf meinen Gefühlen herum. Wenn ich Sie bitte, mir zuzuhören, und Sie haben das Gefühl, Sie müssen etwas tun, um mein Problem zu lösen, haben Sie mich, so seltsam das auch klingen mag, im Stich gelassen.

Hören Sie mir zu! Nur darum habe ich Sie gebeten: mir zuzuhören. Nicht zu sprechen oder irgendetwas zu machen – mich einfach nur anzuhören. Etwas tun kann ich selbst. Ich bin nicht hilflos. Vielleicht entmutigt und verzweifelt, aber nicht hilflos. Wenn Sie etwas für mich tun, was ich selbst für mich tun kann und muss, tragen Sie zu meiner Angst und meinem Gefühl der Unzulänglichkeit bei. Wenn Sie es aber als eine Tatsache akzeptieren, dass ich mich so fühle, wie ich mich fühle, so komisch es auch wirken mag, brauche ich nicht mehr zu versuchen, Sie zu überzeugen, und kann darangehen, zu verstehen, was hinter diesem komischen Gefühl steckt. Und wenn das klar ist, sind die Antworten offensichtlich und ich brauche keine Ratschläge.«

Ab dem Augenblick, da Sie Ihr Gegenüber wahrnehmen, wie er oder sie wirklich ist, werden Sie diesen Menschen anders wahrnehmen. Sie achten nicht mehr darauf, was nicht da ist, was dem anderen fehlt und wofür Sie sich verantwortlich fühlen, sondern Sie sehen, was da ist. Genauso, wie man auf positive Weise seine eigenen Qualitäten betrachten kann, genauso kann man auch andere wahrnehmen. Um das zu können, muss man sich jedoch erst der Muster bewusst werden, in denen man selbst gefangen ist. Und das ist kompliziert. Oft entsteht eine subtile Manipulation, derer wir uns meist nicht bewusst sind (wir tun etwas in allerbester Absicht), die aus unseren eigenen Ängsten, Problemen oder Unzulänglichkeiten herrührt.

Winfried: »Ich dachte immer, Liebe ist etwas, was ich bei meiner Partnerin ›verdienen‹ kann. Ich dachte, dass sie mich mochte, weil ich die richtigen Sachen machte. Dabei ging es dann nicht nur um die alltäglichen Dinge wie Kaffee kochen, abwechselnd kochen, einkaufen, sondern auch die schönen Dinge, wie zuhören, mir Zeit für sie nehmen und Verständnis zeigen. Ich dachte immer: Je mehr ich mich anstrenge, desto mehr wird sie mich lieben.

Jetzt weiß ich, das ist eine Illusion. Egal wie man es nimmt, solange man durch sein Verhalten die Liebe des Partners verdienen muss, ist man damit beschäftigt, die Gefühle des anderen zu bestimmen, Macht über den anderen zu gewinnen. Ich habe ein paar Jahre lang auf diese Weise versucht, ihre Liebe zu bekommen, bis ich einsehen musste, dass es nicht funktionierte. Dann war sie eine Zeit lang im Ausland, ich habe überhaupt nichts unternommen und dachte schon, das war's dann wohl. Aber was war? Sie wollte weiterhin eine Beziehung mit mir. Ganz einfach, weil sie mich liebte. Je mehr ich anfing, die Sachen zu machen, die ich gerne tue, desto mehr war ich der Mann, den sie liebte.

Jetzt habe ich begriffen. Liebe muss man sich nicht verdienen. Wenn alles stimmt, ist sie einfach da. Man kann sie höchstens durch das, was man tut, verspielen. Was sollte an einem Mann auch schon anziehend sein, der die meiste Zeit damit beschäftigt ist, sich überproportional anzustrengen, um sein Bestes zu geben?«

Einer der Nachteile, andere so zu akzeptieren, wie sie sind, ist, dass wir unsere Macht über sie verlieren. Wenn wir mit dem Manipulieren, Erpressen, Fordern oder dem Ansparen eines »Liebes«-Guthabens (indem wir alles Mögliche für den anderen tun), aufhören, haben wir eigentlich kein Argument mehr, um einen Anspruch auf jemanden zu erheben.

✶

Eine Ja-aber-Verhaltensweise in Bezug auf andere hat einen sehr großen Vorteil: Man kann für so ziemlich alles, was im Leben schiefgeht, dem anderen die Schuld geben. So wie Jolanda, die überzeugt davon ist, dass Martin unbedingt sein Alkoholproblem in den Griff kriegen müsse. »Solange der das nicht tut, sehe ich schwarz für mich und die Kinder. Aber Martin ist so schwach, das schafft der nie. Und von mir erwartet er, dass ich den Laden schmeiße. Aber irgendwann ist Schluss, dann kann ich nicht mehr …«

Es ist einfach, sich über andere zu beschweren. Die Menschen, die in unserer nächsten Nähe sind, bekommen davon die größte Portion ab: Unsere Eltern, der Chef, der Partner, die Kinder. Wir klagen, jammern und meckern. »Wenn die anderen doch nur …« Diese Verhaltensweise macht uns zu unschuldigen Opfern der schrecklichen Realität. Handeln hat sowieso keinen Sinn. Die Schuld liegt bei den anderen, warum sollten wir also etwas tun?

Gleichgesinnte zu finden ist nicht schwer. Man ist ja nicht der Einzige, der das Bedürfnis hat, die Schuld anderen unterzuschieben. Man ist nicht allein, man ist unter vielen. Aber nutzt es einem? Karin, eine ehemalige Sozialarbeiterin aus einem Nachbarschaftsladen, erzählt: »Diese Jammerkultur nervt mich total. Ich habe zehn Jahre lang in einem Nachbarschaftsladen in Utrecht gearbeitet. Nach ein paar Jahren hatte man alle Jammergeschichten durch. ›Das taugt nicht und das auch nicht, mein Mann versteht mich nicht, die Nachbarn denken nur an sich, die Politiker sind Profitjäger, es ist doch sowieso alles egal …‹ und so weiter! Das war pures Gift, das die Leute in einem fort über andere und sich selbst auskippten. Und dann auch oft noch unter dem Deckmantel einer Selbsthilfegruppe.

Irgendwann ertrug ich es nicht mehr. Ich habe gekündigt und bin in meinen alten Beruf zurückgekehrt: Grundschullehrerin. Jetzt habe ich meine eigene Klasse und kann meine eigene positive Atmosphäre schaffen. Herrlich. Am ersten Tag in der Schule fühlte ich mich wie neugeboren.«

Den anderen verändern zu wollen ist die schlechteste Strategie, um eine gleichwertige Beziehung aufzubauen. Wir erreichen damit grundsätzlich das Gegenteil. Niemand möchte gerne von einem anderen verändert werden. Oder, um es mit den Worten des Bestseller-Autors und NLP-Trainers Anthony Robbins zu umschreiben: »Wenn Sie einen Feind haben wollen, versuchen Sie, jemanden zu ändern.«

Den anderen zu akzeptieren, wie er ist, hat noch eine weitere, eher beängstigende Konsequenz: Was man sieht, kann einem überhaupt nicht gefallen. Amy hat jahrelang versucht, ihre Ehe zu retten, bis sie einsehen musste, dass es ihr nicht gelingen würde. »Wir waren gerade vier Jahre lang verheiratet. Bis dahin hatte er mich bereits zwei Mal geschlagen, aber er hatte es jedes Mal sehr bereut. Tränen über Tränen – es tat ihm furchtbar leid. Aber beim dritten Mal schlug er heftiger zu. Es passierte beim Abendessen, danach verließ er die Wohnung und ging mit einem Freund in die Stadt. Ich blieb mit einem Scherbenhaufen in der Küche zurück.

An diesem Abend sah ich fern, die amerikanische Talkshow *Oprah*, mit Oprah Winfrey. Ich sah eine Frau, die nach zwanzig Jahren Erniedrigung, Misshandlung und Kummer endlich ihren Mann verlassen hatte. Zwanzig Jahre lang hatte sie gehofft. Und ich wusste: Das ist auch meine Zukunft. Er wird sich nicht ändern, das ist ein Kampf, den ich nie gewinnen werde. Ich war noch nicht einmal überrascht von dieser neuen Erkenntnis: Tief in meinem Innern hatte ich es schon bei unserer Hochzeit gewusst, aber erst jetzt traute ich mich, es auch wirklich zu sehen. Ich dachte, ich warte keine 16 Jahre lang. Am nächsten Tag habe ich meine Koffer gepackt und bin gegangen.«

Menschen zu akzeptieren, so wie sie sind, kann dazu führen, dass man sich von ihnen trennt. Und egal wie logisch es sein mag, manchmal hängen wir so sehr an jemandem, dass das Loslassen dieser Person zu einer der schwierigsten Aufgaben wird, selbst wenn wir ganz sicher wissen, dass es gut für unser Seelenheil wäre. Manchmal muss man erkennen, dass man sich nicht mehr mit dem Temperament, den Gewohnheiten und den unsympathischen Eigenschaften des Partners abgeben möchte.

Auch wenn wir vom anderen keinen Abschied nehmen, kann es sehr schmerzvoll sein, den anderen zu akzeptieren, wie er ist. Es kann bedeuten, dass wir uns von unseren Illusionen, wie der andere hätte sein können, verabschieden müssen. Christin erzählt: »Ich bin christlich erzogen worden, verheiratet, wir haben zwei Kinder. Wir waren eine normale Familie, so schien es. Aber je größer die Kinder wurden, umso mehr fragte ich mich, ob mit meinem Mann etwas nicht stimmte. Er hatte kein gutes Gespür für die Kinder, auch schien es mir, als ob er nicht wirklich eine Bindung mit ihnen habe. Über unseren Hausarzt sind wir an ein Forschungsinstitut verwiesen worden und dort stellte man fest, dass er eine dem Autismus verwandte Kontaktstörung hatte.

Auf einmal fiel alles an seinen Platz. Es war eine Erleichterung und gleichzeitig auch eine Last. Wochen danach habe ich daran gezweifelt, ob ich die Beziehung wirklich weiterführen wollte. Mir wurde klar, dass ich einige Sachen ganz allein übernehmen musste: Den Kontakt mit unseren Kindern, den Freundeskreis, die Beziehung zu unseren Eltern. Ich musste akzeptieren, dass er all diese Dinge niemals wirklich können würde. In sozialen und emotionalen Bereichen fühlte ich mich oft allein und einsam. Eigentlich erwartete ich, dass mein Mann auch mein Freund ist. Aber das war leider so nicht möglich.«

Die Angst, den anderen zu verlieren, ist einer der häufigsten Gründe, warum man den anderen nicht gut oder richtig wahrnimmt. Es ist eine Angst, die sich gradlinig aus der Urangst, sozial ausgeschlossen zu sein oder alleine zurückgelassen zu werden, entwickelt.

✶

Vielleicht der interessanteste Grund, warum es einem so schwerfällt, Menschen zu akzeptieren, hat nicht mit dem anderen, sondern mit einem selbst zu tun. Andere können uns mit unseren eigenen Unzulänglichkeiten konfrontieren, und das ist nicht immer angenehm. Ich werde zwei Beispiele nennen, wobei das erste das Problem selbst darstellt und das zweite die Frage behandelt, wie man mit dem Problem umgehen kann.

> Am Ende einer Veranstaltung kam eine Frau zu mir und erzählte, sie wolle gerne mit ihrem Vater auf eine gleichberechtigte und freundliche Art umgehen, aber dies schien ihr unmöglich zu sein, so, wie er sich verhalte. »Immer wenn ich ihn sehe, beginnt er zu jammern. Er habe Mühe mit seinem Gebiss, das Pflegepersonal sei unfreundlich, die Kinder kämen zu wenig zu Besuch. Ich versuche ihn dann aufzuheitern, verweise darauf, dass das doch alles gar nicht so schlimm sei, aber egal was ich sage, es scheint nur noch schlimmer zu werden. Wie soll ich denn damit umgehen?« Ich fragte die Frau, was denn so schlimm sei an seinem Jammern? Darauf antwortete sie: »Das finde ich Quengelei.« »Und was ist schlimm an quengeln?«, gab ich nicht auf. »Tja, das mag ich nicht, dieses jammerige Getue.« »Was hält Ihr Vater Ihrer Meinung nach von Jammern?« »Ich glaube, dass er sich wohl dabei fühlt, sich in seiner Opferrolle zu suhlen.« »Wie würden Sie es finden, wenn Sie jammern dürften?« Sie schwieg einen Moment. »Das weiß ich nicht«, antwortete sie. »Das liegt, glaube ich, nicht in meiner Art. Auf jeden Fall würde ich das sehr lasch von mir finden. Ich meine, es gibt weiß Gott genug Menschen, die es schlechter haben. Manchmal muss man eben die Zähne zusammenbeißen.« Sie sah mich verärgert und entschlossen an. Ich würde doch wohl wissen, was sie meinte?

Am Ende des Gespräches mit der Frau, die sich über ihren Vater beklagte, empfahl ich ihr: »Das nächste Mal, wenn Ihr Vater anruft, werden Sie nicht versuchen, ihn zu ändern oder sein Gejammer abzuschwächen. Versuchen Sie, wie auch immer, nichts zu tun. Hören Sie ihm zu – und dann jammern Sie selbst. Über irgendetwas, was Sie derzeit stört. Aber es darf kein Trick sein, es muss Ihnen wirklich ernst damit sein, etwas womit Sie wirklich Mühe haben.« Sie dachte nach, nickte und versprach, es das nächste Mal so zu machen.

Einige Wochen später rief sie mich an und erzählte: »Mein Vater rief mich eines Nachmittags an. Zu Anfang war das Gespräch noch nett, aber nach einer Weile fing er wieder an zu jammern. Die Versuchung, zu sagen »Papa, so schlimm ist das doch nicht« war groß, aber zum Glück konnte ich mich gerade noch beherrschen. Ich erinnerte mich an Ihre Worte und überlegte: Worüber könnte ich klagen? Also antwortete ich:

›Hier ist heute auch allerlei Mist passiert. Der Älteste hat seine Jacke in der Schule vergessen, die Mittlere hat ein wahnsinniges Chaos in ihrem Zimmer angerichtet und gleich kommt Gerhard nach Hause und wir wollten ausgehen, aber eigentlich habe ich überhaupt keine Lust mehr.‹

Während ich mich beklagte, dachte ich: Das ist verrückt, ich meine wirklich, was ich sage, eigentlich ist das alles wirklich nicht besonders toll. Das an sich war schon eine sehr ungewöhnliche Erfahrung, auch hatte ich mich so noch nie sprechen hören. Es fühlte sich an, als ob ich die Wahrheit log. Natürlich war ich sehr darauf gespannt, wie mein Vater reagieren würde. Er war daran gewöhnt, dass ich mich zusammenriss. Schließlich war ich ›sein großes Mädchen‹. Aber er reagierte nicht. Es war still am anderen Ende der Leitung. Dann hörte ich ihn sagen: ›Aber Kind, so schlimm ist das doch nicht, du wirst dir dadurch doch nicht den Abend verderben lassen.‹ Ich traute meinen Ohren nicht! Zum ersten Mal in all den Jahren war es mein Vater, der mich aufmunterte – und nicht umgekehrt! Und das von einer Minute zur anderen. Ohne lange zu zögern! Auf einmal ging es nicht mehr um ihn, sondern um mich.«

Wie wir bereits wissen, können andere für uns wie ein Spiegel sein, der die unschöne Seite unseres Innern abbildet. Was uns an anderen am meisten ärgert, gestehen wir uns selbst oft nicht zu. Gefühle, die andere bei uns auslösen, sagen oft so einiges über unsere tiefer liegenden Wünsche und Sehnsüchte.

Während eines Trainings erzählte mir ein Mann, dass er regelmäßig versuche, mit seinem Sohn ins Gespräch zu kommen, was ihm aber nie gelänge. Sein Sohn war auf eine berufsbildende Sekundarschule für den Bereich Agrarwesen gegangen, aber hier wurde er schon im ersten Jahr schikaniert. Weil ihm dort das Leben zur Hölle gemacht wurde, beschlossen die Eltern, ihn auf eine andere Sekundarschule zu schicken. Das war für sich genommen schon schlimm genug, denn in den Niederlanden gibt es nicht so viele dieser Schulen, und es bedeutete für den Jungen, dass er eine weite Strecke mit dem Bus und Zug fahren musste. Die erste Zeit schien alles gut zu laufen, aber nach einer Weile hatte der Vater den Eindruck, dass es seinem Sohn auch dort schlecht ging. Er versuchte, mit ihm zu reden, aber egal, auf welche Weise er es versuchte: Es klappte nicht.

»Mein Sohn reagiert nicht. Je mehr ich rede, desto hartnäckiger schweigt er. Er ist so verschlossen wie eine Auster«, seufzte der Vater. »Wie bekomme ich ihn nur zum Reden?« Ich antwortete: »Ich verstehe, dass

Sie gerne mit ihm ins Gespräch kommen wollen, aber was ist so schlimm daran, dass er nicht darüber reden will oder kann?« »Na, das ist doch logisch«, antwortete der Vater. »Er läuft da ganz alleine mit herum.« »Und ist das schlimm?«, fragte ich weiter. »Das ist doch nicht gut. Dann hat man als Vater das Gefühl, dass man gescheitert ist, weil man es nicht schafft, mit seinem Sohn in Kontakt zu kommen«, antwortete er und auch er schaute mich gereizt an. Tat ich nur so, als ob ich ihn nicht verstünde, oder verstand ich ihn wirklich nicht?

Wenn wir es schwierig finden, Ja-und zu anderen zu sagen, bedeutet das oft, dass wir auch nur schwer Ja-und zu uns selbst sagen können. Oder genauer gesagt: zu unseren unerfüllten Wünschen. Ärgern Sie sich über lautes Kindergeschrei? Hören Sie auf, sich über sie zu beklagen, sondern kümmern Sie sich um Ihr Bedürfnis nach Ruhe. Ärgern Sie sich über Menschen, die sich mit einer faulen Ausrede vor der Arbeit drücken? Vielleicht arbeiten Sie selbst zu viel?

Auch der Vater des schweigenden Sohnes war offen für die Möglichkeit, dass das Verhalten seines Sohnes etwas mit seinem eigenen Verhalten zu tun haben könnte, dass es vielleicht mehr über ihn als über seinen Sohn sagte. »Alles schön und gut«, so dachte er bei sich, »dennoch bleibt die Frage: Wie bekomme ich ihn zum Sprechen?« Als er mich darauf ansprach, sagte ich ihm, dass dies nun gerade das Problem sei. Solange sein Sohn das Gefühl habe, er müsse sprechen, so lange würde das natürlich das Letzte sein, was er machen würde. Je mehr der Vater sprach, desto hartnäckiger würde der Sohn schweigen. Und umgekehrt galt das auch: Je einfacher es für den Vater sein würde, zu schweigen, desto einfacher würde es für den Sohn werden, zu reden.

Also nahm sich der Vater vor, mit dem Sohn zu schweigen. Er schlug seinem Sohn vor, am Samstag mit ihm im Schrebergarten zu arbeiten – der Sohn willigte ein. Gesagt, getan. Vater und Sohn machten sich am verabredeten Tag an die Arbeit. Zu Anfang war der Vater noch recht angespannt. Würde der Sohn von sich aus anfangen zu sprechen? Oh, nein, er musste aufhören, sich Sorgen darüber zu machen – »Entspanntes« Schweigen, so sollte es sein. »Und«, so erzählte er mir später, »zu dem Zeitpunkt, als ich das ganze Problem von sprechen und schweigen vergessen hatte – ich war in die Arbeit vertieft, die Sonne schien, ich beschnitt gerade einen großen Strauch, wirklich, ich war mit meinen Gedanken ganz woanders und hatte sogar meinen Sohn und sein ›Problem‹ vergessen – in genau diesem Moment fing mein Sohn zu reden an. Er redete und redete – als ob ein Damm gebrochen wäre. Er hörte gar nicht mehr auf zu sprechen. Alles sprudelte aus ihm heraus.«

✶

Wenn wir uns über Verhalten anderer ärgern, neigen wir schnell dazu, das Verhalten des anderen als »falsch« abzustempeln. Jammern ist verboten, schweigen auch. Wir gehen wie selbstverständlich davon aus, dass »sprechen« und »stark sein« und »nicht jammern« die normalen Verhaltensweisen im Leben sind. Wir denken nicht im Entferntesten daran, dass es auch anders sein könnte. Dass, wie sich ein anderer verhält, nicht sofort richtig oder falsch zu sein braucht. Und wir denken erst recht nicht daran, dass unsere Vorstellungen, wie etwas zu sein hat, uns selbst im Wege sein könnten. Na, komm schon, es ist doch immer der andere, der sich merkwürdig verhält?

Je mehr es uns gelingt, unsere Vorstellung von dem, wie eine Beziehung zu sein hat, loszulassen, desto besser wird es uns gelingen, den anderen wahrzunehmen, wie er ist. Früher war das einfacher. Für alles hatte man (ungeschriebene) Regeln. Ein bis zwei Generationen früher lebte man noch nach eisernen Regeln, die vorschrieben, was von einem erwartet wurde. So gingen meine Eltern jeden Sonntagmittag zu meiner Oma, um dort Gemüsesuppe zu essen. Die ganze Verwandtschaft saß beieinander, die Männer im Vorderzimmer und die Frauen im Hinterzimmer, jeweils im Kreis. Es kam überhaupt nicht infrage, dass man einmal einen Sonntag ausließ. Auch wenn die Generation vor uns den Familienzwang größtenteils abgelegt hat, so leben doch immer noch viele Menschen unter dem Joch gegenseitiger Verpflichtungen. Nach dem Motto: »So gehört es sich und nicht anders.«

✶

Der Übergang von einer Ja-aber-Sichtweise zu einer Ja-und-Sichtweise ist dann möglich, wenn man bereit ist, das loszulassen, was alles sein muss, und selbst zu bestimmen, wie man die Beziehung zu Eltern,

Freunden und Bekannten leben will. Eine der einfachsten Möglichkeiten ist es, die Aufmerksamkeit von den Überzeugungen auf die Wünsche zu richten. Was erwartet man im Leben vom Partner, den Kindern, den Eltern und Freunden? Oft haben wir sehr irrationale Vorstellungen davon, die nicht mit dem übereinstimmen, was wir tief in unserem Innern wollen.

Antoinette: »Ich habe immer gedacht, ich möchte, dass mein Mann mein bester Freund ist. Inzwischen finde ich das eine dumme Idee, denn ich habe ja schon meine beste Freundin.«

Wie viele Freunde möchten Sie haben und was genau verstehen Sie unter einem Freund? Wie möchten Sie den anderen sehen und was wollen sie zusammen machen? Und passen diese Aktivitäten dann zum Rest der wöchentlichen Beschäftigungen? Gerade wenn man Mühe hat, andere Menschen zu akzeptieren, wie sie sind, kann die Frage nach den eigenen Wünschen eine neue Brücke schlagen.

Wie oft möchten Sie Ihre Eltern, Kinder und Geschwister sehen? Trauen Sie sich, von dem auszugehen, was Sie wollen, oder gehen Sie von dem aus, was von Ihnen erwartet wird? Die Ziele, wie wir mit anderen umgehen wollen, zu definieren, ist ein komplexer Prozess: Es geht nicht nur darum, was man selbst will, es geht natürlich auch darum, was der andere will. Im besten Fall hat man die gleichen Erwartungen wie der andere. Das Dumme ist nur, dass sowohl man selbst als auch der andere sich im Laufe der Zeit verändert, und deswegen wird sich die Abmachung, die man zu Anfang getroffen hat, ebenfalls verändern. Man ist nicht die oder der andere, das ist eine der schwierigsten Seiten einer Beziehung.

»Ja« sagen zu anderen ist genauso etwas wie »Ja« sagen zum eigenen Körper. Man sagt im Prinzip »Ja« zu einem komplexen, unvorhersehbaren und schwer kontrollierbaren Prozess. Manchmal werden wir mit Verhaltensweisen von anderen konfrontiert, zu denen wir nur schwer »Ja« sagen können. Andere Menschen können uns etwas »antun«, was wir nicht haben kommen sehen. Sie können unser Vertrauen missbrauchen, etwas hinter unserem Rücken tun und sich nicht an Versprechen halten. Ja-und zu einer Beziehung sagen heißt, Ja-und sagen zu dem Risiko, eventuell schmerzhafte und traurige Erfahrungen machen zu müssen. Wenn man Schmerzen vermeiden will, dann ist es die beste Strategie, keine Beziehung anzufangen. Aber welche Option ist das?

Ruben: »Meine Partnerin und ich erwarteten das dritte Kind. Es war nicht geplant, aber wir zweifelten keinen Moment daran, ob wir es haben wollten. Nach drei Monaten erzählte mir meine Partnerin jedoch, dass das Kind vielleicht nicht von mir sei. Ich war fassungslos. Warum hatte sie das nicht früher erzählt? Als sie erklärte, sie habe Angst gehabt, ich hätte dann das Kind vielleicht nicht haben wollen, war ich noch fassungsloser. Anscheinend war es ihr wichtiger, das Kind zu behalten, als mir gegenüber ehrlich zu sein. Aber egal wie wütend, enttäuscht und verwirrt ich war, ich musste mich entscheiden. Eine Wahl zwischen zwei Übeln. Sollte ich Nein sagen zu meiner Partnerin und damit alles, was mir lieb war, verlieren? Oder musste ich Ja zu einem Kind sagen und damit akzeptieren, dass ich mit einem Partner zusammenlebte, der die Wahrheit vor mir verborgen hielt? Als ich sah, wie ehrlich und mit all ihren Kräften meine Partnerin daran arbeiten wollte, dass es wieder in Ordnung kam zwischen uns, gab das den Ausschlag. In dieser Zeit kamen wir uns näher als je zuvor. Letztlich habe ich Ja zum Kind und zu unserer Familie gesagt. Ich habe diesen Entschluss nie bereut. Natürlich wäre es schöner gewesen, wenn das Kind meine Gene gehabt hätte, aber je älter es wird, desto unwichtiger wird es.

Ich habe meinen Frieden damit gemacht. Wenn ich Nein gesagt hätte, hätte ich alles verloren, was mir lieb und teuer ist. Indem ich Ja gesagt habe, habe ich eine ganze Welt dazugewonnen.«

Die nächste Frage, die ich gerne behandeln möchte, ist die, was passiert, wenn man Menschen auf eine Ja-und-Verhaltensweise begegnet. Zum Teil haben wir das schon gesehen – beim klagenden Vater und beim schweigenden Sohn –, aber das Akzeptieren und Mitgehen mit dem anderen hat noch mehr Vorteile. Wenn wir andere auf eine Ja-und-Verhaltensweise wahrnehmen, achten wir nicht mehr darauf, wie sie hätten sein sollen, sondern darauf, wie sie sein könnten. Wir verschieben unsere Aufmerksamkeit weg von ihren Mängeln und Unzulänglichkeiten und hin zu ihren Qualitäten und Möglichkeiten.

In der Provinz Nord-Holland gab es eine Grundschule, die in einem sehr schlechten Zustand war. Dreißig Schüler, drei Lehrer und ein neuer, engagierter Direktor. Der neue Direktor führte Mitarbeitergespräche, um jeden kennenzulernen. Er stellte die üblichen Fragen, aber er machte sich auch auf die Suche nach den »verborgenen Schätzen«, wie er es nannte. Was waren die verborgenen Qualitäten und Wünsche seiner Mitarbeiter?

Einer der Lehrer war ein älterer Mann, der einen freundlichen, aber nicht wirklich interessierten Eindruck machte. Er gehörte zu den Menschen, die in »Wie-lange-muss-ich-noch«-Kategorien dachten. In einem Gespräch fragte der Direktor wie nebenbei, was der Lehrer denn als Kind hatte werden wollen? Drucker, antwortete dieser.

Während der Vorbereitungen für den Weihnachtsbasar fragte der Direktor den Lehrer, ob er nicht eine schöne Idee für Weihnachtskarten habe, die er mit den Schülern zusammen gestalten könne, um sie dann auf dem Basar zu verkaufen. Der Lehrer war überrascht, sagte »Ja« und entwarf mit den Kindern Karten, die so schön waren, dass am Ende des Weihnachtsbasars alle verkauft waren. Eins kam zum anderen und so entwarf und vervielfältigte der Lehrer bald auch die Schulzeitung. Auf Initiative des Direktors bekam die Schule bald eine einfache Druckerpresse. Nach einer Weile meldete der Lehrer offiziell einen Betrieb an und druckte eine Reihe anderer Schulzeitungen für Schulen in der Gegend. Er schloss mit ihnen Verträge über Lieferung, Kosten und Auflagen. Der Betrieb machte so viel Gewinn, dass der Lehrer im Alter von sechzig Jahren, natürlich erst, als er mit dem Direktor gesprochen hatte, in die Selbstständigkeit ging. Sein Kindheitstraum war in Erfüllung gegangen – er war Drucker. Der Direktor war zufrieden, wie sich alles entwickelt hatte.

✶

»Ja« zu Menschen zu sagen, bedeutet im Grunde genommen, sie loszulassen, sie zu akzeptieren, wie sie sind, und mit ihnen zusammen zu arbeiten, solange man von übereinstimmenden Zielen sprechen kann. Es heißt aber auch, die Zusammenarbeit zu beenden, sobald sich die Ziele zu weit auseinanderentwickelt haben. Loslassen ist das wichtigste Merkmal des Akzeptierens. Das Gegenteil von kontrollieren. Man kann es noch zugespitzter formulieren: Nur zwischen zwei voneinander getrennten Elementen kann eine Beziehung entstehen. Wenn sie nicht voneinander getrennt sind, sind sie zu einem Knäuel verwoben. Und eine Sache kann für sich allein keine Beziehung haben. Schlussfolgerung: Um eine Beziehung miteinander zu haben, muss man also erst einmal getrennt sein.

Zum Schluss, weil es so schön ist, einige Beispiele, wie man mit paradox scheinendem Ja-und bestehende Muster auf einen Schlag verändern kann. Es sieht ganz so aus, als ob die Leute auf alles vorbereitet sind, nur nicht darauf, ernst genommen zu werden. Auf einer Hauptschule zum Beispiel hatte eine Lehrerin einem marokkanischen Jungen eine Fünf gegeben. Wütend kam der Junge zu ihr: »Wie ist das möglich? Ich habe eine Fünf und ich bin ein Junge, und alle Mädchen haben mindestens Vier oder besser!« Die Lehrerin war verblüfft. Zuerst konnte sie es nicht glauben, aber der Junge meinte das wirklich ernst. Er fühlte sich in seiner Männlichkeit verletzt. Zum Glück fasste sich die Lehrerin sofort wieder. »Ich habe mich auch gewundert. Von einem Jungen hätte ich eine bessere Note erwartet.«

*

Auch das umfassende Akzeptieren der Werte, Normen und Überzeugungen des anderen kann manchmal eine sehr einfache Methode sein, um eine Situation zu kippen. So drohte in Afghanistan ein Mangel unter anderem an Hebammen, weil die Taliban den Frauen verboten, zur Schule zu gehen und einen Beruf zu erlernen. Lernen war etwas für Männer. Willem van der Put, Direktor der Health Net International, wählte eine sehr praktische Lösung. Anstatt in eine ideologische Diskussion einzusteigen, nannte er die Ausbildungsstätte schlichtweg nicht mehr »Schule«. Damit war das Problem für die Anführer der Taliban aus der Welt geschafft.[56]

Der Psychotherapeut Milton Erickson machte es zu seiner Lebensaufgabe, vollkommen in die Welt des anderen einzutauchen. Sein Ansatz ist äußerst persönlich, basiert auf vollkommener Akzeptanz der Welt des anderen und ist von ungeheurer Hemmungslosigkeit. Einmal wurde er gebeten, mit einem Patienten in einer psychiatrischen Einrichtung zu sprechen, der von sich behauptete, er sei Jesus Christus. Man kam mit dem Mann keinen Schritt weiter, wenn man nicht akzeptierte, dass er Jesus sei. Auf dem Weg zu dem Patienten sah Erickson, dass in der Einrichtung gebaut wurde. Er sagte zu ihm: »Ich bin Milton Erickson und ich habe gehört, dass Sie ein Zimmermannssohn sind.« Der Mann bejahte. »In unserer Einrichtung wird, wie Sie vermutlich selbst schon gemerkt haben, gebaut. Die Zimmermänner könnten noch Hilfe gebrauchen. Wäre das nicht etwas für Sie?« Der Mann stimmte zu und half den Zimmermännern. Im Laufe der Zeit wurden seine Symptome schwächer und nach einer Weile konnte er sogar die Einrichtung verlassen. Er fing an, auf dem Bau zu arbeiten, und die Frage, ob er nun Jesus sei oder nicht, rückte in den Hintergrund. Er war Zimmermann.

Ja-aber
Du musst dich ändern

Ja-und
Du bist

9. Sag Ja zu allem, was geschieht

Nicht die Stärksten einer Art überleben, nicht die Intelligentesten, sondern diejenigen, welche sich Veränderungen am besten anpassen.
Charles Darwin

Es war einmal ein Schuhfabrikant, der sich überlegt hatte, seinen Absatzmarkt in Afrika zu erweitern. Er schickte einen seiner besten Verkäufer los, die Situation in Afrika zu erkunden. Nach zwei Wochen bekam er ein Telegramm: »Nicht investieren – stopp – hier laufen alle barfuß.« Das überzeugte den Direktor nicht. Er wollte eine zweite Meinung hören und schickte einen weiteren Mitarbeiter nach Afrika. Erneut bekam er nach zwei Wochen ein Telegramm. »Sofort investieren – stopp – hier laufen alle barfuß.«

✶

Wann ist etwas eine Chance? Und wann ist etwas ein Malheur? Wenn ich bei Google unter »Dieses Malheur ist das Beste, was mir je passiert ist« nachschaue, ist das der erste Treffer, den ich bekomme: »In unserem Fall war die Schwangerschaft nicht geplant, ein kleines Malheur, und viele Leute erschrecken, wenn sie das hören, und sagen dann sofort, dass wir es vor allem dem Kind später nicht erzählen sollen. Aber das Kind ist trotzdem willkommen und in acht Wochen ist der Geburtstermin. Wir freuen uns darauf – vielleicht ist Überraschung ja ein besseres Wort als Malheur? Ich weiß es nicht.« Dinge passieren. Ob wir sie als Krise oder Chance erfahren, hängt davon ab, was wir damit machen. Je mehr man weiß, was man will, und je mehr man für »Zufälle« offen ist, desto größer die Chance, dass sich ein »Malheur« zu einer »Überraschung« entwickelt. Man könnte auch sagen: Ein Malheur ist ein Vorfall, von dem man noch nicht alle Vorteile erlebt hat.

Während eines Auftrages, bei dem ich als Trainer arbeitete, passierte mir etwas Unangenehmes. An der Vorbereitung lag es nicht, die war tipptopp. Ich hatte am Abend meine Unterlagen und meinen Anzug bereit gelegt, war früh schlafen gegangen und am nächsten Morgen zeitig losgefahren. Ich sollte um neun Uhr beim Veranstaltungsort sein und war um sieben ins Auto gestiegen. Die Sonne schien, ich freute mich auf den Tag. Nach der Hälfte der Strecke stellte ich fest, dass sich etwas merkwürdig anfühlte. Die Hosennaht war vom Reißverschluss bis zum Po aufgegangen. Mich überfiel eine leichte Panik. Inzwischen war es zu spät, um nach Hause zurückzufahren, und die Geschäfte würden vor neun Uhr nicht öffnen. Ich dachte mir ein paar Ja-aber-Verhaltensweisen aus, wie zum Beispiel den ganzen Tag so zu laufen und zu sitzen, dass es niemandem auffallen würde – aber wohl fühlte ich mich damit nicht. Nachdem ich noch eine Weile fieberhaft die verschiedensten Ideen gewälzt hatte, wurde mir klar, dass eines feststand: Ich konnte nichts daran ändern. Mir würde nichts anderes übrig bleiben, als mit halboffener Hose das Training zu geben.

Weil die offene Naht beim Gehen nicht zu sehen war und (solange ich die Beine geschlossen hielt) auch nicht beim Sitzen, fing ich das Training an, ohne dass jemand etwas merkte. »Ich nenne Ihnen drei Situationen und meine Frage lautet: Worin stimmen diese drei Situationen überein?« Ich beschrieb die ersten beiden, die dritte lautete wie folgt: »Nehmen wir einmal an, Sie sind ein Trainer und merken, dass Ihnen kurz vor der Veranstaltung eine Hosennaht aufgegangen ist (ich zeigte ihnen meine Hose). Was würden Sie tun?« Die Kursteilnehmer sahen meine Hose, lachten und machten sich dann an die Arbeit, um die Frage zu beantworten. Als sie fertig waren, erzählte ich ihnen, dass ich erst heute Morgen im Auto gemerkt hatte, dass die Hosennaht offen sei. Das wollten die Kursteilnehmer nicht glauben. Sie waren davon überzeugt, dass ich ihnen eine tolle Geschichte vorspielte – dass ich mein Training immer in dieser Hose anfing, um deutlich zu machen, was ich meinte, und natürlich auch als perfekter Gag.

Flexibel mit Vorfällen umgehen zu können, das wollen wir alle. Und so schön wie im gerade genannten Beispiel gelingt das leider nicht immer. Das Leben ist weniger beeinflussbar und kontrollierbar, als wir es gerne hätten. Häufig erleben wir zum Beispiel das Wetter als sehr unpassend. Wenn man in den Ferien auf einem Campingplatz steht, dann regnet es zwei Wochen lang ununterbrochen und sobald wir wieder zu Hause sind, scheint die Sonne, es ist wochenlang trocken und wir müssen jeden Abend den Wasserschlauch ausrollen und den Garten sprengen. Ärgerlich. John Lennon fasst diese Tatsache wunderbar zusammen: »Leben ist das, was passiert, wenn du eifrig dabei bist, andere Pläne zu machen.«

*

Ja-und zu einem Vorfall zu sagen ist ähnlich wie Ja-und zur Wirklichkeit zu sagen. Aber es gibt einen wichtigen Unterschied. Die Realität ist eine Sammlung von Tatsachen im Hier und Jetzt – sie ist quasi wie ein Foto. Bei einem Vorfall, einem Ereignis, geht es nicht nur um das Hier und Jetzt, sondern auch um Verbindungen mit der Vergangenheit oder mit der Zukunft. Ein Vorfall ist im Grunde genommen wie ein Film mit einem Anfang und einem Ende. Dieser Zeitaspekt ist ein wichtiges Merkmal: Vorfälle fangen an, sie dauern eine bestimmte Zeit und dann enden sie.

Eines Tages kommen Sie nach Hause und Ihr Keller steht unter Wasser. Die Wirklichkeit dieses Moments zu beschreiben ist nicht so schwer: Im Keller ist Wasser. Als Ereignis ist der Vorfall jedoch viel schwieriger zu beschreiben. Eine Überschwemmung ist ein kompliziertes Zusammenspiel von vielen Faktoren, die alle in Verbindung zueinander stehen: Das Wetter, die Art und Weise, wie mit Wasser umgegangen wird, die Höhe der Deiche zum Beispiel, die Lage Ihres Hauses. Wenn Sie sich das Ziel setzen, eine weitere Überschwemmung zu vermeiden, sollten Sie alle diese Faktoren gründlich studieren und herausfinden, wie sie zusammenhängen.

*

Um auf eine gute Weise mit Vorfällen umzugehen, müssen wir sowohl die Wirklichkeit als auch die Dynamik, die in der Wirklichkeit steckt, sehen. Wasser ist Wasser, aber es neigt doch auch dazu, von oben nach unten zu fließen. Das Problem ist nur, dass sich diese Dynamik oft unserer direkten Wahrnehmung entzieht. Wasser kann man immerhin noch fließen sehen, aber die meisten Prozesse sind in der Realität nicht sichtbar. Oft bestehen unsichtbare Verbindungen zwischen Ursache und Folge, mit Verzögerungen in Zeit und Raum. Wenn morgens um elf ein Zug in Hamburg Verspätung hat, kann das bedeuten, dass jemand abends in Kiel seinen Bus verpasst. An einem Ort einen Deich zu errichten, kann an einem anderen Ort eine Überschwemmung zur Folge haben.

Diese komplizierte Wechselwirkung zwischen mehreren Ursachen und Folgen macht es so schwierig, Vorfälle zu akzeptieren und erst recht, sie für sich zu nutzen. Wie wir hiervor gesehen haben, hat eine »Lösung« oft ein weiteres Problem zur Folge.

2001 tauchten im Wohngebiet des niederländischen Städtchens Wassenaar immer häufiger Füchse auf. Die Bewohner setzten die Politiker unter Druck, um die Füchse erschießen zu lassen. Biologen wiesen darauf hin, dass das Töten der Füchse eine umgekehrte Wirkung hätte – es würde lediglich eine erhöhte Geburtenrate erzielen. Außerdem sei es so, dass die herumstreunenden Füchse oft dominante Füchse seien, mit einem großen Revier. Wenn ein dominanter Fuchs erschossen würde, würde er sofort durch mehrere, weniger dominante Füchse ersetzt, die mit einem kleineren Revier zufrieden seien. Mehr dominante Füchse bedeuteten also insgesamt gesehen weniger Füchse. Indem man also keine Füchse jagen würde, würde die Anzahl von selbst abnehmen, bis sich wieder ein natürliches Gleichgewicht eingestellt hätte. Das bedeutet: Wenn ich heute einen Fuchs erschieße, bin ich die Ursache dafür, dass ich in einem halben Jahr zwei erschießen muss.

Die Wirklichkeit ist voll von derartigen Paradoxen, denn sie ist keine lineare Linie mit einer Ursache und einer Folge. Wenn es nur so einfach wäre: dann würde man eine Diät machen und abnehmen – fertig! Leider ist die psychologische Dynamik unseres Körpers etwas komplexer. Vorfälle sind eher ein zirkuläres, netzwerkartiges System von Tatsachen, die einander auf dynamische Weise beeinflussen. Oder, wie der Fußballer Johan Cruijff sagt: »Man versteht es erst, wenn man den Bogen raus hat.«

*

Wer mit einer Ja-und-Sichtweise die Realität betrachtet, wird diese Dynamik wahrnehmen (akzeptieren) und so damit umgehen, dass die Wirklichkeit mit den eigenen Wünschen und Zielen übereinstimmt. Das ist natürlich einfacher gesagt als getan. Oft gelingt es uns nicht, auf diese Weise mit Ereignissen umzugehen, und wir werden (selbst wenn wir das gar nicht beabsichtigen) auf eine Ja-aber-Weise den Vorfall betrachten. Dafür haben wir uns allerlei Strategien zugelegt. Wir können Vorfälle negieren, relativieren, links liegen lassen oder unterschätzen (»Das wird schon wieder«) – darin sind wir sehr kreativ. Egal für welche Strategie wir uns entscheiden. Wer mit einer Ja-aber-Sichtweise den Vorfall betrachtet, dem wird entgehen, was wirklich passiert ist, und der wird es erst recht nicht schaffen, die Situation zu seinem Besten zu wenden. Ja-und zu dem zu sagen, was passiert, ist aus unterschiedlichen Gründen schwierig. Im vorherigen Kapitel habe ich bereits Gründe dafür genannt, warum es so schwierig ist, Ja-und zur Wirklichkeit zu sagen. Wenn es um Ja-und-sagen-zu-dem-was-passiert geht, gibt es noch weitere Triebfedern.

Zum einen ist unser Wahrnehmungssystem darauf eingestellt, bei Gefahr schnell zu handeln. Auch Frösche reagieren besser auf schnelle als auf langsame Ereignisse. Ein wohlbekanntes Beispiel ist die Art und Weise, wie Frösche mit unterschiedlichen Wassertemperaturen umgehen. Wenn Sie einen Frosch in eine Wanne mit warmem Wasser setzen, dann wird er dort sofort herausspringen. Frösche mögen nur kaltes Wasser. Aber wenn Sie einen Frosch in eine Wanne mit kaltem Wasser setzen und das Wasser langsam erwärmen, dann wird der Frosch nicht reagieren. Er wird sogar dann noch behaglich im Wasser sitzen bleiben, wenn es schon viel zu heiß für ihn geworden ist. So kann es sein, dass er im kochenden Wasser zu Tode kommt.

Auch wir Menschen neigen dazu, auf schnelle, äußere Einflüsse besser zu reagieren als auf langsame, versteckte Veränderungen.[57]

Marie erzählt: »Ich habe einmal einen zehnjährigen Jungen beobachtet, der auf einem Spielplatz einen Fünfjährigen anschrie. Der Kleinere musste weinen und hatte Angst. Mein erster Gedanke war: Wie gemein! Ich ging zu ihnen, um dem Größeren meine Meinung zu sagen. Zum Glück schaffte er es, mir rechtzeitig zu erzählen, dass der Jüngere, auf den er so böse war, sein Bruder sei, und der habe gerade ein anderes Kind ins Gesicht getreten. Das andere Kind war nicht irgendein Kind, es war der jüngere Bruder der beiden. Der Zehnjährige musste den ganzen Nachmittag nicht nur auf die beiden, sondern auch noch auf die siebenjährige Schwester aufpassen. Seine Geschichte ging mir ans Herz. Auf einmal änderte sich mein Bild von ihm und ich fand ihn nicht mehr gemein, sondern bemitleidenswert.

Eine schnelle Reaktion ist praktisch, wenn es um plötzliche Bedrohungen oder Veränderungen geht, aber die große Gefahr dabei ist, dass wir die langsamen Entwicklungen aus dem Auge verlieren. Eine Beziehung, die sich im Laufe der Jahre verändert, ein Kind, das langsam den Eltern entgleitet ... Manche Entwicklungen verlaufen zu langsam, als dass wir sie noch wahrnehmen könnten – bis wir zum Beispiel eines Morgens neben unserem Partner aufwachen und uns fragen, ob wir mit ihm eigentlich glücklich sind – und es kann sein, dass wir auf einmal aus einer Art Tagtraum erwachen. »Sich an etwas zu gewöhnen« ist der größte Feind einer guten Wahrnehmung. Sobald wir uns an etwas gewöhnt haben, schenken wir dem keine Aufmerksamkeit mehr.

Auch in den Nachrichten geht es vor allem um das Aktuelle, das, was plötzlich geschehen ist. Und 90 Prozent davon handeln von Sachen, die nicht gut sind: Katastrophen, Kriege, Kriminalität. Durch die Art der Nachrichtenvermittlung haben wir von vorneherein einen blinden Fleck für sowohl positive als auch langsame Entwicklungen. Deswegen haben wir in den Niederlanden zum Beispiel das Gefühl, dass die Berliner Mauer ganz plötzlich gefallen ist – der langsame Zerfall des kommunistischen Ostblocks über viele Jahre hinweg, der dem Fall der Mauer voranging, lag außerhalb unserer Wahrnehmung.

Der zweite Grund hat mit unserem Vorwissen zu tun, dem, was wir wissen, kennen und erwarten. Der Philosoph Karl Popper ging davon aus, dass jede Wahrnehmung »theoriegeladen« ist, weil wir ohne ein Gedankengerüst überhaupt nicht wahrnehmen können.

Im niederländischen Utrecht war für einige Wochen eine Toilettenfrau in den Nachrichten. Da immer wieder ihre Türschlösser verklebt wurden, sowohl an ihrem Arbeitsort als auch bei ihr zu Hause, und die Frau vermutete, dass der Täter einer ihrer Kunden sei, interviewten die Zeitungsjournalisten die Kunden der Toilette. Dabei stellte sich heraus, dass die Toilettenfrau die Kunden anblaffte, wenn sie ihrer Meinung nach nicht genügend Kleingeld auf das Tellerchen legten. Sie selbst empfand ihren Ärger als ganz normal: »Für ein ›großes Geschäft‹ muss man nun einmal mehr bezahlen als für ein kleines. Aber den meisten Leuten ist das schnurzpiepegal. Sie bezahlen zu wenig oder gar nicht. So sind sie nun einmal. Ich setze mich doch nur für das ein, was mir zusteht.«

Arme Toilettenfrau. Sich ab acht Uhr morgens für das einzusetzen, was ihr zustand, und auf der Hut sein, ob die Kunden auch angemessen viel Geld auf ihr Tellerchen legten. Und natürlich gibt es von den Hunderten von Kunden, die täglich aus und ein gehen, immer wieder einen, der sich vor dem Bezahlen drückt. Und jedes Mal, wenn das passiert, wird die Theorie der Frau bestätigt: »Dieser Mensch denkt nur an sich.« So entsteht ein Teufelskreis: Die Toilettenfrau wird immer verbitterter, sie wird den Kunden gegenüber immer unfreundlicher und deswegen werden immer mehr Kunden dazu neigen, ihr kein Toilettengeld zu geben. Wer mit der Einstellung »Der Mensch ist schlecht« die anderen wahrnimmt, wird schlechte Menschen sehen – und schlechte Menschen »produzieren«. Schon aus Prinzip.

Die dritte Ursache dafür, warum wir Mühe haben, das, was passiert, zu akzeptieren, ist dieselbe wie die, warum wir die Wirklichkeit so schwer akzeptieren können: der Schmerz. Manche Ereignisse stehen unseren Wünschen und Sehnsüchten frontal gegenüber – manchmal sogar buchstäblich.

> Hanna: »Von unseren sechs Kindern haben wir zwei sehr früh verloren. Das erste war Tom. Er ist mit drei Jahren bei einem Autounfall in Frankreich gestorben. Wir fuhren auf einer zweispurigen Straße, auf der Gegenseite standen die Autos im Stau. Ein ungeduldiger Fahrer wollte den Stau überholen und fuhr mit hoher Geschwindigkeit auf unserer Seite, an einer Stelle, wo er die Straße nicht gut einsehen konnte. Wir konnten nicht ausweichen und knallten frontal mit ihm zusammen.
>
> Das zweite Kind, das wir verloren haben, war Gerdien. Sie bekam eine Mittelohrentzündung, als sie acht Monate alt war. Trotz meiner Besorgnis war der Arzt davon überzeugt, dass es nicht weiter schlimm sei. Zu Unrecht. Die Entzündung ging in eine Gehirnhautentzündung über, wodurch meine Tochter ›geistig und körperlich schwer gestört‹ wurde. In gewissem Sinne habe ich sie schon damals verloren. Als sie sechs Jahre alt war, musste sie in einem Pflegeheim untergebracht werden. Ich wusste, dass es nicht anders ging, aber ich hatte dennoch große Mühe, ihre Pflege an andere abzugeben. Mit 33 Jahren ist sie in diesem Pflegeheim in der Badewanne ertrunken, weil das Pflegepersonal unaufmerksam gewesen war ... Damals habe ich sie eigentlich zum zweiten Mal verloren.
>
> Die Frage, ob man das überhaupt akzeptieren kann und wenn ja, wie, ist sehr schwer zu beantworten. Über den Tod von Tom habe ich lange

nachgedacht und ich glaube, ich habe dem schließlich einen Platz geben können. Aber im Fall von Gerdiens Tod habe ich letztlich aufgehört, in Worten wie ›verarbeiten‹ und ›akzeptieren‹ zu denken. Der Schmerz ist schlichtweg zu groß.«

Der Verlust eines Kindes schlägt eine tiefe Kerbe ins Leben der Eltern. Als mein Vater starb, sagte seine Mutter (also meine Großmutter) – sie war damals 91 Jahre alt: »Es gehört sich nicht, dass eine Mutter ihre Kinder überlebt. Hätte der liebe Gott doch lieber mich zu sich geholt.« Der liebe Gott hatte verstanden: Zwei Monate später starb auch sie.

Das unerwartete Ende einer schönen Wirklichkeit, ob es nun um ein Leben, eine Arbeitsstelle oder eine Beziehung geht, bedeutet auch, dass unsere Vorstellung, wie etwas zu sein hat, abrupt zerstört wird. Es fühlt sich so an, als läse man in einem Buch, doch wenn man die Seite umschlägt, ist sie leer – und auch die nächsten Seiten. Oder wie wenn man einen Krimi auf eine DVD aufgenommen hat – doch man müsste plötzlich feststellen, dass die letzten zehn Minuten fehlten. Eine »unfertige« Geschichte ist eine erschütternde Erfahrung. Die plötzliche und grausame Erkenntnis, dass man das Leben nicht in der Hand hat. Als ob nach dem Cliffhanger nie wieder eine Folge der Serie erscheinen würde. Das führt zu einer Leere, die vom Verstand nicht zu erfassen oder begreifen ist.

Joost: »Unsere Tochter ist mit 23 Jahren auf einer Kanutour gestorben. In den ersten Monaten danach wurde ich morgens immer mit der Gewissheit wach, es ist etwas Schreckliches passiert – was war es doch gleich? Und dann wusste ich es auf einmal wieder: Richtig, meine Tochter ist tot.«

Mit unserem Verstand können wir die Zeit einschätzen. Wir wissen, dass wir eine Vergangenheit und eine Zukunft haben, wir wissen auch, dass alles ein Ende haben wird. Und auch, dass alles kommt und geht. Vom Verstand her wissen wir das, aber der gleiche Verstand möchte es auch begreifen und erklären können. Vergeblich.

Ja-aber zu Vorfällen und Ereignissen zu sagen ist verständlich, erklärbar und oft unvermeidbar. Dennoch ist es möglich, komplexe oder schmerzliche Erlebnisse besser wahrzunehmen und schneller zu akzeptieren. Zu allererst einmal: Eine Ja-und-Haltung zu dem, was passiert, zu entwickeln, ist nicht etwas, was man ab einem bestimmten Zeitpunkt kann. Beispielsweise wie Schlittschuh laufen, Klavier spielen oder stricken: Nur indem wir es intensiv und über einen langen Zeitraum üben, können wir einen gewissen Grad an Professionalität erreichen.

Wenn man sich das Ziel setzt, in die Politik zu gehen, wird man erst Zeit benötigen, um zu verstehen, wie die Dinge in der Politik funktionieren. Über welche Schreibtische gehen die Entscheidungen? Wie bereitet man etwas so auf, dass es Gehör findet? Wie benutzt man die Presse für seine Zwecke oder auch die der eigenen Partei? Um Politik zu verstehen oder gar nach seinem Willen zu lenken, ist Erfahrung unerlässlich. Manche Vorgänge sind derart komplex, dass wir erst nach jahrelanger Erfahrung in der Lage sein werden, sie zu verstehen. Egal wie brillant man als Student ist, mit zwanzig kann man nicht ganz allein einen Betrieb mit 20 000 Mitarbeitern führen. Es braucht Zeit, um Muster zu erkennen und in verschiedenen Situationen eine gute Entscheidung zu treffen.

Wer »Ja« zur Wirklichkeit sagt, akzeptiert, was passiert, und weiß, dass er immer die Verantwortung dafür trägt, wie er den Vorfall wahrnimmt. Aber »Verantwortung tragen« ist nicht dasselbe wie »schuldig sein«. Dies wird oft missverstanden. Wer »Ja« sagt zum Regen, weiß ganz genau, dass er nicht die Ursache des Regens ist. Die »Ursache« des Regens ist komplex. Wenn man glaubt, man sei die Ursache von allem, was sich um einen herum abspielt, dann ist das ziemlich hochmütig. Aber man ist sehr wohl dafür verantwortlich, welches Gefühl der Regen in einem auslöst (Missmut, Freude, Wut) und was man damit macht (tanzen, ihn auffangen, sich unterstellen). Diese Strategie hilft, Vorfälle leichter zu akzeptieren. Die Antwort auf die Frage »Warum passiert mir das?« ist eine andere als die zur Frage »Welche Bedeutung gebe ich diesem Vorfall?«.

Verständlicherweise erlebten wir den Verlust der Arbeitsstelle oder eines geliebten Menschen schmerzhaft und als etwas, das »passiert«. In erster Instanz fühlt es sich so an, als ob einem die Außenwelt etwas antut. Aber wenn man sich mit diesem Standpunkt identifiziert, ist es schwer, mit dem Vorfall ins Reine zu kommen. Denn er ruft sofort Fragen auf, wie »Warum passiert mir das (und nicht einem anderen)?«, »Welche Bedeutung hat dieses Ereignis?« und »Warum jetzt?«. Das sind Fragen, auf die es keine Antwort gibt. Wir haben das Gefühl, das Leben tut uns etwas an. Aber genau genommen tun wir das selbst. Unsere Liebe und unsere Sehnsüchte sind die Quelle unseres Schmerzes. Diejenigen, die es erleben mussten, wissen, dass der Tod oder die schwere Krankheit eines geliebten Menschen, ganz besonders eines Kindes, eine entsetzliche Erfahrung der Leere und Sinnlosigkeit ist: Aber diesen Schmerz können wir verhindern. Wir brauchen ihn nicht zu fühlen! Die Alternative ist nämlich: keine Kinder und keine Beziehungen zu haben.

Wer auf eine Ja-und-Weise im Leben steht, weiß, dass ausschließlich wir selbst für unsere Gefühle und die Art, wie wir mit Erlebnissen umgehen, verantwortlich sind. Liebe schließt Schmerz nicht aus. Selbst wenn man sich dessen bewusst ist, wird der Schmerz nicht weniger, das nicht. Aber man kann auf die bitteren Gedanken, die der Schmerz auslöst, Einfluss nehmen. Also nicht auf das, was man fühlt, sondern auf das, was man denkt.

> Agnes: »Der Tod von Erik kam so plötzlich. Wir waren gerade im Urlaub in Frankreich, und er wurde krank, schien eine Infektion zu haben. Am nächsten Tag war er tot. Ich war im vierten Monat schwanger – es war unser erstes Kind. Und das war es dann, aus und vorbei. Die Frage nach dem ›Warum‹ ist natürlich sinnlos, aber das Geschehene ist so unlogisch, dass ich mir diese Frage dennoch stellte. Ich fing auch an, nach allerlei Bedeutungen zu suchen: Warum wir beschlossen hatten, doch ein Kind zu bekommen. Wie es gewesen wäre, wenn wir damit noch gewartet hätten ...«

Die Rachegelüste, die Verbitterung oder Bestürzung, die wir nach einem schmerzhaften Ereignis verspüren, tun wir uns selbst an. Das könnte man den Schmerz über den Schmerz nennen. Dieser Unterscheid ist von Bedeutung, damit sich nicht alle Gefühle in einem riesigen Knäuel verheddern zu einem großen »Warum?«. Eckhart Tolle schreibt darüber: »Leiste dem Schmerz keinen Widerstand. Erlaube ihm dazusein. Lasse den Verstand nicht den Schmerz benutzen, um eine Opferidentität für dich daraus zu erschaffen. Dich selbst zu bemitleiden wird dich im Leiden gefangenhalten. Gib dich der Trauer hin, der Verzweiflung, der Angst, der Einsamkeit oder welche Form das Leiden auch annimmt. Beobachte es, ohne es zu benennen. Umarme es. Und dann sieh, wie das Wunder der Hingabe tiefes Leid in tiefen Frieden verwandelt.«[58]

Aber egal, welche Geschichte wir uns ausgedacht haben, egal wie positiv wir den Verlust auch »umdeuten«, wenn wir einen geliebten Menschen loslassen müssen, schmerzt das *immer.* Ja-und zu dem zu sagen, was passiert, fängt mit der Anerkennung dieses Schmerzes an. Und ihn anzuerkennen ist (noch einmal) etwas anderes, als ihn hinzunehmen. »Ja« sagen bedeutet zu akzeptieren, dass der Schmerz da ist und dass der Schmerz noch nicht einmal vorbei ist. Alles braucht seine Zeit, auch Schmerz, Trauer und Leere. Mancher Schmerz ist so unbegreiflich groß, dass er vielleicht in diesem Leben nicht vorbeigehen wird. Oder, wie die Schriftstellerin Anna Enquist, die ihre Tochter bei einem Autounfall verloren hatte, schreibt: »Man lebt weiter, weil man nicht stirbt. Man geht weiter, weil einen die Füße tragen – und nicht etwa, weil es ein Ziel zu erreichen gilt.«

Wie erreicht man einen Seinszustand, in welchem man aus einer Ja-und-Perspektive wahrnehmen kann? Das erfordert mehrere Erkenntnisse und Fertigkeiten. Die Grundhaltung ist, dass nichts sein »muss«. Zwar passieren Dinge, aber was sie zu bedeuten haben und was man damit macht, hängt von dem ab, was man will. Wenn man findet, dass etwas sein »muss«, dann heißt das nichts anderes, als dass man denkt, dass etwas passieren muss: Letztlich liegen die eigenen Normen, Wünsche, Auffassungen oder Erwartungen immer allen Handlungen zugrunde.

Um mir vor Augen zu halten, dass alles, was ich tue, meine freie Entscheidung ist, hatte ich eine Zeit lang einen Zettel am Badezimmerspiegel kleben, auf dem stand: »Nichts muss, alles kann.« Jeden Morgen, wenn ich dieses Mantra sah, lächelte ich, nickte mir selbst im Spiegel zu und sagte: »Tja, mein Lieber, das ist das tiefere Elend dieses Lebens: nichts muss. Und nun schau, wie du es hinbekommst, das auch so zu fühlen.« Und immer dann, wenn ich bei etwas, das ich glaubte tun zu müssen, einen Widerwillen verspürte, fragte ich mich: »Warum? Wer sagt, dass ich das tun muss?«

»Nichts zu müssen« ist die Grundhaltung einer Ja-und-Sichtweise, wenn es um das geht, was passiert. Bevor man handelt, gibt es einem die Ruhe und den Raum, um wirklich wahrzunehmen und fühlen zu dürfen. Sie hilft einem, sich klar zu machen, dass Sachen passieren. Man braucht nicht zu reagieren – das entscheidet man selbst. Nicht zu müssen führt zu einem Zustand des Nichtstuns, einem Zustand der Wahrnehmung und der Akzeptanz. Wie wir am Beispiel der Füchse in Wassenaar gesehen haben, ist Nichtstun oft der beste »Beitrag« zu einem Geschehen.

Wir neigen dazu, Ereignisse in zwei Kategorien zu unterteilen: gut und nicht gut. Zur ersten Kategorie sagen wir Ja-und, zur zweiten Ja-aber. Aber oft kann man Ereignisse nicht so einfach bei gut oder schlecht einordnen. Wer Ja-und sagt, hält den Schlüssel zum Erfolg in den Händen. Aus diesem Grund ist Ja-und sagen die Brücke zwischen den Wünschen, Zielen und Qualitäten und dem Erfolg auf der anderen Seite. Nur wenn man der Dynamik der Ereignisse nachgibt, ist man in der Lage, daraus etwas nach seinem Willen zu machen.

✶

Hans Marcel Becker ist der Direktor der niederländischen Humanitas. Zu der Zeit, als die Renovierung der Humanitas-Klinik so weit fortgeschritten war, dass ein Modellpflegezimmer fertiggestellt wurde, hatte Becker in Deutschland einen schweren Autounfall. Er wurde mit einer instabilen Rückenwirbelfraktur in die Niederlande zurückgeflogen und musste sechs Wochen lang ans Krankenbett gefesselt in ebendiesem Zimmer verbringen. Ein Problem? Nein! Eine Möglichkeit. Denn so erfuhr er am eigenen Leibe alle Vor- und Nachteile des Pflegezimmers. Die Folge? Er formulierte fast dreißig Empfehlungen, wie das Pflegezimmer verbessert werden konnte. Verbesserungen, zu denen es ohne seinen Unfall vermutlich nie gekommen wäre.[59]

In einer Autofabrik werden Motoren getestet. Anfänglich war es ein Problem, den notwendigen Widerstand zu imitieren, dem die Motoren auch in der Realität ausgesetzt wären und für den sie konstruiert wurden. Genau wie bei Bootsmotoren, die nicht ohne den Widerstand des Wassers laufen sollten, weil sie sonst Schaden nehmen. Keine einfache Aufgabe. Bis man auf die Idee kam, die Motoren zur Energiegewinnung einzusetzen. Die Testmotoren müssen nun unter dem erforderlichen Widerstand arbeiten und liefern gleichzeitig 25 Prozent des Energiebedarfs der Fabrik.

Beipackzettel von Medikamenten können den Weg zu neuen Einsatzmöglichkeiten weisen. So wurde zum Beispiel ein Medikament entwickelt, das die verengten Blutgefäße von Anginapatienten weitet. Als Nebenwirkung rief das bei Männern Erektionen hervor. Dies war die Geburtsstunde von Viagra.

Wissenschaftler des Europäischen Laboratoriums für Molekularbiologie in Heidelberg haben ein Computerprogramm entwickelt, das übereinstimmende Nebenwirkungen von Medikamenten aufspürt und versucht, aufgrund dieser Nebenwirkungen neue Medikamente zu entwickeln. Die Forscher untersuchten die Beipackzettel von 746 Medikamenten und fanden 26 Kombinationen von zwei oder mehr Mitteln mit ungefähr derselben Nebenwirkung heraus. Zwanzig Kombinationen wurden weiter untersucht und man stellte unter anderem fest, dass ein angsthemmendes Mittel auch als Antidepressivum eingesetzt werden kann, auch wenn es als solches nicht entwickelt wurde und eine ganz andere chemische Zusammensetzung hat. Der große Vorteil: Weil man von schon existierenden Medikamenten ausgeht, deren Verträglichkeit bereits ausführlich getestet wurde, können die Medikamente, die man auf diesem Weg entdeckt hat, schneller und billiger auf den Markt kommen.[60]

Als Elle Macpherson kurz vor dem Durchbruch zum weltweiten Supermodel stand, hatte die Regenbogenpresse bereits bei ihrem Ex-Freund angeklopft, um an delikate Fotos, nämlich Nacktaufnahmen von Elle heranzukommen. Da Elle vermutete, er wäre durchaus geneigt, diese Bilder zu verkaufen, bot sie in dieser verzwickten Situation dem *Playboy* an, eine Serie von Nacktfotos mit ihr zu machen – *Playboy* nahm natürlich gerne an. Das Ergebnis? Sie hatte nun selbst Einfluss auf die Bilder, konnte selbst Geld damit verdienen und – vielleicht der schönste Effekt – die Fotos, die bei ihrem Ex-Freund herumlagen, hatten ihren Reiz verloren.

✶

Wenn Sie sicher sein wollen, dass ein Ereignis zur Tragödie wird, dann behandeln Sie es wie eine Tragödie. Die Lebenshaltung, die dazugehört, ist gedrückt, pessimistisch und negativ. »Was für eine Katastrophe, natürlich musste das wieder mir passieren, ich habe auch immer Pech.« Die Wahrscheinlichkeit, dass genau das passiert, wovor man Angst hat, ist dann sehr groß. Wenn man sich wie ein Opfer verhält, sich passiv zeigt, ist die Wahrscheinlichkeit, dass sich die Realität zum Guten wendet, natürlich nicht sehr groß. Aber es hat einen großen Vorteil: Die von einem selbst erstellte Prognose ist richtig! Sie können sagen: »Na, siehst du, ich hab's doch gleich gesagt.« Wer wenig erwartet, bekommt wenig. Das ist eine sogenannte »Selffulfilling Prophecy«. Deswegen haben Pessimisten immer Recht. »Ich hab's doch gleich gesagt« ist das Motto der Im-Nachhinein-Rechthaber.

Man kann auch mit einer offenen Haltung leben, einer Haltung, bei der man das Leben nicht beurteilt. Denn wie wir schon gesehen haben: Meistens macht es wenig Sinn, etwas als »richtig« oder »falsch« einzuordnen. Und es hilft auch nicht, die »Warum«-Frage zu stellen. Wie Eckhart Tolle schreibt: »Hingabe und Akzeptanz passieren immer dann, wenn man aufhört zu fragen ›Warum passiert mir das?‹ Wer sein Herz öffnet, wird jedes Ereignis als eine Möglichkeit wahrnehmen. Die Lebenshaltung, die dazu passt, ist einfach, leicht und offen: ›Wir werden sehen.‹«

Ja-aber
Siehst du

Ja-und
Wir werden sehen

10. Sag Ja zum Handeln

Tu es oder tu es nicht.
Es gibt kein Versuchen.
Yoda[61]

Ein Mann, der sein Leben lang in Armut gelebt hat, kommt in den Himmel. Er beklagt sich bei Gott. »Gott«, so sagt er, »ich habe mein Leben lang gebettelt und gebetet, um im Lotto zu gewinnen. Wieso hast du meine Gebete nie erhört?« Und Gott spricht: »Wir haben deine Bitte gehört und wir haben alles getan, um dir zu helfen, aber du hast nicht auf uns gehört.«

»Ich habe nicht auf dich gehört? Aber was hätte ich denn tun müssen?«

»Dir ein Los kaufen.«

✶

Die ersten neun »Jas« dieses Buches handeln vom Wahrnehmen und Akzeptieren der Dinge, wie sie sind. Aber erst mit dem zehnten »Ja« betreten wir die Welt der Handlungen. Im Prinzip bittet Sie dieses Buch neun Kapitel lang, sich darauf zu konzentrieren, wer Sie sind, was Sie denken und fühlen und wie Sie die Wirklichkeit wahrnehmen. Und erst das letzte Kapitel handelt davon, was Sie damit tun können. Ist das nicht ein bisschen unverhältnismäßig?

Viele Selbsthilfebücher konzentrieren sich vor allem auf die Themen Akzeptanz, Ziele setzen und Effektivität. Hauptsache, Sie organisieren, planen und denken sich Ihre Welt gut zurecht, dann werden Sie Ihre Ziele erreichen. Natürlich ist Handeln wichtig, es ist nicht umsonst das Thema des letzten Kapitels dieses Buches, das letzte der zehn »Jas«. Aber wenn Ihr Handeln aus dem entspringt, wonach Sie in Ihrem tiefsten Innern verlangen, wenn Sie es in Harmonie mit Ihrer Umgebung tun, dann wird alles, was Sie tun werden, viel effektiver sein.

Wie wir im Kapitel 4 gesehen haben, wird unser Handeln größtenteils durch die Intuition gesteuert. Wenn wir wollen, dass unser Handeln (noch) mehr mit unseren Zielen und Wünschen übereinstimmt, dann ist es von großer Bedeutung, diese Ziele und Wünsche gut zu kennen und zu respektieren. Denn wenn wir »handeln«, ohne zu »sein«, werden wir in einem fort gegen uns selbst arbeiten. So wie ein Hund, dem man eine Wurst an den Schwanz gebunden hat und der sich nun fortan selbst hinterherläuft, ohne die Wurst doch jemals zu erreichen.

Außerdem ist dieses »Ja« von entscheidender Bedeutung. Erst wenn wir auch wirklich etwas tun, bekommt unser Leben ein Gesicht. Unsere Talente, Ziele, Gefühle, Ambitionen können nur Realität werden, wenn wir handeln. Aber wir gehen auch ein Risiko ein, wenn wir handeln. Manche Handlungen sind nicht mehr rückgängig zu machen. Jede Handlung, egal wie klein, hat Konsequenzen. Wenn man beschließt, ein Kind zu bekommen, hat dieser Entschluss einen nicht mehr rückgängig zu machenden Einfluss auf unser Leben. Wenn man jemanden beleidigt, verletzt oder sogar schlägt, hat das Einfluss auf die Beziehung zu demjenigen. Alles, was wir machen, hat eine Wirkung auf unsere Umgebung. Aber auch alles, was wir nicht tun, hat eine direkte oder indirekte Wirkung. Die Unwahrheit sprechen, einen Bewerbungsbrief nicht abschicken, einen geliebten Menschen nicht anrufen – auch wenn wir etwas unterlassen, hat das Folgen. In der Welt des Handelns müssen wir uns entscheiden.

✶

Wenn es darum geht, seine Ziele zu erreichen, ist die Kunst des Nicht-Handelns genauso entscheidend wie die Kunst des Handelns. So wie das Nicht-Abschießen der Füchse zu einem Sinken der Fuchspopulation führen kann, so kann das Nicht-Handeln sehr wohl zum Erreichen eines Zieles führen. Manchmal muss man eben etwas in Ruhe lassen, damit es sich entwickeln kann. Das erfordert aber auch einen hohen Grad an Wachsamkeit und die Fähigkeit, Ja-und zur Wirklichkeit sagen zu können. Das ist nicht immer einfach: Wenn man unsicher ist, neigt man dazu, etwas zu tun. Menschen, die nach dem Motto »Taten statt Worte« leben, riskieren es, im falschen Moment die falschen Dinge zu tun.

Nicht-Handeln ist ein selbstverständlicher Teil alltäglicher Handlungen. Beim Fahrradfahren wenden wir Energie auf, aber wir entspannen auch – je nachdem, ob wir gerade in die Pedale treten oder nicht. Fahrradfahren ist nur möglich dank eines präzisen Wechsels von Tun und Nicht-Tun. Im Taoismus wird diese Haltung des Tuns durch Nicht-Tun unter den Begriff »Wu Wei« gefasst: Handeln durch Nicht-Handeln. Der Taoismus geht davon aus, dass das, was wir tun, oft die natürliche Ordnung stört. Der Ursprung des »Wu Wei« liegt in der Beobachtung der Dinge, wie sie in der Natur funktionieren: Das Gras wächst, ein Vogel fliegt – einfach so, ohne sichtliche Mühe oder Anstrengung. In der Natur bewegt sich alles mit einer gewissen Energie in eine gewisse Richtung. Wer sich von einer »Wu Wei«-Haltung aus in der Wirklichkeit bewegt, wird sich in erster Linie darauf konzentrieren, wie sich etwas aus sich selbst heraus bewegt – und darin mitgehen. Der Begriff »Wu Wei« kommt dem, was ich unter einer Ja-und-Haltung verstehe, sehr nah.

✶

Wenn man sich von dem leiten lässt, was man will, und jede Handlung mit Aufmerksamkeit und Genauigkeit ausführt, um sein Ziel zu erreichen, kann es passieren, dass man an einem bestimmten Punkt das Gefühl hat, dass alles »wie von selbst« geht. Man ist im »Flow«. Mihaly Csikszentmihalyi, Psychologieprofessor an der Universität Chicago, benutzt den Begriff »Flow«, um das Gefühl auszudrücken, alles, was wir tun, ginge wie von selbst. Man kann aufgehen in dem, was man tut, befindet sich im Hier und Jetzt und vergisst die Zeit – dann ist man im Flow – was ein unbeschreibliches Glücksgefühl auslöst.

Dieses Gefühl kennen wir alle in mehr oder weniger großem Ausmaß. Man ist im Flow, wenn man beim Inlineskating durch eine Kurve fährt und das Gefühl hat, als ob nicht man selbst, sondern der Körper durch die Kurve gleitet.

Auch eine herausfordernde Aufgabe kann einen in Flow bringen. Man kann dabei so sehr die Zeit vergessen, dass man nach einem Blick auf die Uhr feststellen muss, dass es schon fast fünf Uhr ist. Nach Csikszentmihalyi entsteht Flow, wenn wir etwas tun, wofür wir all unsere Aufmerksamkeit brauchen, um es wirklich hinzukriegen. Kinder beispielsweise gehen oft vollkommen auf in dem, was sie tun. Sie sind im

Flow. Und wenn man im Flow ist, hat man schlicht und ergreifend keine Zeit, darüber nachzudenken, wer man ist, warum man ist und warum man macht, was man gerade tut. Man macht einfach.

Ein Kind, das laufen, Fahrrad und Skateboard fahren lernt, ist vollkommen im Hier und Jetzt. Wenn Erwachsene laufen, haben sie noch eine Menge Gehirnkapazität frei, um über gleich und gestern nachzudenken – also zu grübeln. Wenn wir wieder in Flow kommen wollen, müssen wir etwas Herausforderndes tun: So etwas wie bergsteigen, Musik machen oder malen – aber auch wenn wir ein neues Computerprogramm entwickeln, an unserem Businessplan tüfteln oder unsere Rendite ausrechnen, können wir im Flow sein. Die Frage ist nur, wie erreichen wir diesen Seinszustand? Können wir auch im Flow sein, wenn wir abwaschen, die Kinder zur Schule bringen oder einen Brief einwerfen?

Die meiste Zeit sind wir uns dessen, was wir tun, nicht bewusst. Wir versuchen, sehen, lassen laufen, warten ab, zweifeln, grübeln, legen einfach los, geben auf oder versuchen wider besseres Wissen etwas durchzudrücken. Es gibt zahlreiche Beispiele dafür, etwas zu tun, was man besser nicht tun sollte. Oder umgekehrt: Etwas nicht zu tun, was man sehr wohl tun sollte. Wie kommt das nur? Warum machen wir uns so oft selbst einen Strich durch die Rechnung? Etwas einfach zu tun, kann doch nicht so schwer sein?

✶

Der wichtigste Grund, warum wir nicht einfach machen, was wir wollen, liegt darin, dass wir aus dem, was wir machen, allerlei Rückschlüsse über uns selbst ziehen – darüber, wer wir sind. Wenn wir im Flow sind, scheint die Welt einfach zu sein. Alle Aufmerksamkeit verläuft von »was wir sind« zu »was wir tun«. All unsere Talente, Ambitionen und Gefühle sind auf das gerichtet, was wir tun. Dort allein liegt unsere Aufmerksamkeit. Um zu wandern, segeln, einen Berg zu erklettern oder ein Lied zu singen. Sonst nichts. Wenn unsere Aufmerksamkeit zu stark auf uns selbst ausgerichtet ist, also nicht auf das, was wir tun, sondern auf das, was wir sind, dann kommen wir »out of flow«.

Schauen wir uns einmal Wim an. Er ist seit zwanzig Jahren bei ein und demselben Arbeitgeber. Zur Feier dieses Anlasses gratulieren ihm seine Kollegen und der Chef hält eine kurze Ansprache. Dann fragt er, ob Wim auch etwas sagen möchte. Aber Wim ist schüchtern. Anstatt seinen Gehirnzellen den Auftrag zu erteilen, darüber nachzudenken, was er sagen könnte (handeln), machen sich seine Gehirnzellen spontan aus dem Staub. Wim hört sich selbst denken: Ich kann das nicht, gleich fange ich an zu stottern, was werden die bloß von mir denken? Diese Unsicherheit wird nicht durch die Frage »Was soll ich tun« hervorgerufen, sondern durch die Frage »Was werden sie von mir denken?«. Wims Aufmerksamkeit ist innerhalb des Bruchteils einer Sekunde nicht mehr beim Handeln, sondern beim Sein. Und das Tragische ist: Sobald dieser Prozess in Gang gesetzt worden ist, kann er innerhalb von Sekunden das gesamte System umwerfen. Noch bevor Wim zu sprechen anfängt, hat sich seine Aufmerksamkeit so sehr vom Handeln auf das Sein verschoben (90 Prozent seiner Gehirnzellen sind bereits damit beschäftigt, was die anderen von ihm halten), dass genau das, was er befürchtet, auch passieren wird. Er kann die richtigen Worte nicht finden, stammelt ein bisschen, spricht etwas zu leise und Wim denkt: Siehst du, du kannst es nicht. Wim ist so auf seine eigene Gedankenwelt konzentriert, dass er vollkommen »out of flow« ist.

Aus dieser Unsicherheit heraus macht man seine Sachen oft nur halbherzig oder aber besonders gut. Wir geben uns extra viel Mühe, um nicht mit unserer eigenen Unsicherheit konfrontiert zu werden. Im Prinzip aber bleiben wir in derselben Struktur gefangen. Wir tun etwas nicht, weil wir es gern tun, sondern wir tun etwas, weil wir es in Bezug auf das, wer wir sind, bedeutungsvoll finden.

> Fred: »Rückblickend muss ich erkennen, dass all meine Projekte geradezu großspurig waren. Ich hatte einen fantastischen Plan nach dem anderen. Ich würde Erfolg haben, das war das Größte, ich würde den anderen zeigen, wo der Hammer hing. Voller Elan machte ich mich begeistert an die Arbeit, aber schon nach kurzer Zeit wurde deutlich, dass es nicht klappen würde. Tief in meinem Innern habe ich immer gedacht: Fred, egal was du machst, das klappt doch nicht. Ich war mehr damit beschäftigt, mir das Gegenteil zu beweisen, als damit, endlich zu tun, was ich wollte.«

Ein weiterer Grund, warum wir nicht einfach machen, was wir machen wollen, ist Lustlosigkeit. Nun ist Faulheit oder Lustlosigkeit an und für sich noch keine Katastrophe, schließlich könnte man diese Züge auch als ein »effektives Umgehen mit den Energien« betrachten. Solange man sich gut dabei fühlt, ist doch alles in Ordnung, nicht wahr?

Oft aber fühlt sich Lustlosigkeit nicht gut an. Und wenn Faulheit in die Nähe von Langeweile und Sinnlosigkeit kommt, fühlt sich das auch nicht mehr prima an. Im schlimmsten Fall kommt es zu Apathie. Apathie basiert auf dem Fehlen von Wünschen und Zielen. Das braucht nicht schlimm zu sein, aber wenn die Apathie lange anhält, rückt die Erfahrung des Flow-Gefühls immer weiter weg. Anthony Robbins sagt dazu: »Menschen sind nicht dumm, sie setzen sich nur zu niedrige Ziele.« Wenn man sich keiner Herausforderung stellt, warum sollte man dann in Bewegung kommen? Es ist doch schön so, wie es ist?!

Der dritte und letzte Grund, warum es so schwer ist, »Ja« zu allen Handlungen zu sagen, hat mit dem Hang zum Perfektionismus zu tun. Wer sich selbst zu hohe Ziele steckt, wird sich schnell ohnmächtig fühlen. Genau wie Unterforderung wenig bringt, genauso wenig bringt Überforderung etwas. Sich wie wahnsinnig für etwas einzusetzen ist prima, aber wenn im Hintergrund eine Stimme flüstert »Gleich geht alles schief«, »Es muss einfach klappen«, oder »Jetzt oder nie«, dann geht es beinah schon automatisch schief. Wenn man Tennis spielt – Fokus auf den nächsten Ball. Wenn man läuft – Fokus auf die nächste Kurve. Wenn man eine Lesung hält – Fokus auf die nächste Textpassage. Eins werden mit dem, was man tut. Natürlich ist das schwierig. Es gibt so einiges, worauf man gerne Einfluss ausüben würde: Wie man rüberkommt, was das Publikum von einem hält, ob man gewinnen wird. Aber dies sind alles Bereiche, auf die man in diesem Moment keinen einzigen Einfluss hat. Ziehen Sie aus diesen Bereichen ihre Aufmerksamkeit zurück. Konzentrieren Sie sich auf den kleinsten Einflussbereich, ihre folgende Handlung. Nicht mehr. Nicht weniger.

✶

Okay. Das ist deutlich. Aber wie können wir dafür sorgen, dass wir eins werden mit dem, was wir tun, ohne uns Sorgen zu machen oder zu grübeln, um uns dann vollkommen für etwas einsetzen zu können? Einige Überlegungen:

Fangen Sie damit an, die richtige Spannung zu schaffen. Wer »Ja« sagt zu jeder Handlung, lernt, genau die richtige Spannung zu schaffen: Nicht zu viel und nicht zu wenig. Man könnte dies auch kreative

Spannung nennen, ein gesunder Stress, der einen in Bewegung hält. Man braucht dafür nichts zu lernen, denn schließlich konnte man das als Kind schon. Wie weit kann ich springen? Traue ich mich schon ins tiefe Wasser? Kann ich schon freihändig Fahrrad fahren? Pro Handlung versuchte man einzuschätzen, ob man es gerade schon oder gerade noch nicht konnte. Und wenn man beschlossen hatte, ein bisschen weiter zu gehen, als man für möglich gehalten hätte, brauchte man seine hundertprozentige Aufmerksamkeit, um es auch zu schaffen. Timothy Ferriss, Autor von *Die 4-Stunden-Woche: Mehr Zeit, mehr Geld, mehr Leben*, gibt einen sehr praktischen Tipp, wie man diesen Seinszustand bei allem, was man tut, erreichen kann. »Beinahe bei allem, was wir nur für uns tun, neigen wir dazu, unsere Ziele zu niedrig anzulegen. Wir machen etwas in einem Tag, was auch in einem halben Tag gegangen wäre. Oder halten uns für etwas eine Stunde frei, obwohl wir es, wenn wir durcharbeiten würden, auch in fünfzehn Minuten schaffen könnten.« Ferriss hält dann auch ein Plädoyer für extrem hohe Ziele in sehr kurzer Zeit. Als ob man im Wettbewerb mit sich selber stünde. Als ob alles davon abhinge. Wenn Sie also ein Referat für eine Mitarbeiterversammlung schreiben sollen und haben dafür einen ganzen Tag eingeplant, dann vereinbaren Sie mit sich selbst, um neun Uhr anzufangen, ohne Pause durchzuarbeiten und um zehn Uhr fertig zu sein. Was sind die Konsequenzen dieser Abmachung? Sie werden nicht nur härter arbeiten – das ist noch nicht einmal das Wichtigste – Sie werden vor allem viel effizienter arbeiten. Was passiert nämlich, wenn Sie den ganzen Tag Zeit haben? Sie machen Kaffee, checken zwischendurch Ihre Mails, rufen jemanden an – kurz gesagt, jedes Mal, wenn Sie wieder zu Ihrer eigentlichen Aufgabe zurückkehren, müssen Sie Ihre kleinen, grauen Zellen erneut hochfahren. Indem Sie den Fokus nur auf eine Aufgabe legen und den Arbeitsdruck enorm hoch halten, stimulieren Sie Ihre Denkkapazitäten, um auf viel höherem Niveau zu arbeiten. Und erzielen so einen doppelten Vorteil.

Akzeptieren Sie, dass Sie, wie unzählige andere Menschen, dazu neigen, über sich selbst nachzudenken, zu grübeln, aus dem Flow zu geraten. Wehren Sie sich nicht dagegen, es hat keinen Sinn. Auch das ist nämlich ein spontaner Prozess, den wir nicht kontrollieren können. Was man in solch einem Moment nicht tun sollte, ist, es sich übel zu nehmen, dass man aus dem Flow geraten ist. Das wäre dann genauso etwas wie der Schmerz über den Schmerz. Ersparen Sie sich das. Sobald Sie merken, dass Ihre Aufmerksamkeit nicht mehr auf das gerichtet ist, was Sie tun, sondern auf das, was Sie sind, sagen sie Ja-und dazu, lachen Sie darüber und richten Sie Ihre Aufmerksamkeit im selben Augenblick wieder auf die Tätigkeit, die Sie eigentlich tun wollten.

✶

Beschäftigen wir uns mit einem langweiligen Thema: Durchsetzungsvermögen. Sich schlichtweg und einfach durchzusetzen, eisern, in aller Ruhe, stetig und konsequent weiterzumachen. Obwohl man noch keinen einzigen Fortschritt sieht. Was der Nutzen ist? Nun, zunächst einmal ist Durchsetzungsvermögen eine unentbehrliche Eigenschaft, wenn es darum geht, ein Ziel zu erreichen. Natürlich sind Talent und Begabung ebenfalls wichtige Eigenschaften, um erfolgreich zu sein, aber selbst wenn man Talent hat, scheint doch ein jahrelanges und nicht nachlassendes Durchsetzungsvermögen die Grundlage eines jeden »Genies« zu sein.

Der US-Autor Malcolm Gladwell berichtete in seinem Buch *Überflieger* ausführlich über das Phänomen erfolgreicher Talente. In vielen Fällen entschied nach seinen Ergebnissen gar nicht so sehr das Talent über den späteren Erfolg als vielmehr zahlreiche andere Faktoren wie etwa das Umfeld, die kulturelle Prägung oder sogar zufällige Gegebenheiten. Von Mozart zum Beispiel wissen wir, dass er bereits im Alter von sechs Jahren seine ersten Musikstücke komponierte. Doch dem Psychologen und Autor von *Genius Explained*, Michael Howe, zufolge sind Mozarts frühe Werke in keiner Weise auffallend oder gar genial. »Als das erste Meisterwerk, das allein auf Mozart zurückgeht, gilt heute das Klavierkonzert Nr. 9 (KV 271), das Mozart jedoch erst im Alter von 21 Jahren schrieb. Zu dieser Zeit hatte er bereits mehr als zehn Jahre lang Konzerte komponiert.«[62]

Dies gilt auch für Schachgrößen, wie zum Beispiel den Russen Garri Kasparow. Im Alter von 22 Jahren qualifizierte er sich als jüngster Weltmeister aller Zeiten, aber Jahre davor stand er bereits an der Spitze der Jugendrangliste. »Nur der legendäre Bobby Fischer scheint weniger Zeit gebraucht zu haben, um in die Weltelite vorzustoßen, nämlich neun Jahre«, berichtet Gladwell.

Forschungen zu brillanten Leistungen ergeben im Durchschnitt immer wieder zehn Jahre Übungszeit. Man spricht auch von der »Zehntausend-Stunden-Regel«.[63]

Egal wie talentiert man ist, wenn man sich nicht durchsetzt, erreicht man nicht, was man will. So einfach ist das. Nicht umsonst heißt es: Ein Prozent Inspiration, 99 Prozent Transpiration. Auch hierbei gibt es wieder eine auffallende Parallele zu Optimisten und Pessimisten. Optimisten, so hat sich in den Untersuchungen herausgestellt, halten länger durch, sehen die positiven Seiten eines Rückschlags, sie sind sogar davon überzeugt, dass Rückschläge in ihrem Leben letztlich eine positive Wirkung haben werden und sie unternehmen (das ist vielleicht das Allerwichtigste) konstruktive Maßnahmen, um einen weiteren Rückschlag zu vermeiden.[64] Pessimisten dagegen sind schneller enttäuscht und geben auch viel schneller auf.

Ende der Sechzigerjahre unternahm der Persönlichkeitspsychologe Walter Mischel ein Experiment mit Vierjährigen, das unter dem Namen »Marshmallow-Test« bekannt geworden ist. Er zeigte den Kindern eine Packung Marshmallows und sagte ihnen, dass sie einen Marshmallow haben könnten. Wenn sie aber eine Weile warten würden, während er aus dem Raum ginge, könnten sie sogar zwei haben. Für einen Vierjährigen ist das natürlich eine höllische Herausforderung. So ein leckerer Marshmallow – und dann nicht sofort in den Mund stecken ... Mischel wollte wissen, ob die Kinder trotz ihres jungen Alters bereits zur Selbstbeherrschung in der Lage waren. Würden sie den Impuls, ein Marshmallow sofort genießen zu können, zugunsten einer größeren Belohnung, für die sie aber mindestens 15 Minuten warten mussten, unterdrücken können? Einige Kinder aßen den Marshmallow sofort auf, nachdem er den Raum gerade verlassen hatte. Andere Kinder saßen stocksteif da, die Zähne zusammengebissen, die Hände im Schoß gefaltet und starrten konzentriert vor sich hin. Sie dachten: Gleich bekomme ich noch mehr Marshmallows!

Das Interessanteste an Mischels Forschung ist noch nicht einmal der Test selbst, sondern seine weiterfolgende Untersuchung. Vierzehn Jahre später besuchte er seine Testpersonen erneut und machte mit den inzwischen jungen Erwachsenen weiterführende Tests. Und was stellte sich heraus? Die Kinder, die damals am längsten warten konnten, schienen im Großen und Ganzen besser im Leben zurechtzukommen. Halten Sie sich fest, denn nun kommt eine lange Aufzählung: Sie hatten größere soziale Kompetenz, waren in persönlicher Hinsicht effektiver, selbstbewusster, konnten Enttäuschungen und Rückschläge besser verarbeiten, nahmen Herausforderungen spontan an und waren ausdauernder, stressresistenter, weniger gehetzt, besser organisiert, selbstständiger, vertrauten mehr auf einen guten Ausgang der Dinge, erzielten bessere Noten, hatten stabilere Beziehungen, wurden von Außenstehenden als vertrauenswürdiger wahrgenommen und waren – genau wie auch als Kind schon – besser in der Impulskontrolle.[65]

Daniel Goleman beruft sich in seinem Buch *E. Q. Emotionale Intelligenz* auf den Marshmallow-Test und kommt zu dem Schluss, dass erfolgreiche Impulskontrolle – nach seiner Definition formt sie einen wesentlichen Bestandteil emotionaler Intelligenz – die beste Vorhersage für Erfolg ist. Ein besseres Kriterium übrigens als Intelligenz.

Natürlich können wir die Marshmallows von Mischel mit Wilmas Pralinen vergleichen. Auch für Erwachsene ist es oft schwierig, Impulse kurzfristig zu beherrschen: »Zum Sport geh ich später.« »Mit der Diät fange ich morgen an.« »Aufräumen, puh, nicht jetzt.« Aber um unsere Ziele zu erreichen, ist es wichtig, kurzfristig eine kleine Unannehmlichkeit zu akzeptieren, um ein größeres Ziel langfristig zu erreichen. Zum Glück – das ist die gute Nachricht – kann man das lernen. Impulskontrolle lässt sich üben. Indem man akzeptiert, dass vieles nun einmal kurzfristig unangenehm ist, und indem man sich vor Augen führt, wofür man es langfristig tut, kann man den Abstand in die Länge ziehen. Mir hilft es, das Elend kurzfristig vollkommen zu akzeptieren. Nicht so zu tun, als ob es angenehm sei. Es ist schlichtweg nicht schön.

Ich habe mit mir selbst vereinbart, mit Blick auf meine »körperliche Instandhaltung« 3-mal in der Woche zum Sport zu gehen. Wenn ich das angenehm hätte finden sollen – wenn es für sich genommen ein Marshmallow sein sollte – dann hätte ich schon längst damit aufgehört. Es ist nämlich nicht angenehm. Was mir dabei hilft, durchzuhalten, ist die unvermeidliche Erkenntnis, dass es schlicht und ergreifend unangenehm ist. Es ist scheußlich. Das ist es.

Übrigens, wenn ich erst einmal im Fitnesscenter bin, geht es immer wie von selbst – zu meiner eigenen Überraschung und auch jedes Mal aufs Neue. Das scheint mein System nicht zu begreifen, denn jedes Mal, wenn ich wieder »muss«, frage ich mich, warum ich mich so unbarmherzig strafe – alles in mir ruft in solch einem Moment »Geh nicht, geh nicht, warum solltest du? Man merkt so schnell ja doch keinen Unterschied und im Fernsehen kommt sicher gleich was Tolles …« – und hinterher fühle ich mich natürlich wie ein junger Gott. Und trotzdem – immer wieder das Gleiche.

*

Nun haben wir also auf der Mikroebene unser Verhalten besprochen, das Handeln von Moment zu Moment, den Augenblick der Bedürfnisbefriedigung hinauszögern. Aber wie sieht es nun mit den Handlungen auf der Makroebene aus? Sich selbstständig machen. Ein Projekt zu einem erfolgreichen Abschluss bringen. Neue Kunden akquirieren. Ein Kind erziehen. Eine Beziehung anfangen und noch nach Jahren glücklich sein. Das erfordert langfristiges Handeln. Wie fängt man das an? Wie macht man so etwas? Und worauf lässt man sich da ein?

Wenn es um das Handeln geht, vor allem bei großen Projekten, möchte ich Ihnen raten, vor allem auf Ihre Intuition zu vertrauen. Im Laufe der Jahre habe ich vielen Menschen folgende Frage gestellt: »Was war die wichtigste Entscheidung, die Sie in Ihrem Leben getroffen haben, und wie ist sie zustande gekommen?« Beinahe jeder weiß sofort, worum es geht – ein Kind bekommen, ein Haus kaufen, heiraten – und antwortet ohne Ausnahme auf die Frage, wie die Entscheidung zustande gekommen ist, »mit Intuition«. Es kann lange darüber nachgedacht, gegrübelt und diskutiert worden sein, letztlich fiel die Entscheidung nach Gefühl.

Und manchmal kann es auch rasend schnell gehen. Gehen Sie ruhig davon aus, dass, wenn Ihnen die Kapitel dieses Buches bis in jede Faser gedrungen sind, Sie dann fortwährend zu einer Entscheidung »bereit« sind. Und dass Sie einfach so in die Tiefe springen. Ohne in diesem Moment über die Konsequenzen nachzudenken.

Floris erzählt: »Als ich 16 war, drohte unserem Schulchor das Aus. Der Lehrer, der dirigierte, verließ die Schule zum großen Bedauern der 75 Chorsänger und -sängerinnen. Diese Mitteilung machte man uns in der Schulaula, und während die Schülerinnen und Schüler aufstanden, um den Saal zu verlassen, war mir, als ob ich sanft, aber entschieden am Kragen gepackt wurde und zum Konrektor, der uns die traurige Mitteilung überbracht hatte, gezogen wurde. Ich sah ihn an und sagte ohne nachzudenken: ›Soll ich den Chor dirigieren?‹ Gesagt, getan. Ich wurde der neue Dirigent.

Ein ähnliches Erlebnis hatte ich als Sänger beim großen Rundfunkchor. Eines Tages, ich war gerade seit drei Jahren dort angestellt, verließ der Manager von einem Tag auf den anderen den Chor. Ich fragte den damaligen Direktor, wie es nun weiterginge, wer der Nachfolger sein würde – einfach so. Er erklärte mir die Situation und beantwortete meine Frage bezüglich des Nachfolgers mit den Worten: ›Dein Name wurde geflüstert.‹ Ohne nachzudenken sagte ich ›Weiterflüstern‹. Eine Woche später war ich der neue Manager, stand in meinem neuen Büro und fragte mich, was man als Manager eigentlich für Aufgaben hatte.«

Als Kind sah ich einmal einen Cowboyfilm, den ich nicht vergessen habe. Immer wieder wurde ein Wüstendorf von einer Banditenbande überfallen. Sie klauten Geld und alle Waren, missbrauchten die Frauen und erniedrigten die Männer. In einer Versammlung im Saloon besprachen die Dorfbewohner ihre Lage. Es musste etwas passieren, darüber waren sich alle einig. Ein betrunkener, etwas älterer Mann führte das Wort: Dass sie hier im Dorf eine Bande von Feiglingen seien. Wenn es darauf ankäme, würde sich niemand trauen und auf dem Absatz kehrt machen. Wenn er noch jung wäre, dann … Auf diese Weise dümpelte die Versammlung noch eine Weile vor sich hin, bis ein Mann in der Ecke des Saloons das Wort ergriff. »Wer kommt mit?«, fragte er. Stille. Niemand traute sich zu antworten. »Wer kommt mit?«, wiederholte der Mann seine Frage. Erneut angespannte Stille. »Seht ihr, hab ich's nicht gesagt? Niemand traut sich«, rief der Betrunkene. »Es ist mir egal, wie viele mitkommen, ich gehe«, sagte der Held des Films. Schüchtern meldeten sich zwei weitere Männer. Nun waren es drei, die bereit waren – noch lange nicht genug, um die Banditen zu schlagen. Aber die drei gingen nach draußen, sattelten die Pferde, packten ihre Sachen und bevor die Gruppe das Dorf verließ, kamen noch ein vierter und ein fünfter Mann hinzu. Die Expedition wurde ernst, sie hatten nun den Hauch einer Chance, es mit den Banditen aufzunehmen. Als die Männer aus dem Dorf ritten, waren sie bereits zu zehnt. Und während in dem Film die Musik anschwoll, schlossen sich von rechts und links immer mehr Männer und Frauen an, zuerst einige zehn, dann Hunderte. Und schließlich war die

Gruppe so groß, dass kein Blut vergossen werden musste, um von den Banditen erlöst zu werden. Denn die waren geflohen. Das einzige, was es dazu bedurfte, war der Mut eines einzigen Mannes.

Ja-und zu einer Handlung, einem Projekt oder einem Plan von solcher Größenordnung zu sagen, erfordert manchmal großen Mut. Oder womöglich trifft das Wort Vertrauen es besser. Die Überzeugung, dass dies die beste Entscheidung ist oder sogar, dass dies die eigene Bestimmung ist. Und dass, wenn man diese Entscheidung getroffen hat, es von alleine gut ausgehen wird. Zum Glück sind wir nicht dazu geboren, vernünftige Entscheidungen zu TREFFEN ODER nett gefunden zu werden. Lieber im Stehen sterben, als auf den Knien leben.

✶

Ein Geigenlehrer traf seinen zehnjährigen Schüler zum ersten Mal. »Hast du schon einmal einen Apfel wachsen sehen?« Der Junge wusste nicht genau, was er antworten sollte. »Sieh einmal«, fuhr der Lehrer fort, »mit Äpfeln ist es wie mit dem Geigespielen. Äpfel wachsen so langsam, dass man es nicht sehen kann. Beim Geigespielen ist es genau das Gleiche. Auch wenn du täglich übst, siehst du deinen Fortschritt nicht von Tag zu Tag. Und dennoch wirst du besser.«[66]

Ja-aber
Versuchen

Ja-und
Handeln

Teil III
Hubschrauber-landeplatz

Bei einer generierenden oder kreierenden Verhaltensweise sind die Umstände nicht der dominante Faktor. Das ist man selbst. Die Umstände sind lediglich der Ausgangspunkt.

Robert Fritz

Ja-aber was, wenn alles klappt?

Tue alles mit so viel Ernsthaftigkeit, als würde das Fortbestehen des Universums davon abhängen, und lächle gleichzeitig, weil du erkennst, dass es eine Illusion ist zu glauben, es würde auch nur irgendetwas ausmachen.

Buddhistische Weisheit

Ja-aber was, wenn alles klappt? Tja, was ist dann? Welche Antwort geben Sie? Bekämen Sie dann den Mann Ihrer Träume? Oder die schönste Frau? Die beste Arbeitsstelle auf Erden? Ein Ferienhaus auf Mallorca. Und wären Sie dann »glücklich«? Hierzu gab es viele Untersuchungen. Für viele ist Glück das höchste Ziel im Leben. Deswegen nun eine kurze Führung durch die Glücksindustrie.

Was können wir mit Sicherheit über Glück sagen? Inzwischen eine ganze Menge, denn es wurde viel geforscht. Zum Beispiel, dass die Chance auf Glück größer ist, wenn man verheiratet ist oder in einer festen Beziehung lebt. Paare sind in der Regel glücklicher als Alleinstehende. Aber die Statistiken sind (leider) nur Durchschnittswerte. Es gibt natürlich viele unglückliche Paare und andersherum genügend glückliche Singles. Deswegen ist die Heirat absolut keine Garantie, um glücklich zu werden.

Auch Geld macht uns nur begrenzt glücklicher. Sicher, je wohlhabender jemand ist, desto glücklicher wird er. Sich aus Armut herauszuarbeiten ergibt also Sinn. Aber ab einem bestimmten Punkt werden wir von mehr Geld nicht mehr signifikant viel glücklicher. Hier kommt das Sättigungsgesetz zur Geltung. Erst nimmt das Glück mit der Zunahme des Einkommens ebenfalls zu, aber ab einem bestimmten Punkt flacht die Glückskurve ab.[67] Für Lottogewinner gilt eine vergleichbare Kurve. Jedoch sind sie zu Beginn, wenn sie den Jackpot gewonnen haben, von all dem Stress, den der Gewinn verursacht, vielleicht sogar noch unglücklicher als vorher.[68]

Auch macht es keinen deutlichen Unterschied auf unserem Glückkonto, ob wir Mann oder Frau sind. Zwar leiden Frauen im Durchschnitt doppelt so häufig an Depressionen wie Männer; auch haben sie häufiger negative Gefühle. Dem steht gegenüber, dass Frauen auch ebenso häufiger positive Gefühle haben als Männer. Sie fühlen einfach generell intensiver.

Entgegen verbreiteter Vorstellung hat auch das Klima keine signifikante Wirkung auf unser Glücksgefühl. Den ganzen Tag Sonne zu haben bedeutet nicht, den ganzen Tag Glück zu haben. Kinder, ein inniger Wunsch vieler Paare, sind ebenfalls kein Garant für ein signifikant größeres Glücksgefühl. Es ist sogar eher umgekehrt: Einige Untersuchungen haben anscheinend ergeben, dass man durchs Kinderkriegen eher weniger glücklich wird. Wie sieht es dann mit einer unglücklichen Kindheit aus? Macht die uns später ebenfalls weniger glücklich? Auch hier lautet die Antwort: Nein. Menschen mit einer sehr unglücklichen Kindheit können später ein sehr glückliches Leben führen. Und umgekehrt ebenfalls.

Was wir wiederum sehr wohl wissen, ist, dass Menschen einer individuellen Gesellschaft durchschnittlich deutlich glücklicher sind als Menschen in einer kollektivistischen Gesellschaft.[69] Schließlich scheinen gläubige Menschen im Durchschnitt glücklicher zu sein als Atheisten. Ihr Depressionsniveau ist geringer und sie können besser Rückschläge verarbeiten. Nur dass Sie's wissen.

Obwohl demnach viele Faktoren in mehr oder weniger großem Ausmaß unser Glück beeinflussen können, machen sie den Psychologen zufolge zusammen nicht mehr als 8 bis 15 Prozent unseres Lebensglücks aus. Sie haben nur einen geringen Einfluss. »Das ist eine gute Neuigkeit für Menschen, die glauben, ihr Unglück hinge mit den äußeren Umständen zusammen«, so Martin Seligman.[70] Seiner Auffassung nach können wir unser Glücksgefühl innerhalb einer gewissen Bandbreite selbst beeinflussen, aber diese Einflussnahme verläuft weniger einfach, als wir vielleicht gerne hätten. Wir können umziehen, heiraten, so viel Geld verdienen, wie wir wollen, eine Garantie für das Glück gibt es leider nicht.

Dies alles ruft – wie von selbst – eine fundamentale Frage auf: Ist es überhaupt klug, oder besser gesagt, ist es überhaupt praktisch, Glück anzustreben? Und wenn nicht, wonach sollten wir dann im Leben streben? Nach welcher Idee, welchem Prinzip oder welchem Ziel sollten wir dann unser Leben noch ausrichten können? Müssen wir damit aufhören, nach Glück zu streben? Ich würde sagen, ja. Meiner Meinung nach hängt das

Glück am seidenen Faden. Je mehr Glück man versucht zu erleben, desto weniger wird es einem gelingen. Schlimmer noch, in dem Augenblick, in dem man nach Glück strebt, ist man davon überzeugt, dass man in genau diesem Augenblick anscheinend nicht glücklich ist. Die Suche danach vermittelt einem bereits die Botschaft, dass anscheinend noch etwas fehlt.

Wenn das Glück kommt, dann kommt es zufällig. Als Gratis-Nebeneffekt. Kurz gesagt: Vergessen Sie das Thema »Glück«. Über Glück ist so viel geforscht worden, dass selbst Martin Seligman, der Begründer der positiven Psychologie und Fachmann auf dem Gebiet der Glücksforschung, nach jahrelanger Forschung zu dem Schluss kam, dass das Streben nach Glück etwas ist, mit dem wir uns nicht zu viel beschäftigen sollten. Man könnte auch sagen: Der erste Schritt auf dem Weg zum Erreichen des Glücks ist das Aufgeben der Suche danach.

✶

Nun, was aber dann? Was sollen wir dann zum ordnenden Prinzip unseres Lebens machen? Was ist der Mittelpunkt, die Achse, die Essenz des Lebens? Wie können wir wissen, ob wir es richtig machen oder gemacht haben? Wenn ich am Ende meines Lebens zurückblicke, wie kann ich dann beurteilen, ob ich »richtig« gelebt habe oder nicht? Leider lautet die Antwort, dass es, egal wie man es wendet oder kehrt, nichts in unserem Leben gibt, das an sich eine Richtung, Struktur oder Sicherheit bietet. Alles, was man sich ausdenkt, kommt und geht. Genau wie Gedanken, Emotionen und Glück. Alles, was man sich ausdenkt, wovon dieses Leben handeln könnte oder müsste, ist eine erdachte Geschichte. Eine Erzählung. Solange man daran glaubt, gibt sie dem Leben eine Richtung und Klarheit. Sobald man aber daran zweifelt, wird man sofort das Gefühl haben, dass einem der Boden unter den Füßen weggezogen würde. Wenn man den Sinn in Worten, Überzeugungen, Zielen sucht, wird man tragischerweise feststellen, dass es keinen festen Boden gibt.

Gibt es dann überhaupt keinen Anker oder Sicherheit? Natürlich gibt es das! Wir sind die Sicherheit! Wir sind. Jeden einzelnen Augenblick. Und immer. Erinnern wir uns: Unser »Sein« ist zwar der unsichtbarste Teil unseres Lebens, unser Bewusstsein, doch zugleich auch unser Fels in der Brandung. Was auch passiert, wir sind. Unser Haus kann abbrennen, unsere Ehe kaputt gehen, wir können depressiv werden, aber hinter all diesen heftigen Schwankungen liegt die Ruhe, der Friede des Seins. In den entscheidendsten Momenten unseres Lebens können wir zu dieser Ruhe zurückkehren. In diesem Sein herrscht die Stille und die Freiheit, von Augenblick zu Augenblick zu entscheiden, was wir tun wollen.

Viktor E. Frankl schreibt hierzu: »Wer von denen, die das Konzentrationslager überlebt haben, wüsste nicht von jenen Menschengestalten zu erzählen, die da über die Appellplätze oder Baracken des Lagers gewandelt sind, hier ein gutes Wort, dort den letzten Bissen Brot spendend? Und mögen es auch nur wenige gewesen sein – sie haben Beweiskraft dafür, dass man dem Menschen im Konzentrationslager alles nehmen kann, nur nicht: die letzte menschliche Freiheit, sich zu den gegebenen Verhältnissen so oder so einzustellen.«[71]

Hinter allen Wirren des Lebens liegt eine Ruhe, ein Frieden, eine Freiheit, zu der wir immer zurückkehren können. Sobald wir vollkommen »Ja« zu allem um uns herum sagen, sowohl zu unserer Außenwelt als auch zu unserer Innenwelt, wenn wir alles, was vorhanden ist, akzeptieren, also sowohl unsere Wünsche als auch unsere gegenwärtige Wirklichkeit, sowohl andere Menschen als auch uns selbst, sowohl die Vergangenheit als auch unsere Zukunft, dann erfahren wir in genau diesem Moment die Stille und Ruhe, die wir immer in uns tragen. Wir brauchen nicht danach zu suchen, wir können sie noch nicht einmal verlieren.. Und wieso sollte man nach etwas streben, das man schon hat? Wieso sollte man nach etwas suchen, wenn das in Essenz ist, wer man ist? In Momenten, in welchen man »herumirrt«, wenn man vielbeschäftigt ist, in Panik oder unruhig, ist das Einzige, was man tun muss, sich klar zu machen, dass man diese Ruhe zeitweilig vergessen hatte.

Byron Katie schreibt hierzu: »Wir leiden nur dann, wenn unsere Überzeugung mit dem, was ist, im Widerstreit liegt. Wenn unser Geist vollkommen klar ist, dann entspricht das, was ist, dem, was wir wollen. Wenn Sie sich wünschen, dass die Realität anders wäre, als sie ist, könnten Sie genauso gut versuchen, einer Katze das Bellen beizubringen. Sie können es immer wieder versuchen, aber am Ende wird die Katze Sie ansehen und doch ›Miau‹ sagen. Es ist hoffnungslos, sich zu wünschen, dass die Realität anders sein soll, als sie ist. Ich bin eine Liebhaberin dessen, was ist, nicht weil ich ein spiritueller Mensch bin, sondern weil es weh tut, mit der Wirklichkeit zu streiten.«[72]

✶

Nun klingt dies alles ganz wunderbar und wenn wir auf einem Felsen in Indien meditieren oder vollkommen entspannt mit einer Tasse Tee in der Hand dem Abendrot über dem Meer zuschauen, ist es vielleicht sogar möglich, diesen Zustand des Seins zu erreichen, aber es wird ein ganzes Stück schwieriger, wenn wir auch »Ja« zu unseren Wünschen und Zielen sagen. Den Dingen, die wir erreichen wollen.

Wie können wir zufrieden im Moment sein und gleichzeitig entspannt bleiben beim Gedanken daran, was wir alles noch verwirklichen wollen, was es noch nicht gibt? Führt das nicht zwangsläufig zu Spannungen? Nein, das tut es nicht. Und ich glaube auch nicht, wie einige »spirituelle« Menschen behaupten, dass wir aufhören müssen, etwas zu wollen und zu wünschen. Und dass dieses Wünschen dann »der Ursprung« allen Leidens ist. Ich weiß nicht, wie es Ihnen geht, aber wenn ich für mich sprechen darf: Wünschen ist ein natürlicher Bestandteil meines Selbst. Meine Wünsche und Sehnsüchte zu amputieren, zu unterdrücken oder loszulassen, erscheint mir genauso absurd, wie einem Baum zu sagen, er solle nicht mehr wachsen.

Aber ist Wünschen ein Problem? Führt es grundsätzlich zu »leiden«? Wäre es prinzipiell ein Problem, »Ja« zu sagen zu dem, was ist, und gleichzeitig »Ja« zu dem zu sagen, was man sich wünscht? Nein, natürlich nicht! Es gibt nämlich eine einfache Lösung für dieses Dilemma. Sagen Sie einfach »Ja« zu der Spannung, die diese zwei Haltungen hervorrufen. Also: Sagen Sie »Ja« zu dem, was ist, sagen Sie »Ja« zu dem, was sein könnte, und sagen Sie gleichzeitig »Ja« zu der Spannung zwischen diesen beiden Aussagen. Und ab diesem Moment herrscht Frieden. In diesem Augenblick sind Sie in Harmonie mit sich selbst.

Wenn man so leben kann, lebt man wie ein »fließender Fluss«. Das Fließen an sich ist ein Seinszustand. Das Meer ist nicht das Ziel, es ist eher eine Bestimmung. Und wenn diese Bestimmung erreicht ist (das Meer), entsteht von selbst ein neues Ziel, nämlich zu verdampfen, Wolken zu bilden und zu regnen. Es liegt nicht im Wesen eines Flusses, bergauf zu fließen, und es liegt nicht in seiner Art, zum Meer zu »streben«. Es gibt auch keinen Unterschied in Wert, Nutzen oder Bedeutung zwischen diesen unterschiedlichen Stadien. Das Wasser ist nicht wertvoller als der Fluss oder die Wolke. Genauso wenig wie die Blume wertvoller ist als der Samen. Sie sind gleichwertige Bestandteile eines Prozesses. Der Fluss fließt einfach, ganz von selbst.

Genauso können wir uns, anstatt nach dem Erreichen unserer Ziele zu streben, selbstständig durch unsere Ziele, unsere Bestimmungen anziehen lassen. Wenn wir die Sachen machen, die uns inspirieren, kann es nicht anders sein, als dass unser Leben in Bewegung kommt. Ziele zu erreichen basiert auf Willenskraft. Unsere Aufmerksamkeit ist auf die Zukunft gerichtet, darauf, wo wir hinwollen. Wenn wir von unseren Wünschen her handeln, eins werden mit unserer Bestimmung, entsteht eine Bewegung aus dem Hier und Jetzt. Ein natürlicher Flow.

✶

Zwischen dem, was wir in unserer Essenz sind, und dem, was wir tun, stelle ich mir eine Verbindung vor, eine Leitung. Unten befindet sich das Sein, die Quelle, oben das Handeln, der Springbrunnen, das, was wir im Leben erschaffen. Dazwischen befinden sich die acht anderen »Jas«. Im besten Fall fließt alles Wasser von unten nach oben, ohne Widerstand. Doch je mehr Ja-aber-Verhaltensweisen wir an den Tag legen, desto mehr Löcher wird die Leitung haben und desto weniger Druck baut sich auf, was bedeutet, dass der Springbrunnen weniger kräftig sprudeln wird.

Ähnlich wie diese Metapher drückt auch der Dreiklang Sein – Tun – Haben die Beziehung zwischen Sein und Handeln aus. Tatsächlich neigen wir in der Regel dazu, ihn in umgekehrter Reihenfolge zu leben: Wenn ich erst einmal genug habe (Geld, Beziehung, ein Haus, Kinder, eine Lebensversicherung), dann werde ich schöne Sachen tun (Ferien, eine Übernachtung im Adlon-Hotel, eine Weltreise), und wenn ich schöne Sachen mache, dann werde ich letztlich auch glücklich sein. Typisches Ja-aber-Denken eben. Zwanghaft und unfrei. Um etwas zu sein, muss man nämlich zuerst etwas tun. Und um etwas zu tun, muss man erst einmal eine Reihe Voraussetzungen haben.

Dieser Gedankengang wird von Csikszentmihalyi bestätigt. Demnach scheinen wir am glücklichsten zu sein, wenn wir uns in dem Bereich zwischen Spannung und Stress befinden. Glück entsteht als Nebenprodukt, wenn wir in dem, was wir tun, vollkommen aufgehen. In den Augen Csikszentmihalyis fällt Glück uns auch nicht zu, wie der Prinz auf dem weißen Pferd oder der Jackpot im Lotto. »Flow«, so erklärt er, »kann man nicht über einen Schleichweg erreichen.« Kurz gesagt: Alles weist darauf hin, dass eine Glückserfahrung ein Nebeneffekt der Sein-Tun-Haben-Route ist.

*

Und wie sieht es dann mit Erfolg aus? Besitz, Reichtum, Geld. Was machen wir damit? Haben ist für sich genommen doch in Ordnung? Ist es nicht auch ein Zeichen von gesellschaftlichem Erfolg? Dürfen wir etwa nicht danach streben? Nun, wie wir bereits gesehen haben, ist Reichtum – wenn es um die Frage des Glücks geht – leider dem Sättigungsgesetz unterworfen. Ab einem bestimmten Punkt macht es nicht mehr so viel aus, wie viel Geld man hat. Aber: Wenn man im Sein-Tun-Haben-Modus lebt, nimmt nicht nur die Chance auf Glück zu, sondern auch die Chance auf Erfolg.

In einer Langzeituntersuchung hat Jim Collins amerikanische Betriebe begleitet, denen es finanziell im Vergleich zu ihren Konkurrenten signifikant besser ging. Und was stellte sich heraus? All diese Betriebe entsprachen drei Kriterien. Die ersten zwei liegen auf der Hand. Zum einen machten sie das, worin sie gut waren. Logisch. Zum anderen machten sie das, was der Markt brauchte, wofür es Kunden gab. Auch das ist klar. Die dritte Variable aber ist von Bedeutung: All diese Betriebe machten das, was sie taten, nämlich mit großer Leidenschaft. Die Menschen, die dort arbeiteten, setzten sich für ihre Sache ein. Wenn eine neue Buchhaltungssoftware entwickelt werden musste, dann wurde mit aller Leidenschaft eine neue Buchhaltungssoftware entwickelt. Und wenn man Windeln produzierte, dann produzierte man sie mit aller Leidenschaft. Die Mitarbeiter dieser Betriebe hatten das intensive Bedürfnis, zu tun, was sie taten. Collins kommt aufgrund seiner Forschungen zu dem Schluss, dass gute Betriebe das machen, worin sie gut sind, und dass herausragende Betriebe außerdem noch das tun, wonach sie sich stark sehnen. Leidenschaft ist ein ausschlaggebender Erfolgsfaktor.[73]

Das bedeutet: Wer das, was er macht, mit Leidenschaft tut, wird von selbst härter arbeiten, durchhalten und nicht so schnell aufgeben. Kurz gesagt, die Chance ist groß, dass sich dann auch Erfolg einstellen wird.

*

Dieser Gedankengang ist einfach zu verstehen. Aber ehe wir uns versehen, leben wir nicht mehr im Augenblick. Innerhalb von Sekunden können wir durch den erstbesten Rückschlag aus unserem Seinszustand geworfen werden.

Mitten in der Nacht. Ich war müde, hatte lange gearbeitet und wollte so schnell wie möglich nach Hause. Ich fuhr bei der Tankstelle vor. Aber die Zapfsäule reagierte nicht. Ich hängte die Zapfpistole wieder ein und dann wieder aus. Immer noch keine Reaktion. War die Zapfsäule etwa nicht freigegeben? Ich winkte dem Mann hinter der Kasse, aber er sah mich nicht. Ich winkte noch einmal, immer noch keine Reaktion. Genervt ging ich in die Tankstelle hinein. »Ist Säule elf vielleicht nicht freigegeben?« Der Mann blickte kurz auf den Bildschirm vor sich. »Ja, das stimmt. Ich schalte sie frei«, sagte er. Ich ging nach draußen, nahm die Zapfpistole wieder in die Hand, aber nichts passierte. Ich steckte die Zapfpistole zurück in ihre Halterung und zog sie wieder heraus. Nichts. Mein Ärger nahm zu.

Ich holte tief Luft und versuchte, mich selbst zu beschwichtigen. Okay, dachte ich, das hier ist ärgerlich, aber wie wär's, wenn ich mir selbst den Auftrag gäbe, mir anzuschauen, was in diesem Augenblick dennoch gut läuft. Kaum hatte ich diesen Gedanken zu Ende gedacht, schon zog eine schier unendliche Reihe von Erfolgen an meinem inneren Auge vorbei. Das, was sehr wohl da war. Es gab Benzin zu kaufen. Im Überfluss. In wie vielen Ländern standen Menschen mit Benzinkanistern vergeblich in der Reihe an? Es gab eine Toilette, ich konnte Kaffee bekommen, belegte Brötchen, Süßigkeiten, Zeitschriften. Das Licht funktionierte, mein Auto war in Ordnung. Solche Sachen schwirrten mir durch den Kopf. Um mich herum war eine perfekte Welt aus Gegenständen, die allesamt funktionierten. Und ich regte mich über eine Sache auf, die nicht funktionierte. Über eine Zapfsäule, die nicht freigegeben war. Und wieso? Musste ich etwa irgendwo an der Front erscheinen? Ich dachte noch ein bisschen weiter nach. Bis ich im Augenwinkel den Tankwart sah, der in der Tür stand und Zeichen gab. »Sie können jetzt tanken!« Wie großartig – er war extra nach draußen gekommen, nur für mich.

All die Male, die wir in unserem Leben dazu neigen, die Dinge wahrzunehmen, die nicht klappen, kann es befreiend sein, den Fokus auf das zu verschieben, was eben doch klappt. Eine subtile, dauerhafte Akzentverschiebung von Ja-aber zu Ja-und. Marieke und Harry konnten kein französisches Bistro finden. Aber was gab es stattdessen? Was hätten sie wohl alles gesehen, wenn sie ihre Aufmerksamkeit verschoben hätten?

Wenn man im Stau steht, kann man sich über all die Autos, die Abgase, den Lärm ärgern. Man kann aber auch den Gedanken genießen, dass all diese Menschen zusammen tausend Pläne, Wünsche, Ambitionen haben. Leben. Sie möchten irgendwohin, um zu arbeiten, etwas zu erschaffen, zu kommunizieren. Ihre Liebsten besuchen. Ihre Kräfte halten diese Welt zusammen, halten dein Leben am Laufen. Denn dann kann man anstelle eines Staus auf einmal ein silbergraues Band Hunderter Autos sehen, die im Morgennebel das gleißende Sonnenlicht spiegeln. Schönheit ist überall. Sie liegt verborgen in der Weise, wie wir sehen.

✶

Zum Schluss. Tun Sie die Dinge, die Sie sich in Ihrem tiefsten Innern wünschen. Das Leben wird nämlich erst richtig schön, wenn wir die Dinge tun, die im Bereich zwischen Anspannung und Stress liegen. Die wir spannend und herausfordernd finden. Und die wir mit so viel Hingabe wie möglich tun. Vollkommen darin aufgehen, als würde unser Leben davon abhängen.

Wenn Sie also eine Beziehung anfangen, fangen Sie eine Beziehung an. Setzen Sie sich dafür ein. Vollkommen. Wenn Sie Vater werden, dann werden Sie auch Vater. Wenn Sie ein Haus kaufen, dann kaufen Sie auch ein Haus. Leben Sie Ihr Leben mit Leidenschaft. Hundertprozentig. Wenn Sie »Trivial Pursuit« spielen, dann spielen Sie auch »Trivial Pursuit«. Und wenn Sie antike Schwarzwälder Kuckucksuhren sammeln, dann sammeln Sie auch antike Schwarzwälder Kuckucksuhren.

Sagen Sie aus Ihrem tiefsten Innern »Ja« dazu. Wenn Sie es machen, dann machen Sie es gut. Warum? Darum! Einfach so. Das Leben ist nun einmal viel schöner, wenn man es wirklich lebt. Und wäre es einfach nur deswegen, weil dann die Chance auf Glück und Erfolg auch noch zunehmen würde. Seien Sie sich bewusst, dass alles ein Spiel ist. Nicht im Sinne eines Spielchens, sondern Spiel im Sinne von Ihrer Geschichte, Ihrer Wahrheit. Es ist Ihre Konstruktion, Ihr Leben. Ansonsten dient es zu nichts weiter. Es gibt kein heiliges Müssen, keine zwingende Vorschrift oder ein höheres Ziel – noch nicht einmal Glück – das Sie erreichen müssen. Es gibt keine Wenn-dann-Konstruktion. Haben Sie auch keine Angst, Fehler zu machen! Fehler zu machen ist ein entscheidender Bestandteil des Spiels. Sie wissen ja: Kreative Menschen machen viel mehr Fehler als weniger erfinderische Menschen.[74] Viel mehr sogar. Aber wenn Sie spielen, dann spielen Sie leidenschaftlich und mit Überzeugung. In dem Wissen, dass das Spiel auf einer höheren Ebene stattfindet als der Ernst. Denn »der Ernst würde kein Spiel verhindern, aber Spiel verhindert immer den Ernst«[75].

✶

Und wenn das Spiel vorbei ist, die Kuckucksuhrensammlung in Flammen steht oder Ihr Liebster gestorben ist, seien Sie traurig, böse oder wütend. Jedes Spiel hat einen Anfang und ein Ende. Immer wieder werden Sie im Leben wie ein Hund, der ins Wasser gefallen ist, Ihr Fell ausschütteln und weiterziehen müssen. Aber sobald Sie weiterziehen, machen Sie es mit Leidenschaft. Nicht mit mehr, aber sicher auch nicht mit weniger. Was, wenn alles klappt? Prima wäre das!

Ja-aber

Wenn ich »Trivial Pursuit« spiele, dann bin ich glücklich.

Ja-und

Wenn ich »Trivial Pursuit« spiele, dann spiele ich »Trivial Pursuit«.

Teil IV
Handgepäck

Als die Israeliten zum ersten Mal Auge in
Auge mit dem Riesen Goliath standen, war
ihre erste Reaktion: »Der ist so groß,
den können wir nie besiegen.«
David aber sprach: »Der ist so groß,
den kann ich nicht verfehlen.«

Lektüreanregungen

Kreativität

Abrahamson, Eric und David Freedman: *Das perfekte Chaos: Warum unordentliche Menschen glücklicher und effizienter sind.* Berlin: Econ 2007.

Arden, Paul: *Es kommt nicht darauf an, wer du bist, sondern wer du sein willst: Das erfolgreichste Buch der Welt.* Berlin: Phaidon 2005.

Arden, Paul: *Egal was du denkst, denk das Gegenteil.* Bergisch Gladbach: Ehrenwirth 2007.

Bono, Edward de: *Der Denkprozeß. Was unser Gehirn leistet und was es leisten kann.* Reinbek bei Hamburg: Rowohlt 1982.

Bono, Edward de: *Laterales Denken: Ein Kurs zur Erschließung Ihrer Kreativitätsreserven.* Düsseldorf: Econ 1992.

Claxton, Guy: *Der Takt des Denkens: Über die Vorteile der Langsamkeit*, Berlin: Ullstein 1998.

Eastaway, Rob: *Kreatives Denken: 101 Wege, neue Ideen zu entwickeln.* Köln: Evergreen 2009.

Fisher, Roger, William Ury und Bruce Patton: *Das Harvard-Konzept. Der Klassiker der Verhandlungstechnik.* Frankfurt a. M.: Campus 2009.

Guntern, Gottlieb: *Sieben goldene Regeln der Kreativitätsförderung.* Zürich: Scalo 1994.

Knoope, Marinus: *Die Kreationsspirale: Wie wir Wünsche zur Wirklichkeit werden lassen können*, Stuttgart: Urachhaus 2002.

Lewin, Roger: *Die Komplexitätstheorie: Wissenschaft nach der Chaosforschung.* München: Knaur 1996.

Maeda, John: *Simplicity: Die zehn Gesetze der Einfachheit.* Heidelberg: Spektrum Akademischer Verlag 2007.

Oech, Roger von: *Denkanstoß: Ein Kreativitäts-Workshop. Mit Kartenspiel.* München: Hugendubel 1992.

Pink, Daniel H.: *Unsere kreative Zukunft: Warum und wie wir unser Rechtshirnpotenzial entwickeln müssen.* München: Riemann 2008.
Polet, Sybren: *Der kreative Faktor: Kleine Kritik der kreativen (Un-)Vernunft.* Bensheim: Bollmann 1993.

Gesundheit, Glück

Buckingham, Marcus und Donald O. Clifton: *Entdecken Sie Ihre Stärken jetzt! Das Gallup-Prinzip für individuelle Entwicklung und erfolgreiche Führung.* Frankfurt a. M.: Campus 2007.
Carter-Scott, Chérie: *Das Leben ein Spiel, und hier sind die Regeln.* München: Goldmann 1999.
Carter-Scott, Chérie: *Wenn die Liebe ein Spiel ist, sind dies die Regeln.* München: Heyne 2002.
Ferriss, Timothy: *Die 4-Stunden-Woche: Mehr Zeit, mehr Geld, mehr Leben.* Berlin: Econ 2008.
Gladwell, Malcolm: *Blink! Die Macht des Moments.* Frankfurt a. M.: Campus 2005.
Katie, Byron: *Lieben was ist: Wie vier Fragen Ihr Leben verändern können.* München: Arkana 2002.
Kaufman, Barry Neil: *Ein neuer Tag. Wie wir unseren autistischen Sohn aus seiner Einsamkeit befreiten.* Bergisch Gladbach: Lübbe 1993.
Richo, David: *Fünf Dinge die wir nicht ändern können und das Glück, das daraus entsteht.* Aitrang: Windpferd 2008.

Psychologie

Belitz, Charlene und Meg Lundstrom: *Lebe intuitiver! Der Flow und die Kraft des Zufalls.* München: Knaur 1999.
Berne, Eric: *Spiele der Erwachsenen: Psychologie der menschlichen Beziehungen.* Reinbek bei Hamburg: Rowohlt 2002.
Bohm, David: *Der Dialog: Das offene Gespräch am Ende der Diskussionen.* Stuttgart: Klett-Cotta 2008.
Brizendine, Louann: *Das weibliche Gehirn: Warum Frauen anders sind als Männer.* Hamburg: Hoffmann & Campe 2007.
Cialdini, Robert B.: *Einfluß. Wie und warum sich Menschen überzeugen lassen.* Landsberg a. L.: MVG 1995.

Csikszentmihalyi, Mihaly: *Flow: Das Geheimnis des Glücks*. Stuttgart: Klett-Cotta 2008.

Csikszentmihalyi, Mihaly: *Kreativität: Wie Sie das Unmögliche schaffen und Ihre Grenzen überwinden*. Stuttgart: Klett-Cotta 2010.

Dijksterhuis, Ap: *Das kluge Unbewusste: Denken mit Gefühl und Intuition*. Stuttgart: Klett-Cotta 2010.

Erickson, Milton H.: *Meine Stimme begleitet Sie überall hin: Ein Lehrseminar mit Milton H. Erickson*. Stuttgart: Klett-Cotta 2006.

Fritz, Robert: *Der Weg des geringsten Widerstandes: Lebensplanung mit NLP*. München: Heyne 1997.

Gilbert, Daniel: *Ins Glück stolpern: Suche dein Glück nicht, dann findet es dich von selbst*. München: Goldmann 2008.

Gladwell, Malcolm: *Der Tipping-Point: Wie kleine Dinge Großes bewirken können*. Berlin: Berlin Verlag 2000.

Gladwell, Malcolm: *Blink! Die Macht des Moments*. Frankfurt a. M.: Campus 2005.

Gladwell, Malcolm: *Überflieger. Warum manche Menschen erfolgreich sind – und andere nicht*. Frankfurt a. M.: Campus 2009.

Goleman, Daniel: *Soziale Intelligenz: Wer auf andere zugehen kann, hat mehr vom Leben*. München: Knaur 2008.

Goleman, Daniel: *EQ. Emotionale Intelligenz*. München: dtv 2009.

Ramachandran, V. S. und Sandra Blakeslee: *Die blinde Frau, die sehen kann: Rätselhafte Phänomene unseres Bewusstseins*, Reinbek bei Hamburg: Rowohlt 2002.

Robbins, Anthony: *Das Robbins-Power-Prinzip*. Berlin: Ullstein 2004.

Sacks, Oliver W.: *Der Mann, der seine Frau mit einem Hut verwechselte*. Reinbek bei Hamburg: Rowohlt 2008.

Schwartz, Barry: *Anleitung zur Unzufriedenheit: Warum weniger glücklicher macht*. Berlin: Ullstein 2006.

Segerstrom, Suzanne C.: *Optimisten denken anders: Wie unsere Gedanken die Wirklichkeit erschaffen*. Bern: Huber 2010.

Seligman, Martin E. P.: *Der Glücksfaktor: Warum Optimisten länger leben*. Bergisch Gladbach: Ehrenwirth 2003.

Surowiecki, James: *Die Weisheit der Vielen: Warum Gruppen klüger sind als Einzelne und wie wir das kollektive Wissen für unser wirtschaftliches, soziales und politisches Handeln nutzen können*. München: C. Bertelsmann 2005.

Ury, William: *Nein sagen und trotzdem erfolgreich verhandeln*. Frankfurt a. M.: Campus 2009.

Watzlawick, Paul: *Die Möglichkeit des Andersseins: Zur Technik der therapeutischen Kommunikation*. Bern: Huber 2007.

Watzlawick, Paul: *Anleitung zum Unglücklichsein.* München: Piper 2009.

Wijnberg, Jeffrey: *Couch ade! Wie Sie sich den Gang zum Seelenklempner sparen können.* München: Goldmann 2005.

Wiseman, Richard: *Affenscharf! Von Geistesblitzen, guten Gelegenheiten und wie man sie beim Schopf packt.* Berlin: Econ 2004.

Wiseman, Richard: *Quirkologie: Die wissenschaftliche Erforschung unseres Alltags.* Frankfurt a. M.: S. Fischer 2008.

Management

Collins, Jim: *Der Weg zu den Besten: Die sieben Management-Prinzipien für dauerhaften Unternehmenserfolg.* München: DVA 2003.

Covey, Stephen R.: *Der 8. Weg: Mit Effektivität zu wahrer Größe.* Offenbach: Gabal 2006.

Covey, Stephen R.: *Die 7 Wege zur Effektivität: Prinzipien für persönlichen und beruflichen Erfolg.* Offenbach: Gabal 2009.

Greene, Robert: *Power: Die 48 Gesetze der Macht.* München: dtv 2001.

Kaplan, Sarah und Richard Foster: *Schöpfen und Zerstören: wie Unternehmen langfristig überleben.* Frankfurt a. M.: Redline 2002.

Levitt, Steven D. und Stephen J. Dubner: *Freakonomics: Überraschende Antworten auf alltägliche Lebensfragen.* München: Goldmann 2007.

Morgan, Gareth: *Bilder der Organisation.* Stuttgart: Klett-Cotta 2006.

Peters, Tom: *Re-imagine! Spitzenleistungen in chaotischen Zeiten.* Offenbach: Gabal 2007.

Peters, Tom und Robert H. Waterman: *Auf der Suche nach Spitzenleistungen: Was man von den bestgeführten US-Unternehmen lernen kann.* Heidelberg: Redline Wirtschaft 2006.

Senge, Peter: *Die fünfte Disziplin: Kunst und Praxis der lernenden Organisation.* Stuttgart: Klett-Cotta 1996.

Senge, Peter: *The Dance of Change: Die 10 Herausforderungen tiefgreifender Veränderungen in Organisationen.* Wien, Hamburg: Signum 2000.

Spiritualität, Intuition

Adrienne, Carol: *Erkenntnis & Zufall: Den Sinn des Lebens finden.* München: Heyne 2001.

Belitz, Charlene und Meg Lundstrom: *Lebe intuitiver! Der Flow und die Kraft des Zufalls. Ein HandlungsBuch.* München: Knaur 1999.
Capra, Fritjof: *Das Tao der Physik: die Konvergenz von westlicher Wissenschaft und östlicher Philosophie.* Überarbeitete und erweiterte Neuauflage, Frankfurt a. M.: S. Fischer 2010.
Chopra, Deepak: *Die sieben geistigen Gesetze des Erfolgs.* Berlin: Allegria 2010.
Coelho, Paulo: *Der Alchimist.* Zürich: Diogenes 1997.
Dewulf, David: *Achtsamkeit – Der Weg zu innerer Freiheit.* Freiburg: Arbor-Verlag 2009.
Gigerenzer, Gerd. *Bauchentscheidungen: Die Intelligenz des Unbewussten und die Macht der Intuition.* München: C. Bertelsmann 2007.
Hagen, Steve: *Buddhismus im Alltag: Freiheit finden jenseits aller Dogmen.* München: Goldmann 2005.
Hartong, Leo: *Zum Traum erwachen: Die Kunst hellsichtig zu leben.* Winterthur: Ed. Spuren 2006.
Hopcke, Robert H.: *Zufälle gibt es nicht: Die verborgene Ordnung unseres Lebens.* München: dtv 2002.
Jung, Carl G.: *Synchronizität, Akausalität und Okkultismus.* München: dtv 1990.
Laszlo, Ervin: *Zu Hause im Universum: Eine neue Vision der Wirklichkeit.* Berlin: Allegria 2005.
Maex, Edel: *Mindfulness: Der achtsame Weg durch die Turbulenzen des Lebens.* Freiburg: Arbor-Verlag 2009
McTaggart, Lynne: *Das Nullpunkt-Feld: Auf der Suche nach der kosmischen Ur-Energie.* München: Goldmann 2007.
Pert, Candace P.: *Moleküle der Gefühle: Körper, Geist und Emotionen.* Reinbek bei Hamburg: Rowohlt 1999.
Roth, Gabrielle: *Leben ist Bewegung: Tanz als Weg der Selbstbefreiung.* Berlin: Ullstein 2007.
Ruiz, Miguel: *Die vier Versprechen: Ein Weisheitsbuch der Tolteken.* Kreuzlingen; München: Hugendubel 2005.
Suzuki, Shunryu: *Zen-Geist, Anfänger-Geist.* Berlin: Theseus 2007.
Tolle, Eckhart: *Jetzt! Die Kraft der Gegenwart.* Bielefeld: Kamphausen 2000.
Tolle, Eckhart: *Stille spricht: Wahres Sein berühren.* München: Arkana 2003.
Tolle, Eckhart: *Eine neue Erde – Bewusstseinssprung anstelle von Selbstzerstörung.* München: Arkana 2005.
Traufetter, Gerald: *Die Weisheit der Gefühle.* Reinbek bei Hamburg: Rowohlt 2007.
Walsch, Donald N.: *Gespräche mit Gott: Vollständige Ausgabe der Bände 1–3.* München: Goldmann 2009.

Systemtheorie

Satir, Virginia: *Kommunikation, Selbstwert, Kongruenz: Konzepte und Perspektiven familientherapeutischer Praxis.* Paderborn: Junfermann 1990.

Theater

Brook, Peter: *Der leere Raum.* Berlin: Alexander Verlag 2009.
Johnstone, Keith: *Improvisation und Theater.* Berlin: Alexander Verlag 1993.

Allgemein

Braungart, Michael (Hrsg.): *Die nächste industrielle Revolution: Die Cradle-to-cradle-Community.* Hamburg: EVA 2008.
Wallace, Danny: *Ja: Die Geschichte eines Mannes, der nicht mehr Nein sagen wollte.* München: Goldmann 2007.

Anmerkungen

1 Es scheint so, als würde Entspannung zu mehr Aufmerksamkeit und Kreativität führen, aber auch zu mehr Sinn für Humor. Der Schriftsteller Arthur Koestler erklärt in seinem Buch *Der göttliche Funke*, wie tiefgehend Entspannung, Humor und Kreativität miteinander verwoben sind. Wenn man sich Sorgen macht, ist es unmöglich, zu lachen oder kreativ zu sein. So haben Untersuchungen von Alice Ilsen unter anderem von der Universität Maryland ergeben, dass Personen, die nur fünf Minuten lang einen Film mit Bloopers (Patzern und Missgeschicken) gesehen hatten, danach 5-mal häufiger ein dargelegtes Problem lösen konnten. Siehe dazu Claxton, Guy: *Hare Brain, Tortoise Mind; How Intelligences Increases When You Think Less*, Fourth Estate 1997 (Deutsche Ausgabe: *Der Takt des Denkens. Über die Vorteile der Langsamkeit*. Berlin: Ullstein 1998). Nicht umsonst behauptet John Cleese: »Große Kreativität heißt, auf Situationen zu reagieren, ohne kritisch nachzudenken. Spielerisch eben.« Und Mihaly Csikszentmihalyi, Autor von *Kreativität* und *Flow*, bestätigt, dass eine spielerische, leichtfüßige Haltung eindeutig ein Merkmal kreativer Menschen sei.

2 Liebe und Vertrauen führen uns stets zu etwas oder jemandem hin. Angst dagegen führt uns von etwas oder jemandem weg. Liebe ist also im Grunde eine Äußerung des Wollens, Angst dagegen eine Äußerung des Nicht-Wollens. Der Gegenpol von Liebe ist demnach die Angst, und der Gegenpol von Ja ist nicht Nein, sondern Ja-aber.

3 *De Volkskrant*, 14. August 2004.

4 Siehe *The influence of anxiety for social exclusion on prosocial behaviour in groups*, hrsg. vom Fachbereich Sozialpsychologie der Freien Universität Amsterdam (VU). Quelle: Niederländische Organisation für Wissenschaftsforschung (NOW) 2004.

5 www.ccsd.ca/events/inclusion/papers/dechman.htm.

6 Weggeman, Mathieu: *Waarom zouden we doodgaan? Over de zin van het bestaan en wat daarna komt.* Amsterdam: Prometheus 2008.

7 Dieses Zitat stammt aus dem Klappentext von Venman, Peter: *Over de zin van nut.* Amsterdam: Uitgeverij Atlas 2008.

8 Abrahamson, Eric und David Freedman: *Das perfekte Chaos: Warum unordentliche Menschen glücklicher und effizienter sind.* Berlin: Econ 2007.

9 Maex, Edel: *Mindfulness: Der achtsame Weg durch die Turbulenzen des Lebens.* Freiburg: Arbor-Verlag 2009.

10 Zu den Ursachen des Leidens gehören weiter die Unwissenheit, das Nichtwissen, die Illusion, ebenso wie Gier, Hass, Verblendung und Karma.

11 Wir identifizieren uns so sehr mit unseren Gedanken, dass wir nicht mehr trennen können zwischen uns und ihnen. Außerdem glauben wir, dass wir unsere Gedanken »produzieren«, obwohl tatsächlich das Gegenteil viel öfter der Fall ist. Mit den Worten von David Bohm gesprochen: »Normalerweise haben unsere Gedanken uns, anstatt dass wir sie haben.« (*On Dialogue.* London: Routledge 1996 (Deutsche Ausgabe: *Der Dialog.* Stuttgart: Klett-Cotte 1998).

12 Tolle, Eckhart: *Jetzt! Die Kraft der Gegenwart.* Bielefeld: Kamphausen 2000.

13 *Het verstoorde leven: dagboek van Etty Hillesum 1941–1943.* Haarlem: De Haan 1981 (Deutsche Ausgabe: *Das denkende Herz der Baracke: Die Tagebücher von Etty Hillesum 1941 – 1943.* Freiburg: Kerle 1983). Zitiert in: Ricard, Matthieu: *Glück.* München: Nymphenburger 2007.

14 Siehe hierzu auch Dijksterhuis, Ap: *Das kluge Unbewusste: Denken mit Gefühl und Intuition.* Stuttgart: Klett-Cotta 2010.

15 Claxton, Guy: *Der Takt des Denkens: Über die Vorteile der Langsamkeit*, Berlin: Ullstein 1998.

16 Senge, Peter et al.: *Presence: Human purpose and the field of the future.* Cambridge, Mass.: SOL 2004.

17 Claxton, *Takt des Denkens.*

18 Der Versuch wurde 2008 von James Ost, Psychologe an der University of Portsmouth, durchgeführt. Er veröffentlichte die Ergebnisse auf dem British Association Festival of Science in Liverpool.

19 Darley, John M. und Charles D. Batson: »From Jerusalem to Jericho: A Study of Situational and Dispositional Variables in Helping Behavior«, in: *Journal of Personality and Social Psychology* 27, 1973, S. 100–108.

20 Wiseman, Richard: *So machen Sie Ihr Glück: Wie Sie mit einfachen Strategien zum Glückspilz werden.* München: Goldmann 2003.

21 Claxton, *Takt des Denkens.*

22 Segerstrom, Suzanne C.: *Optimisten denken anders: Wie unsere Gedanken die Wirklichkeit erschaffen.* Bern: Huber 2010.

23 Genau wie die Geschichte eines Mannes, die mir ein Bewährungshelfer erzählte. Dieser Mann hatte jahrelang seinen viel jüngeren Cousin sexuell missbraucht. Der Bewährungshelfer wollte von ihm eine Erklärung für sein Verhalten haben, worauf der Mann – zur absoluten Überraschung des Beamten – antwortete: »Der war aber auch so ein Rotzlöffel.«

24 In diesem Zusammenhang ist eine Studie von Malcolm Gladwell interessant, in der er die Beziehung zwischen Reichtum, Geburtsort und -zeitpunkt untersucht hat. Demnach gehören zu den Allerreichsten der Erde – Forbes hat eine Top 75 der reichsten Menschen in der Geschichte aufgestellt – vierzehn Industrielle, die in Amerika in einer Zeitspanne von nur neun Jahren geboren wurden, nämlich zwischen 1831 und 1840. Dieser Zeitraum hat Größen wie John D. Rockefeller, Andrew Carnegie und J. P. Morgan hervorgebracht. Wie kommt das? In den Sechziger- und Siebzigerjahren des 19. Jahrhunderts durchlebte die amerikanische Wirtschaft eine revolutionäre Entwicklung. In dieser Zeit wurde das Eisenbahnnetz angelegt und die Wall Street entstand. Wer in dieser Periode geboren wurde, war zu diesem Zeitpunkt gerade alt genug, um mitzumachen, und noch jung genug, um den neuen Trend nicht zu verpassen. »Es gab«, so schreibt Gladwell, »ein schmales Zeitfenster von neun Jahren, das perfekt geeignet war, die Chancen der Zukunft zu ergreifen«. Das Gleiche gilt für die IT-Branche. Bill Gates und mit ihm alle anderen Großverdiener in der Computerindustrie sind zwischen 1953 und 1956 geboren worden. Siehe Gladwell, Malcolm: *Überflieger. Warum manche Menschen erfolgreich sind – und andere nicht*. Frankfurt a. M.: Campus 2009.

25 Brizendine, Louann: *Das weibliche Gehirn: Warum Frauen anders sind als Männer*. Hamburg: Hoffmann & Campe 2007.

26 Roth, Gabrielle: *Leben ist Bewegung: Tanz als Weg der Selbstbefreiung*. Berlin: Ullstein 2007.

27 Übrigens bringt das Abendmensch-Sein auch Nachteile mit sich. Abendmenschen sind in der Regel neurotischer und empfänglicher für Suchtverhalten – zum Beispiel trinken sie mehr Kaffee und Alkohol – und schneiden in der Schule nicht ganz so gut ab. Scheinbar hat jeder Vorteil auch einen Nachteil. Quelle: www.b-society.org.

28 Das Projekt ist eine Idee des Duisburger Gynäkologen Frank Hoffmann. Siehe: *Algemeen Dagblad*, 19. Mai 2008.

29 Glouberman, Dina: *Burnout: Hoe het einde van de wereld een nieuw begin kan zijn*. Amsterdam: Forum 2003.

30 Traufetter, Gerald: *Die Weisheit der Gefühle*. Reinbek bei Hamburg: Rowohlt 2007.

31 Das Gleichnis von Buridans Esel ist zu Unrecht dem französischen Philosophen Jean Buridan (14. Jahrhundert) zugeschrieben worden. Im Grunde be-

schreibt nämlich bereits Aristoteles in *De Caelo* ein vergleichbares Paradox, in dem ein Mann hungrig und durstig ist und sich nicht zwischen Essen und Trinken entscheiden kann. Der Mann stirbt wegen seiner Entschlusslosigkeit. Auch der Philosoph Spinoza beteuert, dass ein Mensch, der mit zwei exakt gleichen Möglichkeiten konfrontiert wird, unmöglich rational entscheiden kann.

32 Schooler, Jonathan W., Dan Ariely und George Loewenstein: »The Pursuit and Assessment of Happiness can be Self-Defeating«, in: Isabelle Brocas und Juan D. Carillo (Hrsg.): *The Psychology of Economic Decision*. Teil 1. Oxford: Oxford UP 2003.

33 Claxton, *Takt des Denkens.*

34 Gladwell, Malcolm: *Blink! Die Macht des Moments.* Frankfurt a. M.: Campus 2005.

35 Traufetter, *Weisheit der Gefühle.*

36 Traufetter, *Weisheit der Gefühle.*

37 Traufetter, *Weisheit der Gefühle.*

38 Claxton, *Takt des Denkens.*

39 Um die Geschichte zu Ende zu erzählen: Natürlich ging der Mann zu seiner Frau zurück. Und natürlich gab es viel Trara. Tragik. Streit. Komische Szenen. Und natürlich blieben sie letztlich zusammen. Es war ja ein Film.

40 Buckingham, Marcus und Donald O. Clifton: *Entdecken Sie Ihre Stärken jetzt! Das Gallup-Prinzip für individuelle Entwicklung und erfolgreiche Führung.* Frankfurt a. M.: Campus 2007.

41 Buckingham, Marcus: *Nutzen Sie Ihre Stärken jetzt! Das 6-Schritte-Programm für stärkenorientiertes Führen.* Frankfurt a. M.: Campus 2009.

42 Johan Cruijff gilt als einer der begnadetsten Spielmacher aller Zeiten und war in den Siebzigerjahren das »Aushängeschild« der niederländischen Nationalmannschaft. Nach seiner Spielerkarriere war Cruijff auch als Trainer bei Ajax Amsterdam und dem FC Barcelona sehr erfolgreich.

43 Siehe www.elizabethlayton.com.

44 In diesem Zusammenhang ist folgende Information vielleicht interessant zu wissen: Ein Boreout-Syndrom wird durch Langeweile hervorgerufen, infolge von Routine am Arbeitsplatz und Unterforderung. Die Symptome sollen dieselben sein wie bei einem Burnout: Müdigkeit und Depression. Nach den Erkenntnissen der Schweizer Unternehmensberater Peter Werder und Philippe Rothlin, die sich auf amerikanische Daten stützen, leiden rund 15 Prozent der Arbeitnehmer unter Boreout-Symptomen.

45 Die Erstauflage des Buches *Son-Rise* erschien 1976. Drei Jahre später verfilmte der Sender NBC die Geschichte. Auch das Therapieprogramm, wel-

ches Kaufman basierend auf seinen Erfahrungen entwickelte (heute am Autism Treatment Center of America) fand weltweit Beachtung, unter anderem 1997 in der BBC-Dokumentation *I want my little boy back.*

46 Hoff, Benjamin: *Tao te Puh. Das Buch vom Tao und von Puh dem Bären.* Essen: Synthesis 1984.

47 Brizendine, *Das weibliche Gehirn.*

48 Carroll, Lewis: *Alice im Wunderland.* Zürich, Köln: Benziger 1972.

49 Das Schöne ist: Dieses Bild ist vielleicht der konstanteste Faktor in unserer Präsentation des Ja-aber-Programms. Inhaltlich hat sich im Programm im Laufe der Zeit viel verändert, Kollegen sind gekommen und gegangen, aber dieses Setting ist immer geblieben. Es drückt in einem einzigen Bild die Essenz aus von dem, was wir sind: Ein Trainingsbüro, das theatrale Mittel einsetzt und mit Schauspielern und Regisseuren zusammenarbeitet.

50 Leben mit dem Ziel, dass etwas nicht da ist, ist an sich schon paradox. Dies kann zu komischen Situationen führen. Paul Watzlawick erzählte »die Geschichte vom Manne, der alle zehn Sekunden in die Hände klatscht. Nach dem Grund für dieses merkwürdige Verhalten befragt, erklärt er: ›Um die Elefanten zu verscheuchen.‹ ›Elefanten? Aber es sind hier doch gar keine Elefanten.‹ Darauf er: ›Na, also! Sehen Sie?‹«

51 So behauptet der belgische Schriftsteller Herman Brusselmans: »Ein Alkoholproblem ist ein Problem, bei dem man keinen Alkohol im Haus hat.«

52 »Probleme« erscheinen auf den ersten Blick sehr konkret, aber bei näherer Betrachtung ist es viel komplizierter. Nehmen wir zum Beispiel Geldmangel. Das kann ein ernsthaftes Problem sein. Aber hat man dieses Problem, wenn man 10 Euro in seinem Portemonnaie hat? Das kommt ganz darauf an. Wenn man ein Eis kaufen möchte – nein, dann nicht. Dann hat man mehr als genug. Aber wenn man ein Haus kaufen will, tja, dann ist es natürlich viel zu wenig. Das Geld im Portemonnaie bedeutet für sich genommen erst einmal gar nichts. Es ist Papier oder ein Stück Metall. Es bekommt erst eine Bedeutung, wenn man sich ein Ziel gesetzt hat. Wenn man etwas als ein Problem erfährt, vertiefen Sie sich dann nie in das Problem selbst, sondern sehen Sie sich die darunter liegenden Wünsche an. Was wollen Sie wirklich, sodass Sie diese Situation als Problem erfahren? Ihre Wünsche sind die Ursache, der Ursprung – das Problem ist die Folge.

53 Shazer, Steve de: »Die Ursachen von Problemen sind oft nicht einfach die Umkehrung der Ursachen für Erfolg. Es ist gut zu wissen, was nicht funktioniert, aber es ist viel hilfreicher zu wissen, was sehr wohl funktioniert.« Siehe hierzu: Visser, Coert und Gwenda Schlundt Bodien: *Paden naar oplossingen: De kracht van oplossingsgericht werken.* Just In Time Books 2008.

54 Übrigens lieben Politiker Probleme. Worüber reden sie? Das Haushaltsdefizit, sauren Regen, Armut, das Schmelzen der Pole, Terrorismus, schlechte Schulen ... Auch Zeitungen berichten zu 90 Prozent über Gefahren und Probleme. Dabei entsteht der Eindruck, dass derjenige, der das Problem benennt, es auch lösen kann. Und deswegen glauben Politiker, dass wir denjenigen wählen, der am lautesten »Problem« schreien kann. Seligman zufolge ist dies übrigens eine uneffektive Strategie: Von allen Präsidentschaftskandidaten in Amerika ist zu 85 Prozent immer der optimistischste gewählt worden.

55 Wenn Sie nach einem Gespräch – einer Sitzung, einer Teambesprechung, einer Auseinandersetzung mit Ihrem Partner – erschöpfter sind als zu Anfang, dann haben Sie vermutlich die ganze Zeit »gezogen« (Vorschläge machen, das Gespräch in Gang halten, sich anstrengen), während sich die anderen zurückgelehnt haben. Und dieses Zurücklehnen meine ich in diesem Fall wortwörtlich. In neun von zehn Fällen ist der Retter oder Helfer vorgebeugt und die Rettungslosen oder Opfer lehnen sich zurück.

56 Willem van de Put, Direktor der Health Net International. Siehe *NRC Handelsblad*, Samstagsbeilage vom 31. Januar 2009.

57 Wie die Frösche so nehmen auch wir langsame Veränderungen kaum bis gar nicht wahr. So schreibt Harald Welzer: »Man unterschätzt enorm, wie sehr die tägliche Routine, der normale Verlauf der Dinge und der Fortbestand der Institutionen, Medien und staatlichen Einrichtungen zu der Überzeugung beitragen, dass wir eigentlich nichts zu befürchten haben: Die Busse fahren, die Flugzeuge fliegen, die Autos stehen im üblichen Freitagnachmittagsstau, die Geschäfte dekorieren ihre Weihnachtsschaufenster. Und genauso blieb die Welt nach Hitlers Machtergreifung voller Alltäglichkeiten, Farbe und vertrauten Dingen. Dies alles betont die Normalität und bekräftigt die tiefe Überzeugung, dass alles beim Alten geblieben ist.« Zitiert nach: *NRC Handelsblad*, Samstagsbeilage *Opinie en Debat* vom 10. Januar 2009.

58 Tolle, *Jetzt!*.

59 Becker, Hans Marcel: *Levenskunst op leeftijd*. Delfs: Eburon 2003.

60 *NRC Handelsblad*, Wissenschaftsbeilage vom 19. Juli 2008.

61 Diese Worte spricht Jedimeister Yoda zum jungen Luke Skywalker in *Das Imperium schlägt zurück* (Star Wars Episode V).

62 Gladwell, *Überflieger*.

63 Malcolm Gladwell hat sich in seinem Buch *Überflieger* mit dem Phänomen Genie beschäftigt. Er untersuchte neben Mozart und Schachweltmeistern auch die Karriere der Beatles, die unter anderem jahrelang in Hamburg übten und auftraten, bevor sie ihren Durchbruch in England hatten; Bill Gates, der

in der achten Klasse mit seinem ASR-33-Teletype-Computer im Jahre 1968 praktisch im Computerraum seiner Schule wohnte; Steve Jobs, Mitbegründer von Apple, der Gladwell zufolge sein »Hamburg« in Mountain View California, im Süden von San Francisco, hatte, dem Epizentrum von Silicon Valley. Um besonders zu sein, so behauptet Gladwell, benötigt man einen bestimmten Schwellenwert von Talent. Beim IQ zum Beispiel liegt er bei 120. Talent, das über diesem Schwellenwert liegt, macht keinen Unterschied mehr aus, denn danach kommt es auf Durchsetzungsvermögen an. Jeder Forscher mit einem IQ von 120 und höher ist in der Lage, einen Nobelpreis zu gewinnen, so Gladwell. Nach diesem Prinzip formulierte er eine vergleichbare Basketballtheorie: »Ein 2,08 Meter großer Spieler ist vermutlich nicht automatisch besser als ein Spieler, der zehn Zentimeter kleiner ist. (Michael Jordan, der beste Basketballer aller Zeiten, war schließlich auch nur 1,98 Meter groß.) Ein Basketballspieler muss lediglich groß genug sein. Dasselbe gilt für die Intelligenz.«

64 Wiseman, *So machen Sie Ihr Glück*.

65 Siehe hierzu auch Mischel, Walter, Yuichi Shoda und Monica L. Rodriguez: »Delay of gratification in children«, in: *Science* 244, 1989, S. 933–938, sowie Mischel, Walter und Ozlem Ayduk: »Willpower in a cognitive-affective processing system: The dynamics of delay of gratification«, in: R. F. Baumeister und K. D. Vohs: *Handbook of self-regulation: Research, Theory, and Applications*. New York: Guilford 2004.

66 Visser, Bodien, *Paden naar oplossingen*.

67 www.loopban.nl, Interview von Onno van Buuren mit Ruut Veenhoven, November 2006.

68 Gardner, Jonathan und Andrew J. Oswald: »Money and well-being«, in: *Journal of Health Economics*, Oktober 2006.

69 www.loopban.nl, Interview von Onno van Buuren mit Ruut Veenhoven, November 2006.

70 Seligman, Martin E. P.: *Der Glücksfaktor. Warum Optimisten länger leben*. Bergisch Gladbach: Ehrenwirth 2003.

71 Viktor E. Frankl (1905 – 1997) war ein berühmter österreichischer Psychologe und Psychiater, unter anderem Mitbegründer der Logopädie. Am 25. September 1942 wurde er zusammen mit seiner Frau und seinen Eltern ins Konzentrationslager Theresienstadt deportiert. Später kam er nach Auschwitz und Türkheim, ein Außenlager des KZ Dachau. Am 27. April wurde Frankl von den Amerikanern befreit. Er hat die Konzentrationslager überlebt. Aber alle seine Verwandten, bis auf seine Schwester, der es gelungen war, nach Australien zu fliehen, wurden ermordet.

72 Katie, Byron: *Lieben was ist.* München: Arkana 2002.
73 Collins, Jim: *Der Weg zu den Besten. Die sieben Management-Prinzipien für dauerhaften Unternehmenserfolg.* München: DVA 2001.
74 Goleman, Daniel, Paul Kaufman und Michael Ray: *Kreativität entdecken.* München: Hanser 1997.
75 Huizinga, Johan: *Homo ludens. Vom Ursprung der Kultur im Spiel.* Hamburg: Rowohlt 1956.

Dank

Dieses Buch wäre in dieser Form nie zustande gekommen ohne die Unterstützung einer Reihe von Personen. Zuallererst möchte ich Joost van den Ossenblok vom niederländischen Verlag A. W. Bruna Uitgevers B. V. danken. Er war es, der zu Anfang vorschlug, ich solle ein Buch schreiben. Ohne ihn wäre ich vielleicht nie auf die Idee gekommen. Danke dafür. Marieke Frieling, Johannette van Zoelen, George Parker, Floris Rommerts, Hans Janssen, Ruben Nieuwenhuis, Pieterjan Dwarshuis, Sybren Kuiper, Caroline Buiskool, Job Jansen, Violet Falkenburg, Herberd Prinsen, Paul de Ridder en Geert van den Berg möchte ich danken für ihre Unterstützung, ihre Ratschläge und die Interviews für die erste Ausgabe dieses Buches.

Und dann die überarbeitete Ausgabe. Das war eine heikle Angelegenheit. Regelmäßig wurde ich von meinen eigenen Ja-abers überfallen. Wozu? Es gibt doch schon ein Buch! Wer soll das neue schon kaufen?! Zum Glück haben mich einige Mitleser und -denker unterstützt. Für die zweite Ausgabe bedanke ich bei Jan Ruigrok, Ruud Tiessen, Willem van Boekel, Bart van der Schaaf, Steye van Dam, Carolien Geurtsen, Wilmie Voortman, Tim Winkel, Job Jansen und Matjo van der Meer. Ihre »Mittäterschaft« machte diese Ausgabe zu dem, was sie ist. Hoffentlich eine bessere. Wenn nicht, dann wissen Sie, an wem es liegt.

Meinem Sohn Jan Gunster möchte ich für die Gestaltung dieser überarbeiteten Ausgabe danken. Welch ein Genuss, mit dem eigenen Sohn arbeiten zu dürfen – und was für ein Spaß. Als Letztes möchte ich meiner (Geschäfts-)Partnerin Annemargreet Dwarshuis danken. *The miracle continues …*

Berthold Gunster